JN012270

海外進出の実務シリーズ

中国
の会計・税務・法務
Q&A

EY新日本
有限責任監査法人【編】

第2版

税務経理協会

第2版刊行にあたって

　本書は，日本企業が中国でビジネスを行うに当たり必要となる会計，税務，会社法などをまとめ2014年6月に刊行した実務書の改訂版となります。従来の基本情報に加えて，前回の刊行から変更点の多い増値税，関税について独立の章を設けました。また，2018年8月に承認された個人所得税法の改正内容も盛り込んでいます。

　2001年のWTO加盟を背景に，外資にとって中国に対する投資環境が大幅に改善され，その後経済成長が加速して中国の経済規模は急速に拡大しました。2008年の金融危機後には，世界経済が停滞する中，4兆元という巨額の財政投資による景気刺激策を発動して世界経済を牽引し，2010年にはGDPは日本を抜き世界第2位となりました。

　現在，中国の経済発展は高度成長から中高速成長に移行した「新常態」と表現されており，中国政府は全面的な改革を早急に推進するとともに，投資から消費へ，工業からサービス業へ，国有企業から民営企業へと，経済発展パターンの構造転換を図っています。また，中国政府が発表した製造業発展のロードマップである「中国製造2025」においては，製造業のイノベーション能力の向上が戦略の一つとして掲げられ，先進的な技術やIoT化された技術を有した製造業の育成が推進されています。

　日本企業の中国に対する投資は2012年にピークを迎え，2013年以降減少傾向にあるものの，中国の内需拡大及び消費の上昇などにより，日本企業にとって中国市場は依然として重要な市場として期待されています。中国でビジネスを行ううえで，経済発展の構造転換や製造業発展の戦略に対する理解とともに，会計・税務・法務など諸制度に関する知識が必要な場面も多いものと思われます。本書が中国の諸制度を理解する一助となり，中国における事業に関わる方々のお役に立つことができれば幸いです。

1

最後に，本書の刊行にあたり，税務経理協会の大川晋一郎氏に多大なご尽力をいただきました。この場をお借りして心より御礼申し上げます。

2020年2月

EY新日本有限責任監査法人

Ernst & Young中国

執筆者一同

［ 目 次 ］

第4章 │ 中国の企業法務に関するQ&A

第5章 │ 中国税制の概要に関するQ&A

第12章 再編・撤退に関するQ&A

本書を執筆するに際しては最新の情報を掲載するように努めておりますが，各種制度については常に追加・変更が行われています。したがって，実際の手続や関係当局への申請および交渉にあたっては，常に最新の情報を確認し，必要に応じて会計事務所等の専門家に相談なさることをお勧めします。

第 1 章

中国の基礎データに関する
Q&A

● Point ●

　本章では，中国の経済指標・政治状況等に関する基礎的なデータについて述べます。

　人口13億人，日本の25倍の面積を有する中国はこれまで世界の工場として発展してきました。GDPは2010年に10％を超えましたが，2014年以降は7％前後で安定的な経済成長「新常態（ニューノーマル）」に入ったといわれています。

　2013年より習近平政権となった現在でも依然，新興国の中で高い経済成長率を維持していますが，所得格差是正，環境問題，民族問題等，取り組むべき課題を多数抱えています。

Q1 一般的データ

中国の基礎データはどのようなものですか。

Answer

　主な一般的事項については，**図表1－1**（中国の一般的事項）のようになっています。

図表1－1　中国の一般的事項

項　目		
国　名	中華人民共和国（the People's Republic of China）	
面　積	960万平方キロメートル（日本の約25倍）	
人　口	13億9,538万人	（2018年末時点，出所：中国国家統計局）
首　都	北京市	
宗　教	仏教，イスラム教，キリスト教など	
公用語	中国語	

（注）　出典に断りのないものはジェトロ（日本貿易機構）のウェブサイト

　中国の正式名称は中華人民共和国，英語では「the People's Republic of China」といいます。面積は日本の約25倍ありますが，よく知られているとおり人口も多く，2017年の人口は13億9,008万人でした。人口のうち漢民族が92％，その他の民族（55の少数民族）が8％となります。面積は世界で4番目に大きく，人口は世界第1位です。

　行政運営上では，22の省の他に，4つの直轄市（北京，天津，上海，重慶），5つの民族自治区（内蒙古，広西壮族，チベット［西蔵］，寧夏回族，新疆ウイグル）および2つの特別行政区（香港特別行政区，マカオ特別行政区）があります。

　中国の公用語は北京語音を標準音とした普通話と呼ばれるものが公用語ではありますが，中国全土で普通話が通じるわけではなく，地方に行くと同じ漢字

でも発音が全く違い，中国人同士でも話が通じないことがあるようです。中国のテレビを見ると画面の下側に漢字の字幕がついてくるので，普通話ではなく方言で話す人の発言を漢字で理解できるように配慮がされています。

Q2　経済指標

中国の経済指標はどのようなものですか。

Answer

1　経済指標

　主な経済指標については**図表１－２**（中国の経済指標）のとおりとなっています。

図表１－２　中国の経済指標

項　　　　　目	2018年
実質GDP成長率（％）	6.9
名目GDP総額（単位：10億ドル）	13,368
一人あたりのGDP（名目）（ドル）	9,580
消費者物価上昇率（％）	2.1
失業率（％）	3.8
経常収支（国際収支ベース）（単位：100万ドル）	49,092
外貨準備高（単位：100万ドル）	3,167,993
対外債務残高（単位：100万ドル）	1,965,200
為替レート（期中平均値，対ドルレート）	6.61
輸出額（単位：100万ドル）	2,491,355
対日輸出額（単位：100万ドル）	146,958
輸入額（単位：100万ドル）	2,108,973
対日輸入額（単位：100万ドル）	180,234

　出典：ジェトロ（日本貿易機構），中華人民共和国国家統計局およびIMFの
　　　　ウェブサイト

2 GDP・物価上昇率

　2000年代に10％を超えるGDP成長を続けた中国経済は，2014年度以降7％前後で安定的に推移し，安定成長期「新常態（ニューノーマル）」に移行しています。

図表1－3　実質GDP成長率

年	成長率（％）
2016	6.7
2017	6.9
2018	6.6

図表1－4　消費者物価上昇率

年	成長率（％）
2016	2.0
2017	1.6
2018	2.1

出典：ジェトロのウェブサイト

3 輸 出 入

　輸出入とも年々伸びていますが，そのペースは輸出・輸入で概ね同じペースで伸びています。中国はこれまで世界の工場として各国に製品を輸出し莫大な利益を上げてきました。しかし中国の生活水準の急激な上昇や石油輸入高の増加によって，最近では輸入も増加しており，貿易黒字は減少しつつあります。

図表1－5　輸出入の額の推移（輸出入額の単位：百万ドル）

年	輸　出	輸　入
2016	2,097,444	1,587,481
2017	2,263,522	1,840,982
2018	2,491,355	2,108,973

出典：ジェトロのウェブサイト

Q3 政治状況

中国の政治状況はどのようなものですか。

Answer

1 政治状況

中国の主な政治状況については，**図表1－6**（中国の政治体制）のとおりです。

図表1－6　中国の政治体制

政　　　体	社会主義共和制（人民民主独裁）
元　　　首	習近平Xi Jinping（1953年6月生まれ，陝西省富平県出身）
議会概要（定員数，発足年，任期）	全国人民代表大会が最高の国家権力機関。省・直轄市・自治区および軍隊が選出する代表によって構成。任期5年。毎年1回大会を開催。常務委員会委員長は，栗戦書。
内閣（主要閣僚）	役職　　　　　　　　名前－日本語表記　名前－英字表記 国務院総経理　　　　李克強（りこくきょう）Li Keqiang 国務委員副総理　　　韓正（かんせい）Hang Zheng 国務委員副総理　　　孫春蘭（そんしゅんらん）Sun Chunlan 国務委員副総理　　　胡春華（こしゅんか）Hu Chunhua 国務委員副総理　　　劉鶴（りゅうかく）Liu He 国務委員　　　　　　魏鳳和（ぎほうわ）Wei Fenghe 国務委員　　　　　　王勇（おうゆう）Wang Yong 国務委員　　　　　　王毅（おうき）Wang Yi 国務委員・秘書長　　肖捷（しょうしょう）Xiao Jie 国務委員　　　　　　趙克志（ちょうこくし）Zhao Kezhi 改選年：2018年3月発足

出典：ジェトロのウェブサイトおよび中華人民共和国中央人民政府のウェブサイト

2 共 産 党

　中国では全ての権限は共産党が握っています。憲法でも「共産党が国家を指導する」と規定されています。共産党は1921年7月1日建党，1949年に政権党となりました。指導政党（執政党）である共産党のほか，参政党として中国国民党革命委員会など8つの党派が存在していますが，共産党以外が国家を指導できないように憲法で定められています。

　人民解放軍も中国共産党の軍隊とされており，中国は事実上の一党独裁体制になっています。

3 国家主席

　国家主席は，中華人民共和国を対外的に代表する資格を持つ地位にあり，国家元首に相当します。主な職務は，全国人民代表大会と全国人民代表大会常務委員の決定に基づいて，法律を公布し，国務院総理・副総理・国務委員・各部部長・各委員会主任などの任命，勲章，栄誉称号の授与，特赦令の公布，戒厳令の公布，戦争状態を宣言し，動員を公布します。任期は5年です。

4 全国人民代表大会

　全国人民代表大会は憲法において，国権の最高権力機関とされています。毎年一回全国人民代表大会会議が開催されます。一般に，「全人代」と略称で呼ばれます。

　代表は直轄市・省・自治区，軍隊から選出され，任期は5年とされています。

　主な職権は，憲法の改正，法律の制定，憲法・法律実施の監督，国家主席・副主席の選出，国務院総理および国務院構成員人選の決定，中央軍事委員会主任の選出および中央軍事委員会構成員の決定，最高人民法院院長と最高人民検察院検察長の選挙，国民経済計画国家予算および決算の廃案・変更，特別行政区の設立およびその制度の決定，戦争問題の決定などです。

5 国 務 院

　最高の国家権力執行機関であり，最高の行政機関。全国人民代表大会に対して責任を負うと共にその活動を報告する地位にあります。

　国務院の主な職権は憲法・法律・法令に基づいて行政措置を規定し，決議，命令を発布，全国人民代表大会とその常務委員会に議案を提出，各部，各委員会，その他の所属機関の活動を統一的に指導，国民経済計画と国家予算を編成し，執行，国家利益を保護し，社会秩序を維持，一般国民の権利を保障，省・自治区・直轄市・自治州・県・市・自治県の区画制定を承認，省・自治区・直轄市の範囲内の一部地区の戒厳の決定，法律の規定に基づいて，行政委員の任免などを行います。

　国務院総理は国務院を主宰し日本の内閣総理大臣に相当し，国務院全体会議の招集・主宰権をもちます。

　国務院と全国人民代表大会との関係は，国務院が全国人民代表大会に対して責任を負い，活動を報告すると規定されています。しかし実質上，国務院は中国共産党の指導下での国家行政機関であり，まず党に対して責任を負い，党中央の指導を受ける立場にあります。

第2章

中国で事業を開始するための
Q&A

● Point ●

　本章では，中国でビジネスを始める前に知っておくべき基本的な事項と心構えについて解説しております。

　異国でのビジネスにおいては，自分でできることは本国よりも限られ，現地の方を始め多くの人に「信頼して任せる」必要があります。これは「盲目的に依存する」こととは大きく異なるということをご認識ください。正確な情報を入手し，パワーバランスと利害関係を把握した上で，自社のまたは自分自身の立ち位置を適切に図ることは，中国ビジネスにおける成功の鍵となります。

　また中国では，人民元の安定と引換えに外貨管理制度が複雑となっております。外貨管理の規定を把握せずに外国と貿易取引を行うと，後になって資金決済ができないという問題も生じますので注意が必要です。

Q4 成功のポイント

中国ビジネスで成功するためのポイントは何でしょうか。

Answer

1 中国ビジネスの「成功」を定義する

中国ビジネスで成功したい！ というのは，中国でのビジネスを検討している皆様の偽らざる気持ちでしょう。しかし，「中国ビジネスでの『成功』とは何でしょうか？」という質問に対し，返答に窮する経営者の方は少なくありません。海外進出のみならず，企業戦略のポイントは，その戦略遂行の目的を明確に定義することです。少子高齢化で日本経済の先行きが暗そうであるから，あるいは中国には14億人のマーケットが広がっているから，といったぼんやりとしたイメージしかないようでは「成功」は覚束ず，派遣される駐在員も，その下で働く中国人スタッフも心もとないでしょう。よって，中国ビジネスで成功するためのポイントの第一は，中国ビジネスでの「成功」を定義することから始めましょう。

2 中国ビジネスの現状を正しく把握する

「彼を知り，己を知れば百戦殆うからず」という有名な孫子の言葉がありますが，まさに海外でビジネスを行う上での格言となる言葉です。中国でビジネスを行う際に，一番の障害となるのが言葉の問題です。中国語の「壁」の前に，市場調査を疎かにし，甘い言葉で言い寄ってくる中国人投資家や開発区の担当者の言葉を鵜呑みにして，後で痛い目にあったというような日系企業の事例は枚挙に暇がありません。「信頼」しないとビジネスは行えませんが，「依存」してはいけません。

2000年代初頭の日系企業の進出ラッシュにより，日系のコンサルティング会社や会計事務所も多数進出しており，以前と比べて日本語による進出アドバイ

スを手軽に受けられるようになりました。また，JETROや都道府県の駐在員事務所，金融機関や日本商工会議所（中国での名称は「中国日本商会」）等も，中国現地の生の情報を提供してくれます。現地からの情報に触れると，日本で報道されている情報が誤りであったり，誇大広告であったりとギャップを感じることがしばしばあります。現地調査，フィジビリティ・スタディの際には様々なルートから得られる情報を活用し，正確な中国現地の情報を基に貴社の将来ビジョン，事業計画を描くようにしてください。

　また，中国大陸は広大であり，各地方のビジネス様式，生活様式はまちまちです。上海でうまくいったビジネスが北京でも受け入れられるとは限りませんので注意が必要です。

3　お互いの文化の違いを理解し，尊重する

　最近の対中報道により，「中国人と日本人は，同じ東洋の文化圏だから考え方が似ている」と認識している人は少なくなってきたとは思いますが，中国と日本の間には，様々な文化的・思想的差異があります。それはビジネスの慣習においても当てはまります。まだまだ発展途上の中国ビジネス慣習がいわゆるグローバルスタンダードとは異なる面もあれば，日本側が世界標準だと思っていた慣習が，実は世界の中でも特殊だったと気づくこともあるでしょう。大事なことは，どちらかが唯一絶対の方法だとは決めつけず，お互いの文化の違いを理解し，そして尊重した上で，独自の慣習を築いていくというスタンスではないでしょうか。お互いに譲れないものは譲れないものとして，むやみに妥協点を見出さないといったスタンスも，時には有効な解決策であることもあります。

4　現地の法律および法規の理解とその運用を理解する

　「中国は人治国家だから，法律は覚えても無駄だ」と思っている方もいらっしゃるようですが，中国政府は，2001年のWTO加盟以降，急速に「法治国家」としての体裁を整えてきました。また，2012年より共産党指導部の体制が

変わり，現在，官僚の不正・腐敗を厳しく取り締まっています。例えば，合弁企業設立を検討している先から，「通常は認められていないけれども，私のコネクションがあれば大丈夫」というような甘い言葉によって，大事な意思決定を誤らないようにしなければなりません。

　また，中国も外国である以上，日系企業は「アウェイ」の地で戦っているという認識も忘れてはなりません。上海などの都市部では，日本語が自由に使える環境に安心をして，外国という感覚が疎かになる駐在員の方も散見されます。自分は政府と強いコネクションを持っているから大丈夫と考えている方は特に注意が必要です。多くの場合中国内資企業は，その地の利を生かして，より強力なコネクションを駆使してこちら側の人脈を絶ちにくると考えた方がよいと思います。アウェイでの戦い方の基本は，誰にも後ろ指を差されない行動を心がけることです。現地の法律等を理解することは，その第一歩だとご認識ください。

5　良い立地を選ぶ

　沿岸部の人件費が高くなったから内陸部へ，または東南アジアへという動きがありますが，多くの単純労働を必要とする業種を除いては，安い人件費を求めての遊牧民的経営は失敗に終わる可能性が高いといえます。また，日本では当然である電気・ガス・水道・道路といったインフラが十分に整備されていない開発区もあります。

　良い立地選びの際には，現時点でのメリットのみではなく，長期的見地からビジネスを行えるかという視点から必要条件を選択することが肝要です。

　ただし，「数年後に道路ができる」とか「来年からは電気が十分に供給される」といった政府担当者の口約束は鵜呑みにすることのないようにご注意ください。

6　自社の経営スタイルにあった中国人を管理職に採用する

　多くの日系企業が大事にされていることは,「チームワーク」,「思いやり」,「誠実さ」といった集団における秩序, 調和, 礼儀などを重んじる, いわゆる「和の心」ではないでしょうか。日本人経営陣が, 全ての中国人従業員の方と信頼関係を構築し, 自社の経営スタイルを理解してもらうことはほぼ不可能です。日本人経営陣と中国人従業員の「懸け橋」となる中国人管理職の素養およびその管理職との信頼関係をいかに構築するかが中国での経営の鍵となります。

　また, 駐在員のローテーションにも注意が必要になります。多くの駐在員は2年から5年で任期を終えて日本に戻ることになります。新任の駐在員と中国人管理職との間に情報格差が生じることで, 現地の経営が混乱する事例が散見されます。前任者の時は社員旅行が近場の国内であったのに, 後任者が来た途端に海外になったという事例も聞いたことがあります。しっかりした引継ぎや前任駐在員の継続関与などの工夫が必要になります。

Q5　外資進出の状況

中国における日系企業の進出状況について教えてください。

Answer

　中国の国家統計局が公表する「2013中国貿易外経統計年鑑」によりますと, 2012年末現在において, 中国に設立された日系企業数は累計23,094社であり, 日本の経済産業省が発表する「2017年海外事業活動基本調査結果（2019年5月公表）」によりますと, 業種別割合は, 製造業が51.7%, 非製造業が48.3%となっています。進出エリアは, 上海市・蘇州市・無錫市・杭州市などを擁する「華東経済圏」が53%, 香港・広州市・深圳市を擁する「華南経済圏」が28%, 北京市・天津市・大連市を中心とする「華北経済圏」が8%となっています。

　製造業の内訳をみると, 割合の多い順に, 輸送機械（8.2%）, 情報通信機械

（5.4％），生産用機械（4.2％），化学（4.1％），電気機械（4.0％）が占めています。改革開放政策に転換して以降，2000年代前半までは，中国の安い人件費を利用した加工貿易が製造業進出の中心でした。しかし，2011年の第12次五ヵ年計画により，中国政府は向こう５年間に，最低賃金を引き上げる方針を発表し，実際，2011年度から2015年度まで上海市の最低賃金の推移を見てみると1,280元から2,020元と50％超の伸びを示しています。こうした中国における賃金上昇の傾向を受けて，単純労働による組立・加工業は，より所得水準が低い東南アジア諸国にシフトする傾向が強まっています。

　一方で，東南アジア諸国においても近年，最低賃金の上昇が続いています。2015年度から2018年度までの４年間を見た場合でも上昇率は，バンコクで3.3％，インドネシアで35％，ベトナムで28％となっています。東南アジアでも賃金水準が上昇している中で，人件費のみならず，製造に必要な電気・上下水道などのインフラ，労働者の質，現地調達率に影響する産業集積の度合いなど，海外現地法人の設立場所の選定に当たっては総合的な検討が必要です。下表は各地域における2017年度及び2018年度の最低賃金の月額を表しています。

中国	人民元		対前年比（％）		USD換算	
	2017年	2018年	2017年	2018年	2017年	2018年
上海	2,300	2,300	5.0	0.0	346	347
タイ	バーツ		対前年比（％）		USD換算	
	2017年	2018年	2017年	2018年	2017年	2018年
バンコク	9,300	9,300	3.3	0.0	266	288
インドネシア	ルピア（千）		対前年比（％）		USD換算	
	2017年	2018年	2017年	2018年	2017年	2018年
ジャカルタ	3,355	3,645	8.25	8.7	258	257
ベトナム	ドン（千）		対前年比（％）		USD換算	
	2017年	2018年	2017年	2018年	2017年	2018年
ホーチミン	3,750	3,980	7.1	6.1	168	176

出典：独立行政法人労働政策研究・研修機構「データブック国際労働比較」

このような人件費の上昇等を受けて，中国を「世界の工場」ではなく，巨大な「市場」と捉え，中国内販に注力する企業が増加しています。しかし，中国国内消費マーケットでは，グローバル企業や中国現地企業の激しい競争が繰り広げられており，その中で強固なブランドを構築しシェアを拡大していくことは，時間・費用面ともに生半可では達成できません。

Q6 外商投資参入ネガティブリスト

中国政府が公表する「外商投資参入ネガティブリスト」について教えてください。

Answer

中国においてビジネスを行う場合には，従来は，直接投資を行う「業種」によってそもそも許可を受けられるか否かの制限がありました。具体的には，「外国投資産業指導目録」（2002年に初版公表後，2005年，2007年，2011年，2015年に改正）により，直接投資を中国政府が歓迎する「奨励類」，投資規模に応じて地方政府または商務部の許認可取得の上で投資可能な「許可類」，特別な許認可取得の上で投資可能な「制限類」，及び外国からの投資は認められない「禁止類」に区分されていました。

しかし，2016年9月，外資系企業に従来の「許可制」から「届出制」を適用する改革が開始され，その後，2017年度に公表された「外商投資産業指導目録（2017年改訂）」では，投資に際しての制限措置内容が「外商投資参入ネガティブリスト」として整理されました。なお，ネガティブリストに記載の業種に関しては従来通り「許可制」となっています。

さらに，国家発展改革委員会と商務部は2018年6月28日に「外商投資参入ネガティブリスト（2018年版）」を発表し，2018年7月28日から施行されています。2017年度版と比較すると，「外商投資産業指導目録（2017年改訂）」の中では，

上述のとおり，外国資本参入を禁止または制限する分野を「外商投資参入ネガティブリスト」として記載しておりましたが，2018年度版ではそれを独立した「外商投資参入ネガティブリスト（2018年版）」として発表されました。2019年7月施行「外商投資参入ネガティブリスト（2019年版）」では，禁止または制限される項目が，2018年版の48項目から40項目に削減されています。

　また，自由貿易試験区において適用される「自由貿易試験区外商投資参入ネガティブリスト」も公布されています。「外商投資参入ネガティブリスト（2019年版)」において，外国資本算入が禁止または制限されている分野は以下のとおりです。

番号	分野	特別管理措置
1．農・林・牧・漁業		
(1)	種子業	1．小麦，トウモロコシの新品種の選別育成及び種子の生産については中国側がマジョリティとならなければならない。 2．中国の稀少で特有な貴重・優良品種の研究開発，養殖，栽培及び関連の繁殖材料の生産（栽培業，牧畜業，水産業の優良遺伝子を含む）に対する投資を禁止する。
		3．農作物，種畜・種禽，水産雑魚の遺伝子組み換え品種の選別育成及びその遺伝子組み換え種子（種苗）の生産に対する投資を禁止する。
(2)	漁業	4．中国の所管海域及び内陸水域での水産物に対する投資を禁止する。
2．採掘業		
(3)	非鉄金属鉱と非鉄金属鉱の採掘・選別及び採掘補助活動	5．希土類，放射性鉱産物，タングステンの探査，採掘及び選鉱に対する投資を禁止する。
3．製造業		
(4)	印刷業	6．出版物の印刷は中国側がマジョリティとならなければならない。
(5)	核燃料及び核放射線加工業	7．放射性鉱産物の精錬・加工および核燃料の生産に対する投資を禁止する。

(6)	漢方薬煎じ薬加工 及び漢方製剤生産	8．漢方薬煎じ薬の蒸す，炒る，炙る，焼くなど調整技術の応用及び製剤の秘伝処方製品の生産に対する投資を禁止する。
(7)	自動車製造業	9．専用車，新エネルギー車を除外して，完成車製造における中国側持分比率は50％を下回らず，同一の外国企業は国内に２社までの同種類の完成車製品を生産する合弁企業を設立することができる。（2020年に商用車製造の外資持分比率制限を取り消す。2022年に乗用車製造の外資持分比率制限及び同一の外国企業が国内で２社までの同種類の完成車製品を生産する合弁企業を設立することについての制限を取り消す。）
(8)	通信設備製造	10．衛星テレビおよびラジオの地上受信施設及び主要部品の生産
4．電力，熱，ガス，水の生産及び供給業		
(9)	原子力発電	11．原子力発電所の建設および経営は中国側がマジョリティとならなければならない。
(10)	パイプライン施設	12．市街地人口が50万人以上の都市の給排水パイプラインの建設および経営は中国側がマジョリティとならなければならない。
5．卸売及び小売業		
(11)	タバコ製品	13．葉タバコ，巻きタバコ，再乾燥葉タバコ及びその他タバコ製品の卸売，小売に対する投資を禁止する。
6．交通運輸，貯蔵及び郵政業		
(12)	水上運輸業	14．国内水上運輸会社は中国側がマジョリティとならなければならない。
(13)	航空旅客運輸	15．公共航空運輸会社は中国側がマジョリティをとり，かつ１つの外国企業及び関連企業の投資比率は　25％を超えず，法定代表者は中国籍公民でなければならない。
(14)	汎用航空サービス	16．汎用航空会社の法定代表者は中国籍公民である必要があり，農・林・漁業の汎用航空会社は合弁に限り，その他の汎用航空会社は中国側マジョリティに限定される。
(15)	空港及び空中交通管理	17．民間用空港の建設および経営は中国側が相対的マジョリティとならなければならない。 18．空中交通管制に対する投資を禁止する。
(16)	郵政業	19．郵政会社および郵便物の国内宅配業務に対する投資を

		禁止する。
7．情報伝達，ソフトウェア及び情報技術サービス業		
⑰	通信	20．通信会社：中国が世界貿易機関加盟時に開放を承諾した通信業務に限り，付加価値通信業務（電子商取引，国内複数先通信，データ保存・転送類，コールセンターを除く）の外資持分比率は50％を超えず，基礎通信業務は中国側がマジョリティとならなければならない。
⑱	インターネット及び関連サービス	21．インターネット・ニュース情報サービス，インターネット出版サービス，インターネット番組視聴サービス，インターネット文化経営（音楽を除く），インターネット公衆情報サービスに対する投資を禁止する。（上記サービスのうち，中国が世界貿易機関加盟時に開放を承諾した内容を除外する。）
8．金融業		
⑲	資本市場サービス	22．証券会社の外資持分比率は51％を超えず，証券投資基金管理会社の外資持分比率は51％を超えてはいけない。（2021年に外資持分比率制限を取り消す。） 23．先物会社の外資持分比率は51％を超えてはいけない。（2021年に外資持分比率制限を取り消す。）
⑳	保険業	24．生命保険会社の外資持分比率は51％を超えない。（2021年に外資持分比率制限を取り消す。）
9．リース及び商務サービス		
㉑	法律サービス	25．中国の法律事務（中国の法律環境に影響がある情報提供については除外する）に対する投資を禁止し，国内の弁護士事務所のパートナーになってはならない。
㉒	コンサルティング及び調査	26．市場調査は合弁または合作に限り，このうちラジオ聴取およびテレビ視聴調査は中国側がマジョリティとならなければならない。 27．社会調査に対する投資を禁止する。
10．科学研究及び技術サービス業		
㉓	研究及び試験開発	28．人体の幹細胞および遺伝子の診断と治療技術の開発・応用に対する投資を禁止する。 29．人文社会科学研究機関に対する投資を禁止する。
㉔	専門技術サービス業	30．土地測量，海洋測量製図，航空撮影測量製図，地上移動測量，行政区域境界線測量製図，地形図，世界行政区

		域地図，全国行政区域地図，省級以下の行政区域地図，全国版教育用地図，地方版教育用地図，実像３Ｄ地図及びナビゲーション電子地図の作成，地域地質調査図，鉱産地質・地球物理・地球科学・水文地質・環境地質・地質災害・地質リモートセンシングなどの調査に対する投資を禁止する。
11.　教育		
㉕	教育	31.　学齢前，普通高校及び高等教育機関は中外合作学校の設立に限り，中国側の主導とする。（校長または主要行政責任者は中国国籍を有し，理事会・董事会または共同管理委員会の中国側構成員は１／２より少なくないこと。） 32.　義務教育機関，宗教教育機関に対する投資を禁止する。
12.　衛生及び社会活動		
㉖	衛生	33.　医療機関は合弁または合作に限定する。
13.　文化，体育及び娯楽業		
㉗	新聞・出版	34.　新聞機関（通信社を含むが，これに限らない）に対する投資を禁止する。 35.　図書，新聞，定期刊行物，音響・映像製品及び電子出版物の編集・出版・制作業務に対する投資を禁止する。
㉘	ラジオ・テレビ放送，通信，制作，経営	36.　ラジオ局（ステーション），テレビ局（ステーション），ラジオ・テレビチャンネル（周波数），テレビ放送ネットワーク（放送局，中継局，放送衛星，衛星中継ステーション，マイクロウェーブステーション，観測局，テレビ有線放送ネットワークなど）に対する投資を禁止し，ラジオ・テレビ番組オンデマンドサービス業務及び衛星テレビ放送地上受信設備据え付けサービスを禁止する。 37.　ラジオ・テレビ番組制作・経営（買い付け業務を含む）会社に対する投資を禁止する。
㉙	映画制作，配給，放映	38.　映画制作会社，配給会社，上映会社及び映画の買い付け業務に対する投資を禁止する。
㉚	文化財保護	39.　文化財・美術品を競売するオークション会社，骨董品店及び国有文化財博物館に対する投資を禁止する。
㉛	文化・娯楽	40.　文芸・舞台芸術団体に対する投資を禁止する。

出典：外商投資準入特別管理措施（ネガティブリスト）（2019年版）

Q7 投資総額・資本金・投注差

投資総額，登録資本および投注差について教えてください。
最低資本金制度の改正があったようですが，外商投資企業に
も影響がありますか。

Answer

1 投資総額と登録資本

　中国投資を行うに当たっては，当然に資金の調達を行う必要がありますが，
大きくは自己資本（出資）で行うか，他人資本（借入金等）で行うかを選択する
ことになります。「投資総額」とは，投資プロジェクトを行うに当たっての資
金調達の合計のことを意味し，具体的には出資金と借入金等の合計となります。
　また，自己資本として調達される金額については，工商行政管理機関に登記
する必要があります。これを「登録資本」といいます。外商投資企業の場合，
登録資本の最低金額は，会社法の規定のほかに，投資総額によって決定されま
す。以下は，投資総額と最低資本金の対応を示した表になります。

（単位：万米ドル）

投資総額	投資総額に占める 登録資本の比率	具 体 例
300以下	70％以上	投資総額200の場合， 登録資本140以上
300超1,000以下	50％以上 （ただし，210以上）	登録資本500の場合， 登録資本250以上
1,000超3,000以下	40％以上 （ただし，500以上）	登録資本2,000の場合， 登録資本800以上
3,000超	33.33％以上 （ただし，1,200以上）	登録資本6,000の場合， 登録資本2,000以上

（工商企字［1987］第38号）

2　投注差と借入規制

　上記の範囲で決定された投資総額と登録資本（中国語は「注冊資本」）の差額は，その頭文字を取って「投注差」と呼ばれています。外商投資企業は，この投注差の範囲内で借入を行うことができます。つまり，投注差は外商投資企業の将来における「借入可能枠」ととらえることができます。よって，投資総額および登録資本の額を決定する際には，将来の資金調達需要およびその可能性についても考慮することが肝要です。

　なお，ここでいう借入は，外貨借入だけでなく，人民元借入も含まれる概念とされていますが，いわゆる「投注差規制」のこれまでの運用は，外債（外貨建て対外債務）のみを対象としております。最近では人民元の対外借入も可能になっていますが，これまでのところこれに対する借入枠規制を適用した例はないようです。外貨関連の規制については頻繁に変更されておりますので，自社で検討される際は，当地の金融機関，会計事務所，コンサルティング会社等に確認することをお勧めいたします。

3　最低資本金制度の廃止と外商投資企業への影響

　全人代常務委員会は，2013年12月28日に「会社法」の改正案を可決・公布し，2014年3月1日より施行されています。この中で最低資本金制度が廃止されることになりました。外商投資企業の大半は有限責任会社の形態を採用しておりますが，有限責任会社の最低資本金3万元の規定は廃止されました。しかしながら，外商投資企業の場合，会社法の規定とは別に上記のような投資総額あるいは経営規模とのバランスで最低資本金が決定されてきました。また，現在では出資金の払込の時期が定款の必要記載事項とされ，当該出資期限までに払い込むものとされています（外商企業法実施細則15条3項）。

Q8　会社設立認可・営業許可証

　会社の設立認可，営業許可証および経営範囲について教えてください。

Answer

1　設立認可について

　日本では，会社の設立において，いわゆる「準則主義」を採用しておりますので，会社設立に必要な法的要件，手続きが履行されれば，原則として会社の設立が認められます。

　他方中国では，会社の設立に当たり，いわゆる「認可主義」を採用しております。つまり，設立に際して必要とされる要件を具備しても，最終的には承認権限を有する監督当局の認可を取得しないと，会社の設立はできません。中国において会社の設立に当たっては，商務部等の審査認可機関の認可が必要であり，審査認可機関の審査をクリアした後に批准証書を取得する必要があります。

2　営業許可証と経営範囲について

　日本では，会社の権利能力は，定款の事業の目的に記載された行為およびその目的達成に資する行為にも及ぶものとされており，会社の経営範囲は広く解釈されております。

　これに対して中国の会社の経営範囲は，工商行政管理局に登記する必要があり，当局によって発行される営業許可証に記載された経営範囲内に制限されると会社法に規定されております。経営範囲外の取引を行った場合には，罰金，不法所得の没収のほか，営業停止や刑事責任を負う可能性もあります。また，経営範囲を逸脱した取引は，契約自体が無効となる可能性がありますので，新規の取引を行う際には取引先の経営範囲もしっかりと確認することが望ましいといえます。特に，国家が経営制限または経営禁止としている規定に違反する

取引については無効となります。

　なお，中国における会社設立時点は，工商行政管理局が営業許可証を発行した時点をもって判断しますが，会社設立後も会社印の作成，外貨管理局への登記，銀行口座の開設，登録資本金の払込み，税務局等への登記など様々な手続きを行う必要があります。

Q9　外貨管理制度

　人民元および中国の外貨管理制度の概要について教えてください。

Answer

1　中国の外貨管理の概要

　中国では，主に為替レートの安定と投機的資金（ホットマネー）流入の防止のため，厳格な外貨管理が行われています。外貨管理の根拠となる規定としては，外貨管理条例，外債管理暫定規定，個人外貨管理規則などのほか，国家外貨管理局が公布した行政通達があります。

　中国における外貨収支に関する管理は，「経常項目」と「資本項目」に分けて行われています。外貨収支の種類によって，それぞれ経常項目の外貨口座と資本項目の外貨口座を設置する必要があります。

経常項目	① 貿易取引（モノの売買）の決済 ② 非貿易取引（コミッション，ロイヤルティー，技術支援費用，配当，利息など）の決済
資本項目	直接投資，借入など

2　外貨収支の審査および登記

　外貨収支は，適法かつ実態を伴うものでなければ送金または受取ができませ

ん。経常項目の真実性審査については，原則として外貨指定銀行が行います。
他方，資本項目については，関連主管部門の認可を取得したのち，外貨管理局
において登記手続きを行う必要があります。

Q10 外債登記

外債登記および出資の種類について教えてください。

Answer

外債登記は，資本項目の外貨を受け取る際に必要となる手続きです。

1 外債登記

外債登記については，主に外国親会社または外国銀行からの外貨による借入
の際に必要となる登記で，外貨管理局において手続きが必要になります。その
借入契約においては，契約時点ではなく，外債登記が完了したのちに効力が生
じると外債管理暫定規則に規定されています。

外債により調達された資金は，外貨管理局により認可された用途に従い使用
されなければならないほか，借入限度額は，いわゆる「投注差」の範囲内と規
定されています（投注差についてはQ7を参照ください）。

2 出資の種類

中国における出資については，現金出資のほか，土地や知的財産権などの現
物出資や利益の再投資による資本金の増加も認められています。

① 現金出資

外資企業の現金出資は，原則として，米ドル，日本円などの外貨により
行われる必要があります。最近では，所定の手続きを経て人民元による出
資が認められるケースもあります。合弁企業の場合，中国側出資者は一般

的に人民元で出資を行います。

② 現物出資

　会社法によりますと，金銭によって評価でき，かつ，法に従って売買可能な資産による現物出資が認められています。一般的に見られるのは，合弁企業を設立する際に，中国側出資者が土地使用権を現物出資するケースです。

　その他，出資持分の現物出資等による企業再編に関する規定が整備されてきましたが，その実務上の運用については不明瞭な点も多く注意が必要です。

③ 利益の再投資

　留保利益を資本金に振り替えることにより増資を行うことができます。この方法は，配当可能利益の範囲内で行うことができます。

Q11　非貿易取引の外貨管理

非貿易取引の外貨送金については規制が緩和されたと聞いていますが，現状について教えてください。

Answer

　従来は，３万米ドル以上の非貿易取引の支払を行う際には，所轄税務当局に申請し，納税証明を入手する必要がありました。2013年７月９日に国家外貨管理委局と国家税務総局は共同で，「サービス貿易等の項目の対外支払いにおける納税届出に関する問題についての公告（40号公告）」を公布しました。これによりますと，2013年９月１日より，対象となる送金金額を５万米ドル以上に緩和され，さらに，送金に当たって納税証明の入手は必要なく，所轄の国家税務局への届出で足りることとなりました。税務当局は，届出表受領後15日以内に審査を行い，納税未了等がないか確認を行うこととされていますが，送金手続

きの簡素化により，迅速な対外送金手続きが可能となりました。

	税務局への届出	銀行審査	外貨管理局の認可
借入金利息	要 （5万米ドル超）	－	要
配当		要	－
コミッション	－	要 （10%以下かつ 10万米ドル以下）	要 （10%超または 10万米ドル超）
無形資産 （特許，ソフトウェア，技術指導料）	要 （5万米ドル超）	要 （5万米ドル超）	－
コンサルティング			－
その他の 非貿易取引		要 （5万米ドル超， 10万米ドル以下）	要 （10万米ドル超）

　5万米ドル以上の送金の際に，税務局への「届出表」の提出が必要な非貿易取引は，40号公告により以下のとおり規定されています。

① 国外機構または個人が国内から取得する運輸，旅行，通信，建築・据付および労務請負，保険および金融サービス，コンピューターおよび情報サービス，専有権利使用および特許，スポーツおよび娯楽サービス，政府サービス等のサービス貿易収入。

② 国外個人が取得する国内で発生した勤務報酬，および国外機構または個人が国内から取得する配当，特別配当，債務の利息，担保費用および資本移転ではない贈与，賠償，税収，一時所得などの収益および経常移転収入

③ 国外機構または個人が国内から取得するファイナンスリース料，不動産の譲渡収入，持分譲渡所得および外国投資家のその他の合法所得

また，「届出表」の提出が必要ない取引は，以下のとおりです（一部省略）。

① 国内機構の国外で発生した出張，会議，商品展示即売などの費用

② 国内機構の国外代表機構の事務経費，および国外請負工事の工事資金

③ 国内機構の国外で発生した輸出入貿易に関するコミッション，保険料，

賠償金

④　輸入貿易に関する国外機構が取得する国際運輸費用

⑤　保険に関する保険料，保険金に係る関連費用

⑥　外貨指定銀行自身の対外融資

⑦　国内機構および個人によるサービス貿易，収益および経常移転に係る資
　金の返還

⑧　国家が規定する支払取引その他の状況

第3章

中国現地法人の会計に関する
Q&A

● Point ●

　本章では中国の会計制度に関する主要論点について述べます。

　中国では「旧企業会計準則」,「新企業会計準則」の2種類の会計基準が併存し,業種・地域・会社の規模によっては「新企業会計準則」が強制適用されるという複雑な状況にあります。

　大きな流れとしては,財政部は2010年に「中国企業会計準則と国際財務報告基準の継続的コンバージェンスのロードマップの公布」に関する通達を公布しました。その中で中国企業会計準則は国際財務報告基準と同等にするように収斂しており,スケジュールもIASBの進捗具合と一致させるとされています。

「新企業会計準則」は,国際財務報告基準に類似した基準書の体系を整備し,ほとんどの部分で国際財務報告基準と同一の規定を導入しました。コンバージェンスの大幅な推進がされたために,国際財務報告基準との間で,若干の差異項目は存在するものの,経過観察条件が付いており国際財務報告基準との同等性評価を得ています。

Q12　会計制度の体系

中国の会計制度の体系について教えてください。

Answer

　中国は，1990年代に改革開放政策を推進し，従来の社会主義計画経済特有の会計制度から市場経済に合致した会計制度を導入しました。その後，外国からの投資が増加するにつれて，欧米諸国の会計と近い制度を取り入れるように企業会計制度の改革が実施されてきました。現在，中国において「旧企業会計準則」，「新企業会計準則」の2つの会計基準が併存しています。

1　会　計　法

　中国の会計制度の体系は基本法規として「会計法」があり，その下に，「旧企業会計準則」，「新企業会計準則」が定められています。

　「会計法」はその立法趣旨として，会計行為を規範化し，会計資料の真実性，完全性を保証し，経済管理と財務管理を強化し，経済効果を高め，社会主義市場経済の秩序を維持することとされ，会計の一般的な原則，管理監督，会計担当者の責任等が定められています。

2　旧企業会計準則

　「旧企業会計準則」は，1992年から公布された企業会計準則の基本準則および具体準則，2000年に公布された企業会計制度を中心に構成される会計基準です。1990年代の国際会計基準を参考に作成されており，一部の規定を除けば，当時の国際会計基準の規定とほぼ同様の規定が各所でなされています。

　なお，2015年に企業会計準則の基本準則及び具体準則は廃止されました。現在は，企業会計制度のみが存続しています。

3 新企業会計準則

2006年に公布された「新企業会計準則」は，国際財務報告基準に類似した基準書の体系を整備し，ほとんどの部分で国際財務報告基準と同一の規定を導入しました。国際財務報告基準の改正に合わせ適宜改正が行われています。

Q13 企業会計準則

企業会計準則について教えてください。

Answer

1 適用範囲

2006年に公布された「新企業会計準則」は，2007年度から上場企業および特定業種・企業を中心に適用が義務付けられ，適用対象企業が徐々に拡大されてきています。

国内上場企業，保険監督管理委員会管轄の非上場保険会社，証券監督管理委員会管轄の非上場証券会社，銀行監督管理委員会管轄の非上場金融機関，中央企業と呼ばれる国有企業等が強制適用となる他，各地区の通達により適用が強制，あるいは奨励されています。

2 旧企業会計準則からの大きな整備項目

旧企業会計準則からの大きな整備項目，すなわち新会計準則の特徴として代表的なものには以下のものがあります。

(1) 公正価値に基づく評価を全面的に導入

(2) 本格的な減損会計の導入

(3) 企業結合会計および連結会計に関する具体的な基準書を整備

(4) 新たな経済取引および事象，特殊業界の特定業務に対応する基準書を整備

①　金融商品会計，ヘッジ会計

②　株式報酬会計

③　石油天然ガス会計，農業会計，保険契約会計

⑸　財務諸表開示項目の拡大

Q14　中国の会計基準とIFRS

中国の会計基準とIFRSの差異について教えてください。

Answer

　新しい中国の企業会計準則は，国際財務報告基準（IFRS）に類似した基準書の体系を整備し，ほとんどの部分で国際財務報告基準と同一の規定を導入しました。コンバージェンスの大幅な推進がされたために，国際財務報告基準との間で，若干の差異項目は存在するものの，経過観察条件が付いており国際財務報告基準との同等性評価を得ています。

　一般的な製造業やサービス業の日系企業の現地法人を念頭に置いた場合，中国の新しい企業会計準則と国際財務報告基準との間には，基準上の差異項目は特殊な項目を中心にごくわずかであり，実務上重要な影響が生じる項目はほとんど存在しないものと考えられます。

Q15　法定監査

中国では全ての会社が公認会計士による会計監査を受けなければならないと聞きました。本当でしょうか。

　中国においては，中国の証券取引所の上場企業のほか，外商投資企業にも中国公認会計士による会計監査が義務付けられています。中国の会計年度が終了すると1年分の財務諸表を作成し，中国公認会計士の監査を受けた後，工商行政管理局及び商務部門をはじめとする会社を監督する各行政機関に対し，インターネットを通じて必要な情報を提供して年度報告を行う必要があります。年度報告を提出するに当たり，公認会計士による監査済み財務諸表が必要になるため，中国公認会計士による監査が必要となります。したがって，年度報告に間に合うように公認会計士と監査スケジュールを事前に検討する必要があります。

Q16　連合年検制度と企業情報開示制度

連合年検制度，企業情報開示制度とは何ですか？

Answer

　従来の連合年検制度は，中国の各行政部門が外商投資企業の管理監督を強化し，投資環境の改善を目的として，各企業の経営活動に対する検査手続として実施されていました。

　2014年4月16日付で「2014年外商投資企業年度経営状況聯合活動の展開に関する通知」（商資函〔2014〕175号），8月7日付で「企業情報開示暫定条例」（国務院令第654号）等一連の通達が公布され，検査制度から年度報告制度に移行しました。企業の各行政機関に対する報告手続きは，インターネットを通じて必要な情報を提出して行います。年度報告手続きは，工商行政管理局による年度報告，五部門（商務部，財政部，税務総局，統計局，外貨管理局）による連合年度報告，外貨管理局による外貨年度報告などがあります。工商行政管理局による

年度報告は1月1日～6月30日の間に実施すべきこととされています。

Q17 会計期間

中国では会社の決算期は12月末としなければならないと聞きました。親会社が3月末決算を採用している場合に，中国子会社も3月末決算を採用することは認められないのでしょうか。

Answer

　会計法により，会計年度は1月1日から12月31日と定められています。日本では会社が自ら決算期を設定することができるのに比べて大きな違いとなっています。

　日本の「連結財務諸表に関する会計基準」によると，子会社の決算日が連結決算日と異なる場合には，子会社は，連結決算日に正規の決算に準ずる合理的な手続きにより決算を行うとされています。したがって，例えば親会社が3月末決算の場合，中国子会社は12月末で年度決算を行った上で，3月末において仮決算を行うことになります。

　ただし，「連結財務諸表に関する会計基準」では子会社の決算日と連結決算日の差異が3ヶ月を超えない場合には，子会社の正規の決算（年度決算）を基礎として連結決算を行うことができるとされており，決算日が異なることから生じる連結会社間の取引に係る重要な不一致について必要な決算修正を行っていることを前提に，中国子会社の12月末の年度決算の数値を基礎として連結することが容認されています。

　親会社が3月末決算で，子会社も3月に仮決算を行って，連結数値を取り込む場合，子会社の決算スケジュールに時間的な余裕がないという問題が挙げられます。特に日々の記帳が税務基準の影響を受けやすい中国において，決算においてはそれを会計基準に適する形で調整する必要があることや，国慶節，春

節，清明節のような祝日が決算スケジュールに大きな影響を与えることに留意する必要があります。

Q18　会計担当者の資格要件

中国では会計担当者も有資格者でなければならないのでしょうか。

Answer

従来，会計法において，会計担当者および会計責任者に対し，国家統一の会計従事資格証保持等の資格要件を設けていました。しかし，2017年11月4日付で会計法が改正され，会計従事資格証が廃止されました。代わりに，専門的能力を有していることと，職業倫理を遵守していることが，会計に従事する人員の要件とされました。会計業務に従業員を従事させる際には，資格の有無の形式面ではなく，能力や倫理などの実質的な側面を適切に評価することが求められます。

Q19　たな卸資産の会計

たな卸資産の会計処理について教えてください。

Answer

1　たな卸資産の定義と認識条件

たな卸資産とは，企業が日常活動において保有する，販売目的の製品および商品，生産過程中にある仕掛品，生産過程または役務提供過程で費消される材料および消耗品であると定義されています。たな卸資産が次の条件を全て満た

す場合，たな卸資産として認識しなければなりません。第一の条件として，当該たな卸資産が有している経済的利益が企業に流入する可能性が高いことを要求しています。第二の条件として，当該たな卸資産の原価または価値が信頼性をもって測定可能であることを要求しています。

たな卸資産は原価に基づいて測定しなければなりません。たな卸資産の原価には，購入原価，加工原価およびその他の原価が含まれます。ただし，①非正常に費消した直接材料，直接労務費および製造間接費，②保管費用（生産過程における後工程に到達するための必要費用を除く），③たな卸資産を現在の場所および状態に到達させることに帰属できないその他の支出については非原価項目としてたな卸資産の原価に計上せず，発生時に当期損益として認識します。

2 たな卸資産の払出原価の評価基準

企業は，先入先出法，加重平均法および個別法を採用して，払い出したたな卸資産の実際原価を確定する必要があります。新企業会計準則では，国際財務報告基準（IFRS）同様，後入先出法の採用が認められていません。

3 たな卸資産の期末評価

貸借対照表日において，たな卸資産は原価と正味売却価額（正味実現可能価額）のいずれか低い方で測定しなければなりません。たな卸資産の原価が正味売却可能価額（正味実現可能価額）よりも高い場合は，たな卸資産評価引当金を計上して，当期損益に計上しなければなりません。

正味売却価額（正味実現可能価額）とは，日常活動において，たな卸資産の見積販売価格から完成時までに発生を要する原価，見積販売費用および関連する税金費用を控除した金額で測定されます。企業が確定するたな卸資産の正味売却価額は，たな卸資産の正味売却価額の確定に対して直接影響する客観的な証明，例えば製品または商品の市場販売価格，同一または類似する商品の市場販売価格等を基礎とし，かつ，たな卸資産の保有目的，貸借対照表日後の影響等の要素を考慮しなければなりません。

4　たな卸資産評価引当金

⑴　たな卸資産評価引当金の計上

　企業は，通常は個々のたな卸資産の項目に基づいて，たな卸資産評価引当金を計上する必要があります。数量が多く，単価が比較的少額のたな卸資産に対しては，たな卸資産の種類別にたな卸資産評価引当金を計上することができます。一方，同一地区で生産および販売する製品群と関係があり，同一または類似の最終用途または目的を有し，かつその他の項目と分離して測定することが難しいたな卸資産は，一括してたな卸資産評価引当金を計上することができると規定されています。

⑵　たな卸資産評価引当金の戻入れ

　貸借対照表日において，企業はたな卸資産の正味売却価額を確定しなければなりませんが，過去にたな卸資産の価値を減少させた影響要素が，貸借対照表日現在すでに消失している場合は，たな卸資産評価引当金を戻し入れる必要があります。戻し入れる範囲は，すでに計上したたな卸資産評価引当金の範囲内で戻し入れ，戻し入れた金額は当期損益に計上しなければならないとされています。

5　たな卸資産に関連するその他の損失

　企業に発生したたな卸資産の毀損は，帳簿価額と関連税額から処分収益を控除した後の金額で当期損益に計上しなければなりません。ここでいうたな卸資産の帳簿価額とは，たな卸資産の原価からたな卸資産評価引当金の累計額を控除した後の金額であると規定されています。また，企業のたな卸差損から生じた損失は，当期損益に計上しなければなりません。

Q20 固定資産の会計

固定資産の会計処理について教えてください。

Answer

1　固定資産の定義と認識条件

　固定資産とは，商品の生産，役務の提供，賃貸または経営管理のために保有するもので，かつ耐用年数が一会計期間を超えるという２つの特性を有する有形の資産であると定義されています。

　固定資産が，次の条件を全て満たす場合，固定資産として認識しなければなりません。第一の条件として，当該固定資産に関連する経済的利益が企業に流入する可能性が高いこと，第二の条件として，当該固定資産の原価が信頼性をもって測定可能であることを要求しています。

　固定資産に関係する事後支出，つまり固定資産の使用過程において発生する更新改造支出，修理費用等については，固定資産の認識条件を満たす場合は固定資産の原価に計上し，固定資産の認識条件を満たさない場合は，発生時に当期損益に計上しなければならないと規定されています。発生した固定資産の事後支出を固定資産の原価に計上した場合は，取り替えられた固定資産の部分の帳簿価額の認識を終了しなければなりません。

　新企業会計準則および新企業所得税法では固定資産計上の金額基準に関する規定はありませんでしたが，2014年11月14日に国家税務総局公告2014年第64号が公布され，この中で5,000元という基準が明記されました。

2　固定資産の原初測定

　固定資産は原価に基づいて測定しなければならないと規定されています。外部から購入した固定資産の原価は，購入対価，関連する税金費用，固定資産が予定した使用可能な状態に到達するまでに発生した当該固定資産に帰属するこ

とができる輸送費，荷役費，据付費および専門人員の役務費などから構成されると規定されています。

　なお，新企業会計準則では，固定資産の原価を確定する際には将来に発生が見込まれる廃棄費用の要素を考慮して見積もることが必要となりました。将来の廃棄費用の現在価値計算を行って固定資産の原価の金額および相応する見積負債を計上する必要があります。

3　固定資産の事後測定

(1)　減価償却：耐用年数

　減価償却とは，固定資産の耐用年数内において，要償却額に対して確定した方法に基づいて実施する規則的な費用の配分であると定義されています。企業は，固定資産の性質および使用状況に基づいて，固定資産の耐用年数および見積正味残存価額を合理的に確定しなければなりません。企業が確定する固定資産の耐用年数は，以下の要素を考慮しなければなりません。

①　予測生産能力または実物生産量

②　予測有形損耗および無形損耗

③　法律または類似規定による資産の使用に対する制限

　なお，税務上，耐用年数は以下のとおり規定されており，実務上は，企業所得税法の規定に準拠している会社が多いようです（Q48参照）。

①　建物および構築物：20年以上

②　飛行機，列車，船舶，機器，機械およびその他の生産設備：10年以上

③　生産・経営活動に関係する器具，工具，家具等：5年以上

④　飛行機，列車，船舶以外の車両運搬具：4年以上

⑤　電子設備：3年以上

(2)　減価償却：残存価額

　見積正味残存価額とは，固定資産の見積耐用年数を満了し，かつ耐用年数到来時の予測した状態にあることを仮定して，当該資産の処分から取得するであろう金額から予測処分費用を控除した後の金額をいいます。

なお，2008年改正前の税法では従来残存価額については，取得原価の10％となっていましたが，現行の企業所得税法では「企業は固定資産の性質及び使用情況に基づき，固定資産の見積残存価額を合理的に算定する」として会計準則と同じ規定となりました。そのため2008年度以降取得した固定資産については，税務上のメリットを最大限享受するため，備忘価額１元として減価償却計算を行っている会社も多いようです。

(3)　減価償却：減価償却方法

　企業は，固定資産に関連する経済的利益の予測される実現のパターンに基づいて，固定資産の減価償却方法を合理的に選択しなければなりません。選択可能な減価償却方法として，定額法，生産高比例法，200％定率法，級数法等を列挙しています。

(4)　減価償却：減価償却費の計上

　固定資産は，月次で減価償却費を計上しなければならず，その用途に応じて関連資産の減価または当期損益に計上しなければなりません。当月に増加した固定資産は，当月に減価償却費を計上せず，翌月から減価償却費を計上し，当月に減少した固定資産は，当月はなお減価償却費を計上し，翌月から減価償却費を計上しないと規定されています。

　また，すでに予定可能な使用状態に到達したものの竣工決算が未処理の固定資産は，見積価値に基づいてその原価を確定し，減価償却費を計上しなければなりません。竣工決算の処理がなされた時に，見積価値に基づいて暫定的に計上された原価は実際原価によって調整されることになるものの，すでに計上した減価償却費を調整する必要はないと規定されています。

(5)　減価償却：減価償却方法等の見直し

　企業は少なくとも毎事業年度の終了時に，固定資産の耐用年数，見積正味残存価額および減価償却方法に対して検証を実施しなければならないとされています。固定資産の耐用年数，見積正味残存価額および減価償却方法の変更は，会計上の見積りの変更として処理し，変更の影響を当期および将来の会計期間で認識する必要があります。

4　固定資産の処分

　固定資産が，次のいずれかの条件を満たした場合，固定資産の認識を中止しなければなりません。第一の条件として，当該固定資産が処分状態におかれていること，第二の条件として，当該固定資産の予測する使用または処分を通じて，経済的利益を生み出すことができないことを要求しています。

　企業の固定資産の売却，譲渡，廃棄，または固定資産に発生した毀損は，処分収益からその帳簿価額および関連する税金費用を控除した後の金額を当期損益に計上する必要があります。

Q21　減損会計

減損会計について教えてください。

Answer

1　減損の定義

　資産の減損とは，資産の回収可能価額がその帳簿価額を下回ることをいうと定義されています。資産減損会計基準書における資産とは，個別資産および資産群が該当します。ただし，たな卸資産，工事契約，投資不動産，リース資産，繰延税金資産，金融資産等は特別に規定が設けられています。ですので，この資産減損では一般的には有形固定資産・無形固定資産が対象となります。

　資産グループとは，企業が認識することができる資産の組み合わせの最小単位をいい，その生成するキャッシュ・インフローは，その他の資産および資産グループが生成するキャッシュ・インフローから基本的に独立している必要があります。

2　減損の兆候の判定

　企業は貸借対照表日において，資産に減損の兆候が発生している可能性が存

在するか否かを判断しなければなりません。以下の兆候が存在する場合は，資産に減損が発生している可能性を表明すると規定されています。

(1) 資産の市場価格が，当期に大幅に下落し，その下落幅が時間の推移または正常使用において予測される下落を原因とするものより明らかに大きい場合

(2) 企業経営における，経済，技術または法律等の環境および資産の市場において当期または近い将来に重大な変化が発生し，企業に対して不利な影響を生じさせる場合

(3) 市場利率またはその他の市場の投資回収率が，当期においてすでに上昇し，企業が計算する資産の予測将来キャッシュ・フローの現在価値の割引率に影響を与え，資産の回収可能価額を大幅に低下させる可能性を生じさせる場合

(4) 資産が，すでに陳腐化またはその実態がすでに損傷したことを表明する証拠がある場合

(5) 資産が，すでにまたは将来，遊休，使用停止または計画より前倒しで処分される場合

(6) 企業内部の報告の証拠が，資産の経済成績がすでにまたは将来予測を下回ることを表明する場合。例えば，資産が生成する正味キャッシュ・フローまたは実現する営業利益（または損失）が予測金額をはるかに下回る（または上回る）場合など

(7) その他，すでに資産に減損の兆候が発生している可能性があることを表明する場合

3 回収可能価額の算定

企業は，貸借対照表日において，資産に減損の兆候の発生可能性が存在するか否かを判断しなければなりません。資産に減損の兆候が存在する場合は，減損テストを実施し，資産の回収可能価額を見積もる必要があります。

回収可能価額は，資産の公正価値から処分費用を控除した金額と，資産の予

測将来キャッシュ・フローの現在価値とのいずれか高い金額に基づいて確定しなければならないと規定されています。

(1) 資産の公正価値

　資産の公正価値から処分費用を控除した金額は，公正な取引における販売合意価格から直接帰属する当該資産の処分費用を控除した金額に基づいて確定する必要があります。販売合意は存在しないものの，活発な市場が存在する状況においては，当該資産の市場価格から処分費用を控除した金額に基づいて確定しなければなりません。販売合意および活発な市場が存在しない場合には，取得可能な裁量の情報を基礎として資産の公正価値から処分費用を控除した金額を見積もらなければならず，当該金額は同業種の類似資産の最近の取引価格または結果を参考として見積りを実施することができると規定されています。

(2) 予測将来キャッシュ・フローの現在価値

　資産の予測将来キャッシュ・フローの現在価値を計算する際には，資産の予測将来キャッシュ・フロー，耐用年数および割引率などの要素を総合的に考慮する必要があります。資産の予測将来キャッシュ・フローを予測する場合には資産の残存耐用年数内の経済状況に対して，合理的かつ証拠のある基礎に基づいて最良の見積りを実施しなければならないと規定されています。なお，予算または予測を基礎として形成される予測キャッシュ・フローは，最長5年間とし，企業の経営管理層がさらに長い期間を合理的であると証明することができる場合にはさらに長い期間とすることができるとされています。

(3) 割　引　率

　資産の予測将来キャッシュ・フローの現在価値は，資産の継続使用過程および最終処分から生じる予測将来キャッシュ・フローに基づいて，適切な割引率を選択して割引計算を実施した後の金額をもって確定しなければなりません。

　割引率は，現在における市場の貨幣の時間的価値および資産の特定のリスクを反映した税引前の利率をいいます。当該割引率は，資産を購入または投資する時に要求する必要な利回りであると規定されています。資産の将来キャッシュ・フローを予測する際に，資産の特定のリスクの影響をすでに調整済みで

ある場合は，割引率の見直しに際して特定のリスクを考慮する必要はありません。

4 減損損失の認識

　回収可能価額の計算の結果，資産の回収可能価額が，その帳簿価額より低い場合，資産の帳簿価額を回収可能価額まで減額させなければならず，減額した金額を資産の減損損失として認識して，当期損益に計上すると共に相応する資産の減損引当金を計上します。

　資産の減損損失を認識した後，資産の減価償却費または償却費は，減損損失に見合う償却費部分について将来の期間にわたり相応の調整をする必要があります。

　一旦，減損損失を認識した場合には，その後の会計期間において減損損失を戻し入れてはなりません。なお，国際財務報告基準では減損損失の戻入れが認められています。

　旧企業会計準則では固定資産の価値が回復した場合には減損損失の戻入れが容認されていました。また，新企業会計準則では，旧企業会計準則にはなかった本社資産，グルーピングの考え方が導入されています。

Q22 税効果会計

　税効果会計について教えてください。

Answer

　税効果会計とは，会計上の資産・負債の帳簿価額と税務上の資産・負債の帳簿価額を比較して，その一時差異に将来の解消期間，すなわち将来における資産の回収または負債の支払の期間に適用すべき税率を乗じて税効果額を算定し，税金費用（企業の課税所得金額を基礎とする国内・国外の税額）を適切に期間配分

する方法です。企業が繰越欠損金および税額控除の繰越額を有する場合は，課税所得金額から控除可能な繰越欠損金および税額控除を限度として相応する繰延税金資産を認識しなければなりません。

<前提条件>

- ・　税率25％
- ・　費用400には損金（『税務会計』上の費用）として認められない長期滞留在庫の評価損100が含まれている（損金として認められるのは300）
- ・　法人税等調整額　（『企業会計』と『税務会計』のズレを調整するP／L科目）

長期滞留在庫の評価損100×税率25％＝25

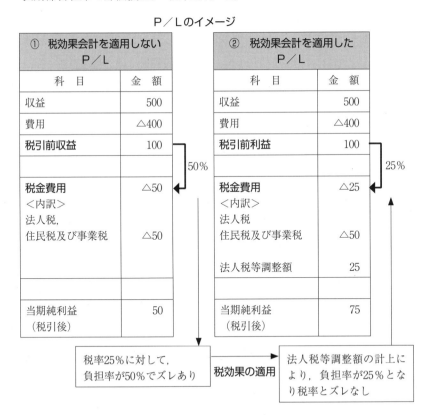

P／Lのイメージ

①　税効果会計を適用しない P／L		②　税効果会計を適用した P／L	
科　目	金　額	科　目	金　額
収益	500	収益	500
費用	△400	費用	△400
税引前収益	100	税引前利益	100
税金費用	△50	税金費用	△25
＜内訳＞		＜内訳＞	
法人税，		法人税	
住民税及び事業税	△50	住民税及び事業税	△50
		法人税等調整額	25
当期純利益 （税引後）	50	当期純利益 （税引後）	75

50％

25％

税効果の適用

税率25％に対して，負担率が50％でズレあり

法人税等調整額の計上により，負担率が25％となり税率とズレなし

① 税効果会計を適用しないP／L

　税効果会計を適用しない場合には，税引前利益が100なのに対して，税金費用が△50もかかっています（税金負担率50％）。これは，実際の税率の25％から乖離しており，税金の負担が大きい，見た目の違和感のあるP／Lとなっています。

② 税効果会計を適用したP／L

　税引前利益が100なのに対して，税効果会計の適用による法人税等調整額25の計上により，税金費用が△25（＝△50＋25）となっています（税金負担率40％）。これは，実際の税率の25％と整合性が取れており，税金の負担が利益に見合ったP／Lとなっています。

　一時差異とは，貸借対照表に計上されている資産および負債の金額と税務上の資産および負債の金額の差額をいいます。一時差異には，当該差異が解消する時にその期の課税所得を減額する効果をもつ将来減算一時差異と，当該一時差異が解消する時に，その期の課税所得を増額する効果をもつ将来加算一時差異があります。

　一方，永久差異とは，例えば交際費について，会計上は全てが費用となりますが，税務会計では政策的観点から損金としての計上が制限されており，ここで生じた差異は永久に解消しません。このように『企業会計』と『税務会計』の考え方の違いで，永久に解消されないものが永久差異に該当します。永久差異は永久にその差異が解消されないため，税効果会計の対象となりません。

　貸借対照表日において，企業は繰延税金資産の回収可能性に対して検証を実施する必要があります。一時差異の解消する期間内において解消可能な十分な課税所得を得ることができない可能性が高い場合には，繰延税金資産の帳簿価額を減少させなければなりません。

　日本では，繰延税金資産の回収可能性の判断に当たり，「企業会計基準適用指針第26号　繰延税金資産の回収可能性に関する適用指針」にて，過去の業績等を判断基準とした会社分類ごとに，数値基準（将来5年以内，将来1年以内等による取扱い）を含めた詳細な取扱いが示されています。一方中国の新会計準

則では，回収可能性の判断に当たり，日本基準のように会社区分や数値基準は示されていません。

中国新会計準則では，税効果会計の適用は強制ですが，旧会計準則では税効果会計の適用は任意です。

Q23 収益認識基準

売上高の計上基準（収益認識基準）について教えてください。

Answer

1 収益の定義

収益とは，企業の日常活動において形成された，所有者持分の増加をもたらすことができ，出資者が投入した資本と関係のない経済的利益の総流入をいうと定義されています。企業が第三者に代わって取得した項目は，負債として処理しなければならず，収益として認識してはならないと規定されています。

2 商品販売収益

商品販売収益が，以下の条件を全て満たす場合，商品販売収益を認識しなければなりません。

(1) 企業の商品所有権上の主要なリスクおよび報酬が，商品購入者に移転すること

(2) 企業がすでに所有権に関連する継続管理権を通常留保しておらず，すでに販売済みの商品に対して有効な支配を実施していないこと

(3) 収益の金額が信頼性をもって測定可能であること

(4) 関連する経済的利益が流入する可能性が高いこと

(5) 関連するすでに発生済みまたは発生する原価を信頼性をもって測定可能であること

3　役務提供収益

　企業が貸借対照表日において提供した役務取引の結果が信頼性をもって見積可能である場合は，工事進行基準を採用して提供した役務収益を認識しなければなりません。工事進行基準とは，提供した役務提供取引の進捗度に基づいて収益および費用を認識する方法です。

　提供した役務取引の結果が信頼性をもって見積可能であるとは，次の条件を全て満たすことをいいます。

(1)　収益の金額が信頼性をもって測定可能であること

(2)　関連する経済的利益が流入する可能性が高いこと

(3)　取引の進捗度が信頼性をもって確定可能であること

(4)　取引において発生したまたは発生する原価を信頼性をもって測定可能であること

　企業が確定する役務取引の進捗度は，下記の方法を選択適用することができます。

(1)　すでに完了した作業量をもとに進捗度を決定する方法

(2)　すでに提供した役務が役務提供総量に占める割合をもとに進捗度を決定する方法

(3)　すでに発生した原価が見積総原価に占める割合をもとに進捗度を決定する方法

4　資産の使用権の譲渡収益

　資産の使用権の譲渡収益には，利息収益，使用料収益等があります。

　次の条件を全て満たす場合は，資産の使用権の譲渡収益を認識しなければなりません。第一の条件として，関連する経済的利益が流入する可能性が高い，第二の条件として，収益の金額が信頼性をもって測定可能であることを要求しています。

　利息収入は貨幣資金の使用権を譲渡した期間と実際利率により，使用料収入

は契約書あるいは協議書に規定する徴収期間と方法により，それぞれ計算し確定します。

5　企業所得税法との関連

　中国では収益・費用の認識を判断するに当たり，税務上の取扱い，特に発票の有無が会計処理に大きな影響を及ぼすこととなります。中国に進出する日系企業においては，発票を発行していないことを理由に，製品の納品・検品がなされているにも関わらず，会計上の売上高を計上していない例がよくあります。そのため，会計上，適切に収益を認識するために，期中は発票ベースでの記帳を行い，四半期末，あるいは期末に税務基準により作成された会計帳簿を会計基準ベースの財務諸表に組替修正する処理が多く見られます。

6　IFRS15号へのコンバージェンス

　2017年7月19日付で財政部は企業会計準則「第14号　収益」および「第15号　工事契約」の改訂版を公表しました。これらは，国際財務報告基準（IFRS）15号「顧客との契約から生じる収益」へのコンバージェンスを図るものであり，IFRS15号で規定されている5つのステップのモデル，契約コスト，製品保証などの会計処理に関する同様のガイダンスを提供しています。

　当該基準の適用時期は以下のとおりです。いずれの会社も早期適用可能です。

区分	適用時期
国内および国外で同時上場している会社，国外で上場しているIFRS適用会社	2018年1月1日
国内上場会社	2020年1月1日
その他の会社	2021年1月1日

　多くの日系企業は2021年1月1日以降開始する事業年度から新しい収益認識基準が適用されます。新基準適用に向けて準備を行う必要があります。

第4章

中国の企業法務に関する
Q&A

■● Point ●■

　本章では，日系企業が中国でビジネスを行う際に日常的に触れるであ
ろう法律，進出形態の選定および会社設立の手順について解説しており
ます。

　中国は「人治国家であるから法律を知っても意味がない」と法律を理
解しようとする姿勢を止めてはいけません。確かに，中国でビジネスを
行う上で，法律の記載と運用が違う，いわゆる「グレーゾーン」がある
ことは事実です。しかし，全体の割合でいえばごくわずかであり，多く
は法律，規則や通達に則った運用が求められますので，やはり基本的な
法体系や規定を理解する必要があります。

Q24 企業法務の概要

中国における企業法務の概要を教えてください。

Answer

中国は，世界貿易機関（WTO）加盟の条件として，国内の基本的な法制度の整備をWTOから求められました。2001年12月の加盟後も，加盟議定書等に従い，さらなる法令の整備が進められてきた結果，今では世界標準の基本法を有するようになったといわれています。一方で，その運用面については，地域による差，担当者による差があるとの指摘もあり，実務においては，法規の運用面に注意が必要です。以下，中国での会社運営に当たり最低限押さえておくべき法律の概要になります。

1 会 社 法

中国の会社法は，1993年に公布され，数度の改正を経て，現行版は2014年3月より施行されています。会社法で取り上げられているのは，株式会社と有限責任会社の2つであり，第2章と第3章は有限責任会社に適用され，第4章と

会　社　法	
第1章　総則	第8章　会社の財務，会計
第2章　有限責任会社の設立および組織機構	第9章　会社の合併，分割，増資，減資
第3章　有限責任会社の持分譲渡	第10章　会社の解散および清算
第4章　株式会社の設立と組織機構	第11章　外国会社の支店等
第5章　株式会社の株式発行と譲渡	第12章　法律責任
第6章　会社の董事，監事および高級管理職の資格および義務	第13章　附則
第7章　社債	

第5章は株式会社に適用されます。第1章および第6章以下は，共通項目として適用されます。日系企業を含む外商投資企業の大半は，有限責任会社の形態を採用していますので，以下では有限会社を前提に解説いたします。

なお，会社法第217条において，外商投資に関する法律に別途定めがある場合には，その規定に従う必要があると規定されています。外商投資に関する法律とは，中外合弁企業法，中外合作企業法，外資（独資）企業法の3つですが，これをまとめて一般に三資企業法と呼んでいます。外商投資企業を運営する際には会社法と共に三資企業法の理解が必要となります。

ただし，三資企業法は，1979年以降の改革開放政策初期に制定され，その後，一般法である会社法が制定されたという経緯があり，さらにその会社法が2006年1月より大幅な改正が行われたため，本来ならば優先されるべき特別法（三資企業法）が，劣後すべき前法（古く制定された法）に当たるといった状況にあるため，実務上混乱が生じておりました。これを解消するために，国家工商行政管理総局から解釈通達が公布され，三資企業法と会社法で競合する（同じ項目が規定されている）場合や不明瞭な規定がある場合には，そちらの解釈通達も合わせて参照する必要があります。

2　税　　法

中国の税金は，税収の約3分の2が間接税であり，もっとも税収が多いのは増値税という付加価値税です。詳細につきましては，第5章から第11章で説明します。

3　外貨管理法

中国では，主に為替レートの安定と投機的資金（ホットマネー）流入の防止のため，厳格な外貨管理が行われています。詳細につきましてはQ9を参照ください。

4 労働関連法

2008年1月より施行された労働契約法により，労働者の権利保護の強化が図られています。

労働に関する法律としては，労働法（1995年1月施行2009年8月修正），労働組合法（2001年10月施行），労働契約法（2008年1月施行）および労働争議調解仲裁法（2008年5月施行）があります。その他，各種条例や社会保障に関する規定も整備されています。

労働契約法に関してはQ30で，社会保険制度については同Q31で解説します。

労 働 法	
第1章　総則	第8章　職業訓練
第2章　就業の促進	第9章　社会保険および福利
第3章　労働契約および集団契約	第10章　労働紛争
第4章　労働時間および休息・休暇	第11章　監督検査
第5章　賃金	第12章　法律責任
第6章　労働安全衛生	第13章　附則
第7章　女子従業員および未成年労働者の特別保護	

5 環 境 法

近年中国では，PM2.5による大気汚染などに代表される環境問題に対応するため，環境保護に関する規制を理解する重要性が増しています。工場等の建設に当たっては，監督機関に環境影響評価書を提出する必要があるほか，業種ごとの具体的な規制について把握し，事業運営に沿って遵守する必要があります。

中国の環境保護に関する法律は，環境保護法（2015年1月1日改正施行）を基本法として，その他に大気汚染防止改善法（2016年1月1日改正施行），水質汚染防止改善法（2008年6月施行）および環境騒音公害防止改善法（1997年3月施行）など環境汚染の形態によって異なる法令が制定されています。

昨今の環境問題に対応するため，25年ぶりに環境保護法が改正され，2015年1月1日より施行されています。

環　境　保　護　法	
第1章　総則	第5章　情報公開および大衆の参加
第2章　監督管理	第6章　法律責任
第3章　環境保護および改善	第7章　附則
第4章　汚染およびその他の公害の防止改善	

6　知的財産に関する法律

中国はWTO加盟のために，2000年以降，知的財産に関する法律（特許法，商標法，著作権法など）の大幅な改正を行いました。その結果，中国においても基本的な知的財産に関する法律は整えられてきましたが，解釈上不明確な点が多く，また広大な中国において知的財産権の侵害に関する取締りを一律に行うのは難しいようです。

特　　許　　法	
第1章　総則	第5章　特許権の存続期間，消滅および無効
第2章　特許権付与の条件	第6章　特許の強制実施権
第3章　特許の出願	第7章　特許権の保護
第4章　特許出願の審査および認可	第8章　附則

商　　標　　法	
第1章　総則	第5章　登録商標無効宣告
第2章　商標登録の出願	第6章　商標使用の管理
第3章　商標登録の審査と審査確認	第7章　登録商標専用権の保護
第4章　商標登録の更新，譲渡および使用許諾	第8章　附則

Q25　直接投資の概要

中国への直接投資の形態について，その概要を教えてください。

Answer

　一般に，投資という概念には，会社等の支配権を握ってビジネスを行う直接投資と，会社等の支配権を握らずにインカムゲイン（配当等）・キャピタルゲイン（値上がり益）を狙う間接投資があります。

　直接投資の形態として中国で認められているものには，主に①駐在員事務所の設立，②外資企業の支店設立，③現地法人の設立，④既存現地企業の買収（M&A）などが挙げられます。

　この内，支店につきましては，会社法第193条により，「外国会社は，会社の定款および所属国の会社登記証書等の関連文書を持って中国の主管機関に申請を提出し，認可を経たあと，会社登記機関で法に従い登記を行い，営業許可証を受領することにより，中国で支店を設立できる」と規定されています。さらに同条第2項で，「外国会社の支店に関する審査認可の方法について，国務院がこれを別途定める」と規定しております。現状におきまして，外国企業として支店の設立が認められているのは銀行と保険会社のみであり，製造業やサービス業などについては明確な法的根拠がないため，中国に支店を設立することは難しい状況です。

　駐在員事務所につきましては，基本的に，現地法人の設立前の情報収集等補助的，準備的な目的で利用されることを意図しております。中国における販売会社設立に制約があった時代には，駐在員事務所のステータスで実質的な営業を行っている例がありましたが，現在では厳しく取り締まられており，また課税も強化されておりますので，限定的な活動にとどめられています。

Q26 三資企業の特徴

三資企業のそれぞれの特徴を教えてください。

Answer

外資企業が，中国国内で現地法人を設立する際の代表的な企業形態としましては，合弁企業，合作企業および独資企業の3形態があります。これらは総称して「三資企業」と呼ばれております。

1 合 弁 企 業

合弁企業は，外国側出資者と中国側出資者の双方による出資を受け，中国政府の認可により設立した共同出資企業をいいます。根拠となる法律は，合弁企業法（2016年10月1日施行），およびその実施細則です。

2 合 作 企 業

合作企業は，「契約型合弁」といわれるように，契約によって当事者の権利義務を定めた経営形態の企業をいいます。根拠となる法律は，合作企業法（2017年11月5日施行）およびその実施細則です。実務上，投資制限等の影響で外国企業の進出が制限される業種，または，認められない業種への進出形態として利用されることがあります。

3 独 資 企 業

独資企業とは，外国出資者の出資のみで設立した企業をいいます。外国側が複数で出資した場合にも，独資企業に分類されることになります。根拠となる法律は，外資企業法（2016年10月1日施行）およびその実施細則です。

それぞれの形態のメリットおよびデメリットは，一般的に以下のとおりです。

企業形態	メリット	デメリット
合弁	・ 中国側の販売ネットワーク，労務・人事ノウハウなど中国ビジネス上の既存プラットフォームを利用できる。 ・ 政府機関等との対外折衝を任せられる。 ・ 外資出資規制の対象となる特殊業種への進出が可能となる。 ・投資の先行回収ができる。	・ 中国側パートナーの選定に時間を要する。 ・ 経営方針等をめぐってトラブルが発生し，業務の効率を害する。 ・ 企業再編，撤退において中国側との内部交渉が必要となり，時間を要する，または実行できない。
合作	・ 出資比率規制により制限または禁止されている業種への進出が可能となる。 ・ 責任の分担および収益の分配等について，双方の自由裁量により決定できる。	・ 契約内容の解釈をめぐり，トラブルが発生する場合がある。 ・ 法人化しない場合は，当事者が全債務について無限連帯責任を負う場合がある。
独資	外国側出資者で支配権を有することができるので，上記の合弁企業のデメリットを克服できる。	中国側販売ネットワーク等，上記の合弁企業のメリットを享受できない。

Q27　三資企業の組織機構

三資企業の組織機構について教えてください。

Answer

　三資企業の組織機構については，会社法および三資企業法により規定されています。会社法と三資企業法の双方に関連する規定が存在する場合には，基本的には三資企業法が優先されます（Q24参照）。

　2006年より会社法が改正されたことにより，三資企業においても，原則として，監事または監事会（以下，監事等）の設立が義務付けられました。監事（会）は日本の監査役（会）に相当します。

1 三資企業の組織機構の概要

(1) 合弁企業

　合弁企業の最高意思決定機関は，合弁企業法により董事会であると規定されており，董事の人数は，原則として出資者の出資比率により配分されます。中国の会社法でいう「董事」は日本の会社法でいう「取締役」とほぼ同義であると理解できますが，合弁企業においては「出資者代表」としての性格もあわせもっています。董事長および副董事長は，各出資者の代表者が協議して決めるか，または，董事会の選挙により選出されます。

　また，董事会の下に総経理（社長）が置かれ，経営を執行します。会社のその他の組織機関は，会社の自治原則に照らして会社の定款において規定します。

(2) 合作企業

　中外合作の有限責任会社の組織機構は，合作企業法等に従い，通常は合弁会社と同様となります。ただし，双方の契約により，合弁企業に比べてより自由な設計ができるとされています。

(3) 独資企業

　独資企業の経営機構については，特別法である外資企業法には規定がないため，一般法としての会社法が適用されることになります。よって，会社の規模，出資者の人数等に応じて，株主総会，董事または董事会，監事または監事会の設置を検討する必要があります。

2 監事等の設置

　三資企業法には，監事等の設置に関する明文規定はありません。ただし，会社法第52条により監事またはその合議体である監事会の設置が義務付けられています。実務上は，監事会を設置せず，1名または2名の監事を設けるケースが多く見られます。

Q28 会社設立手続き

会社設立手続きの概要について教えてください。

Answer

　中国では，営業許可証の発行日が会社設立日とされます。外商投資企業の設立手続きは，大きく分けると営業許可証を取得するまでの狭義の「設立手続き」と，各種当局への登記などを行う「設立後の手続き」に分けることができます。

1　設立手続き

　進出場所，中国側パートナーおよび投資プロジェクトの概要等が決まりましたら，いよいよ設立手続きを開始します。設立手続きにおいては，政府当局との交渉や事務手続きのやり取りが必要になりますので，会計事務所やコンサルティング会社が手続きを代行するケースが多く見られます。

(1)　会社名の予備審査

　予定した会社名と同一の会社名がないかを確認するために，工商行政管理局で審査を受ける必要があります。中国における外商投資企業の会社名は，一定のルールの下での制限を受けます。一般的なルールは，以下のとおりです。

　①　場所名　＋　固有名・屋号　＋　事業内容を表す言葉　＋　会社形態
　②　固有名・屋号　＋　事業内容を表す言葉　＋　（場所名）　＋　会社形態

　例えば，新日本株式会社という名の会社が上海において貿易を行う有限会社を設立する場合には，「上海新日本貿易有限公司」または「新日本貿易（上海）有限公司」といった名前になります。屋号が英語やカタカナの会社は，中国語の発音に合わせた充て字（フォード＝福特，カルフール＝家楽福，など）を使用するか，もしくは母国語の意味を充てるケース（コンチネンタルエアライン＝大陸航空，など）があります。

(2)　消防局・環境保護局への申請

　工場を設立する場合には，消防局への申請と環境保護局の認可が必要となります。環境保護局の認可を受ける際には，環境評価業者による環境評価を受ける必要があります。

(3)　設立の届出等

　現在外国投資プロジェクトは届出制となっています。「外商投資企業の設立及び変更届出管理暫定弁法」（2016年10月８日）により，特別管理措置に該当しない企業については，届出のみとされ，手続の簡素化が図られています。届出を終えた企業は，外商投資企業設立届出受理書を商務部で取得します。工商局では営業許可証を取得する手続を行いますが，原則として，商務部での届出と工商局での許可証の取得はどちらが先行してもよく，並行して行ってもよいこととなっています。

　特別管理措置に該当する場合は，商務部門に許可申請し批准書を取得したうえで，工商局での登記変更手続きが必要になります。

　以上をもちまして狭義の設立手続きは終了になりますが，その後，設立後の手続きが続きます。

2　設立後の手続き

　会社設立後も，各種登記などの手続きが続きますので，漏れのないように行う必要があります。主な手続きは，以下のとおりです。

①　質量技術監督局での企業コード番号の取得

②　外貨管理局での外貨登記

③　外貨指定銀行での口座開設

④　投資者による資本金の払込み

⑤　税務局での税務登記（国家税務局と地方税務局）

⑥　その他登記（統計登記，財政登記，税関登記）

⑦　労働局への届け出

⑧　その他必要な手続き

Q29 新しい企業形態

三資企業以外に，外資系企業の現地法人はどのような形態で設立されますか。

Answer

従来の中国における外商投資企業の設立に際しては，その一般的な投資形態としまして，合弁，合作，独資といった，いわゆる「三資企業」が挙げられましたが，2010年3月1日より，「外国企業又は個人による中国国内パートナーシップ企業設立管理弁法」（2009年11月25日公布）が施行されました。これにより，従来の「三資企業」に加えて，外商投資パートナーシップ企業を新しい投資モデル形態として利用することが可能となりましたが，その利用はこれまでのところ一般的とはなっていないようです。

Q30 労働契約法

労働契約法の施行で従業員の雇用関係が変わったと聞きました。具体的にどのような影響がありましたか。

Answer

2008年1月より施行された労働契約法により，労働者の権利保護が強化されました。特に，労働者の権利意識が高まったことで，労働条件や解雇などに関連した労働争議が増加しており，外商投資企業の経営者としては，法律の正しい解釈や労働争議対策事例の理解に努めることが肝要です。

労 働 契 約 法	
第1章　総則	第5章　特別規定
第2章　労働契約の締結	第6章　監督検査
第3章　労働契約の履行および変更	第7章　法律責任
第4章　労働契約の解除および終了	第8章　附則

1　書面による労働契約の締結

　会社は，労働者と書面による労働契約を締結する必要があり，書面化せずに1ヶ月以上放置した場合には2倍の賃金に相当する金額を支払う義務が発生します。また，1年以上放置した場合には，期間を固定しない雇用契約（以下，「無期雇用契約」と呼ぶ）が締結されたものと看做されます。無期雇用契約を締結することで，従業員の地位は著しく安定することとなりますが，他方，会社にとっては，固定的な人件費が発生することで，工場等の稼働状況に合わせた正社員の柔軟な採用が難しくなります。

2　有期雇用契約の回数制限

　会社は，労働者と締結した固定期間労働契約については，2回までと制限され，次回更新時には無期雇用契約を締結しなければならないと規定されています。

3　有期雇用契約の年数制限

　有期雇用契約の累計が10年を超える場合には，無期雇用契約に切り替える義務が発生します。

4　試用期間の上限

　試用期間については，6ヶ月を超えることはできないと規定されています。
　試用期間中は，企業には一定の解雇規制があるのに対し，従業員は3日前の通知で自由に辞めることができると規定されております。以下，契約による雇

用期間と，試用期間の上限をまとめた表になります。

契約による有期雇用期間	試用期間の上限
3年以上（無期雇用契約を含む）	6ヶ月
1年以上3年未満	2ヶ月
3ヶ月以上1年未満	1ヶ月
3ヶ月未満	設定不可

5　有給休暇の付与と取得

　1年超勤務する労働者に対しては，有給休暇を付与することが義務付けられています。労働者が，割り当てられた有給休暇について取得できなかった場合は，企業は1日当たりその3倍の金額で買い取る義務が発生しますが，この3倍の額には企業が従業員に支払う通常勤務期間の賃金に含まれるため，2倍の額での買取になります（企業従業員年次有給休暇実施規則）。通常は，買取り期限が来る前に，従業員に有給休暇の取得を促す企業が多いようです。

6　経済補償金の支払

　企業は原則として，労働契約の終了または解除を行う場合に，労働契約法の規定に従い，退職する従業員に対して経済補償金を支払わなければならないとされています。労働契約の解除が従業員の過失による場合，または従業員の申入れによる場合には経済補償金の支払義務は発生しません。

　経済補償金は，基本的には「勤続年数×平均月額給与」で計算されます。違法解雇の場合には，経済補償金総額の2倍の賠償金を支払う必要があります（※）。

　（※）　労働契約法39条（予告を要しない労働契約の解除，即時解雇），46条（経済補償金），87条（労働契約の違法解除）

社会保険制度について教えてください。外国人も対象となりますか。

Answer

中国では，改革開放政策による偏った経済成長や一人っ子政策により，所得格差や少子高齢化の問題が深刻化しております。これを背景に，社会保険法が2011年7月より施行されました。これは，社会保険分野に関する総合的な法律であり，日本の年金に相当する「養老保険」，「医療保険」，「労災保険」，「失業保険」および出産・育児に関する「生育保険」について規定しています。

社　会　保　険　法	
第1章　総則	第7章　社会保険料の徴収
第2章　基本養老保険	第8章　社会保険基金
第3章　基本医療保険	第9章　社会保険の取扱
第4章　労働災害保険	第10章　社会保険の監督
第5章　失業保険	第11章　法律責任
第6章　生育保険	第12章　附則

1　保険料負担率

これらの社会保険については，日本と同様，会社負担と従業員負担があり，その負担率としては全国共通のものがありますが，実際の運用では，各地方政府の自由裁量が認められています。以下，参考までに上海の負担率表をまとめました。

項　　　目	会社負担分	従業員負担分
養 老 保 険	前年度の本人月平均賃金の20%	前年度の本人の月平均賃金の8%
医 療 保 険	前年度の本人月平均賃金の9.5%	前年度の本人の月平均賃金の2%
労 災 保 険	前年度の従業員全員の賃金総額の0.2%～1.9%	免除
失 業 保 険	前年度の従業員全員の賃金総額の0.5%	前年度の本人の月平均賃金の0.5%
生 育 保 険	前年度の従業員全員の賃金総額の1％以内	免除

2　外国人に対する適用

　社会保険法第97条は，外国人が中国企業で就業する場合には社会保険を負担する旨規定しています。この規定の運用開始時期は，当初不明確な点がありましたが，現状では多くの主要都市において徴収が開始されています。徴収が開始された都市では，駐在員一人当たりの追加コストが，月々4,000～5,000元程度となったといわれており，駐在員の派遣政策に影響を与えているケースがあります。

　多くの日本人駐在員は，日本の社会保険料を納めているため，二重の徴収が行われているのが現状です。二重で掛けた社会保険料について，その見返り給付があれば良いのですが，中国社会保険の給付制度に従うと，養老保険は多くの駐在員にとって給付条件を満たすのが難しく，駐在員に海外旅行傷害保険を付与している場合には，中国の医療保険は必要ないことになります。

　上記内容を踏まえ，日中両国間において社会保険料の二重払いを解消するため日中社会保障協定が締結され，2019年９月１日より手続きが実施されています。当該協定内容は中国へ派遣される日本人駐在員の年金保険料を５年間免除し，５年を超える場合は相手国の年金のみに加入するというものです。免除される保険の範囲は，保険料率の高い養老保険のみであり，医療，労災，失業，生育の社会保険料は納付する必要があります。

第5章

中国税制の概要に関する
Q&A

● point ●

　第5章では中国税制の体系と徴税管理及び第6章以降で個別に取り上
げる主要税金以外の税金の概要について説明します。

Q32　中国税制の概要

中国における現行の税制体系と各税金の概要について教えてください。

Answer

　中国における現行の税制体系は大きく，①貨物及び役務税（増値税，消費税，車両購入税及び関税），②所得税（企業所得税，個人所得税），③財産及び行為税（土地増値税，不動産税，城鎮土地使用税，耕地占用税，契税，資源税，車船税，印紙税，都市維持建設税，煙草税，船舶吨税，環境保護税）に分類することができます (注1)。

　各税目の概要は下表のとおりです。

	税目	概要
貨物及び役務税(注2)		
1	増値税	日本の消費税に相当する付加価値税で，物品の販売，加工・修理・組立役務の提供と物品の輸入，及びサービス，無形資産と不動産の販売を課税対象とします。16％，10％，6％の税率，または3％，5％の徴収率が適用されます（詳細は第8章を参照）。
2	消費税	いわゆる嗜好品や奢侈品と呼ばれる特定の物品（酒，高級化粧品，自動車等）の生産，委託加工及び輸入を課税対象とします。対象品目ごとに従価税率または従量税額が定められています（Q35を参照）。
3	車両購入税	車，オートバイ等を購入する際，取得価額の10％が課されます。
4	関税	輸出入貨物，物品を課税対象とします（詳細は第9章を参照）。
所得税		
5	企業所得税	日本の法人税に相当します。企業が事業活動によって得た所得を課税対象とし，税率は25％ですが，優遇措置により軽減税率が適用される場合もあります。また，非居住者企業が配当，利子，使用料等の中国国内源泉所得を取得する場合にかかる源泉税の税率は10％です（詳細は第6章を参照）。

6	個人所得税	日本の所得税に相当します。個人が取得する各種の所得を課税対象とし，従来は課税所得の区分ごとに課税する分離課税方式がとられていましたが，2019年1月1日施行の新しい個人所得税法では，一部総合課税方式が導入されました。給与所得については，3－45％の超過累進課税方式が適用されます（詳細は第7章を参照）。
	財産及び行為税	
7	土地増値税	国有の土地使用権，建物等を譲渡する際，価値の増加額に対して課税され，30－60％の超過累進税率が適用されます。
8	不動産税	特定の地域にある建物を所有する場合に，不動産の原価から一定の控除額を控除した後の金額に対して課され，税率は1.2％です。不動産を賃貸する場合は賃貸収入の12％とされています。
9	城鎮土地使用税	特定の地域にある土地の使用に対して，土地面積に応じて課されます。平米あたりの適用税額は所在地によって異なります。
10	耕地占用税	農業用地に建物等を建てる場合に，用地面積に応じて課され，適用税額は地域によって異なります。
11	契税	土地及び建物に係る権利の移転行為を課税対象とし，当該行為によって権利を取得する者が納税者となります。適用税率は3－5％です（Q36を参照）。
12	資源税	中国の領域及び管轄海域における鉱物資源の採掘，塩の生産等を課税対象とし，適用税率または税額は資源ごとに異なります。
13	車船税	中国国内で車両，船舶を所有または管理する場合に課されます。対象品目ごとに適用税額の範囲が定められています。
14	印紙税	中国国内で法的効力を有する課税文書が課税対象となり，課税文書を作成または受領する者が納税者となります。課税文書ごとに適用税率または税額が定められています（Q37を参照）。
15	都市維持建設税	増値税，消費税の納付額を課税標準とし，これらの税金と併せて徴収されます。税率は納税者の所在地によって異なります。都市の維持建設資金に充当することを目的としています。
16	煙草税	中国国内で煙草の葉を購入する企業に対して課されます。
17	船舶吨税	中国国外の港から国内の港に入る船舶に対して課されます。
18	環境保護税	中国の領域及び管轄海域における課税汚染物（大気汚染物，水汚染物，固定廃棄物及び騒音）の排出を課税対象とし，汚染物ごとに適用税額の範囲が定められています。2018年1月1日から徴収が開始されました（Q38を参照）。

税金の徴税管理を担うのは各地の税務機関ですが，関税，船舶吨税と輸入段階の増値税及び消費税については，税関が代理徴収します。

（注1） 当該分類は主に国家税務総局の「中国税務年度報告（2015）」に基づいています。

（注2） 貨物及び役務税には従来，役務の提供，無形資産の譲渡及び不動産の販売を課税対象とする営業税もありましたが，増値税と営業税の一本化を図る増値税改革の実施により，2016年5月1日以降，営業税の課税対象取引はすべて増値税の課税対象に移行しました。

Q33 徴税管理

中国には「租税徴収管理法」という徴税管理に関わる基本法規があると聞きました。これはどのような事項を規定したものですか。

Answer

　租税徴収管理法は，国家の税収確保と納税者の合法的権益の保護を主な目的とするもので，現行法では，税務管理，税金徴収，税務調査，法律責任等の章を設け，税務機関と納税者それぞれの基本的な権利と義務，税務に関する各種の手続き等について規定しています。

　たとえば，納税者の行う税務登記について，租税徴収管理法第15条では，企業，企業が他地域に設立した支店等の生産経営に従事する納税者は，営業許可証の取得日から30日以内に税務機関で税務登記手続きを行わなければならないと規定し，第16条では，税務登記内容に変更が生じた場合は，工商行政管理機関での変更登記日から30日以内あるいは工商行政管理機関での登記抹消の申請前に，税務登記の変更あるいは抹消手続きを行わなければならないと規定しています。

　そのほか，納税者による帳簿の設置や納税申告に関する要求，税務調査の実施における税務機関と納税者の権利と義務，各種の法規違反行為に対する罰則

等について具体的に規定しています。Q34で説明する税務申告や納税が正しく行われなかった場合の取扱いについても，租税徴収管理法の中で規定されています。

現行の租税徴収管理法は2001年から改正法が施行されましたが，その後，各種税制や徴税管理体制の改革等が行われ，現行法は徴税管理の実状に合わなくなりつつあります。特に近年は，システム化の推進によるさまざまなデータの統合と活用が進む一方，行政改革による各種手続きの効率化や簡素化も図られています。具体的にいえば，「多証合一」と呼ばれる営業許可証，組織機構コード証，税務登記証，社会保険登記証，統計登記証等を含む各種証書の統合や各種事項に対する当局の審査・承認制度の取消し等が行われています。税務に関しても，従来は関連法規あるいは実務において税務機関による事前の審査・承認が要求されていた多くの事項が，事前承認制から納税者による申告制に移行し，それと同時に税務機関による事後管理が強化される傾向にあります。

このように徴税管理を取り巻く環境が大きく変わる中で，租税徴収管理法も近い将来に大幅な改正が行われるものと見込まれています。

Q34　滞納金，罰則等

税務申告，納税が正しく行われなかった場合の滞納金や罰則及び税務機関が追徴課税を行う場合の遡及期限等について教えてください。

Answer

1　滞　納　金

租税徴収管理法によれば，納税者が期限までに税額を納付しなかった場合，納付期限の翌日から実際納付日まで，1日当たり0.05％の滞納金が課されます。

移転価格税制を含む「特別納税調整」の調査により追徴課税を受けた場合は，

これとは別に，追徴税額の帰属する納税年度の翌年6月1日から追加納付日までの期間につき，税額帰属年度の12月31日に適用されていた中国人民銀行の人民元貸付基準利率に5％（当該部分は免除の可能性がある）を加えた利率で延滞利息が計算されます。加えて，規定の期限までに税額を納付しなかった場合，税額を滞納した日から上記の滞納金を計算することになります。

2　過少納税に係る遡及期限

租税徴収管理法では，税額の未納付，過少納付があった場合の遡及期限について，次のように規定しています。

・　税務機関の責任により未納付，過少納付が生じた場合，3年間は追徴できるが，滞納金は課さない。

・　納税者，源泉徴収義務者の錯誤により未納付，過少納付が生じた場合，3年間は追徴できるが，特殊な場合（未納付，過少納付累計額が10万元以上の場合）はこれを5年間まで延長できる。ただし，脱税，税回避，税金の詐取の場合は無期限に追徴できる。

3　罰　　則

租税徴収管理法では，各種の規定違反行為に対する罰則を定めています。そのうち納税者，源泉徴収義務者の未申告及び未納付，過少納付に対して，税務機関は次の罰金を課すことができると規定しています。

・　納税者の未申告，納税者及び源泉徴収義務者の未納付または過少納付：本税の50％以上5倍以下の罰金

・　源泉徴収義務者の源泉徴収義務の不履行：本税の50％以上3倍以下の罰金

Q35　消　費　税

消費税の概要，計算方法等について教えてください。

Answer

1　消費税の課税対象

　消費税は，特定の課税消費物品の生産，委託加工及び輸入に対して課されます。ここで，特定の課税消費物品とは，いわゆる嗜好品や奢侈品と呼ばれる物品を指しています。したがって，日本でいう消費税とは異なり，日本の消費税以外の個別間接税（例えば，酒税，たばこ税，石油関係の諸税）に相当する税金となっています。

　課税消費物品には，たばこ，酒・アルコール類，高級化粧品，貴金属アクセサリー類・宝石，製品油，自動車タイヤ，オートバイ，小型自動車，ゴルフ用品，高級腕時計等が含まれます。

　具体的な範囲や税率はしばしば政策的に変更されます。近年では，2015年から電池及び塗料が課税対象に加わったほか，2016年にはそれまで課税対象であった「化粧品」が「高級化粧品」となり，一部の化粧品が課税対象外となりました。また，「小型自動車」に「超豪華小型自動車」という細目が設けられ，生産（輸入）段階に加えて小売段階でも消費税が課税されるようになりました。

2　消費税の税額計算

　消費税の税額計算の方法には，従価定率法と従量定額法，及びそれらの組み合わせである複合課税方式があります。適用される税額計算の方法と適用税率または単位当たりの税額は品目ごとに定められています。

・　従価定率法（たばこ，ビール，石油製品以外の物品）

　　納付税額＝売上高×比例税率

・　従量定額法（黄酒，ビール，石油製品）

納付税額＝販売数量×単位当たり税額
・　複合課税方式（紙巻たばこ，白酒）
納付税額＝売上高×比例税率＋販売数量×単位当たり税額

Q36　契　　税

中国の契税とはどのような税金ですか。

Answer

　契税は，中国国内において土地及び建物の権利を移転する行為に対して課される税金で，当該行為によって権利を取得する者が当該税金の納税者となります。

　課税対象となる権利移転行為は，国有土地使用権の払下げ，土地使用権の譲渡（販売，贈与，交換を含む），建物の売買，贈与及び交換です。

　契税の課税標準は原則として以下のとおりです。

・　国有土地使用権の払下げ，土地使用権の販売，建物の売買：取引の成約価格

・　土地使用権，建物の贈与：徴収機関が査定により決定（市場価格を参考とする）

・　土地使用権，建物の交換：交換される土地使用権，建物の価格差額

　また，適用税率は3－5％の範囲で，省，自治区，直轄市人民政府が決定します。

　土地使用権または建物の所有権を取得する納税者は，契税の納付証明をもって，土地管理部門または不動産管理部門でそれらの権利に係る変更登記手続きを行うことになります。

Q37 印 紙 税

中国では，どのような文書に対して印紙税が課されますか。

Answer

　中国の印紙税は，「印紙税暫定条例」に課税文書として列挙された，中国国内で法的効力を有する文書が課税対象となります。納税者となるのは，当該文書の作成者または受領者です。

　日本では，原則として課税文書の作成場所が日本である場合に印紙税が課されますが，中国では，中国の国内，国外のいずれで作成されたかにかかわらず，中国国内で法的効力を有し，中国法の保護を受ける文書であれば，課税対象となります。

1　課税文書

印紙税暫定条例では，以下のものを課税文書として列挙しています。

① 　購入販売・加工請負・建設工事請負・財産賃貸借・貨物運輸・倉庫保管・金銭消費貸借・財産保険・技術契約，その他契約の性質を具備する文書

② 　所有権移転証書

③ 　営業帳簿

④ 　権利・許可証書

⑤ 　財政部が課税を決定したその他の文書

同暫定条例の「印紙税税目税率表」には，上記①～④の文書の範囲と税率（または１件当たりの税額）が記載されています。

2　税額計算

印紙税の課税文書のうち，各種の契約書と所有権移転証書に係る税額は次の

計算式により計算します。適用税率は文書に応じて0.05～0.1％です。

　　　印紙税額＝課税文書の記載金額×適用税率

　営業帳簿のうち資金記載帳簿については，払込資本金と資本準備金の合計金額に適用税率（0.05％）を掛けて税額を計算します（国税発［1994］25号）。

　また，権利・許可証及びその他の営業帳簿に係る税額の計算は次のとおりです。1件当たりの税額は5元です。

　　　印紙税額＝課税文書の件数×1件当たりの税額

　なお，2018年5月1日以降，営業帳簿のうち資金記載帳簿に係る印紙税は税額が半減され，その他の帳簿は免税となります（財税［2018］50号）。

Q38　環境保護税

　中国では，2018年から環境保護税が課されるようになったと聞きました。これは何に対して課される税金ですか。

Answer

　2018年1月1日から「環境保護税法」及び同実施条例が施行され，環境保護税の徴収が開始されました。これは，従来の排出汚染費の徴収に取って代わるもので，中国において環境保護を進めることを目的としています。

1　課税対象

　環境保護税の納税者となるのは，中国の領域及び中国の管轄するその他の海域において，直接環境に課税汚染物を排出する企業及び生産経営者です。ここでいう課税汚染物とは，環境保護税法に添付された「環境保護税税目税額表」，「課税汚染物及び当量値表」に規定される大気汚染物，水汚染物，固体廃棄物及び騒音を指します。

2 税額計算

各課税汚染物の税額計算及び適用税額はそれぞれ次のとおりです。

・　大気汚染物，水汚染物：汚染当量数（排出量／汚染当量値）×適用税額

　　１汚染当量当たりの適用税額は，大気汚染物が1.2元〜12元，水汚染物が

　　1.4元〜14元の範囲内で，地域ごとに決定されます。

・　固体廃棄物：排出量×適用税額

　　１トン当たりの適用税額は固体廃棄物の種類によって異なり，５〜1,000

　　元です。

・　騒音：標準を超えるデシベル数に対応する適用税額

　　毎月の適用税額は，騒音の標準超過レベルに応じて350〜11,200元とされ

ています。

税額の計算に用いられる課税汚染物の排出量及び相応のデシベル数は，次の
方法をこの順序に従って適用し，計算します。

①　納税者が国家の規定と観測規範に合った自動観測設備を据え付けて使用
　　する場合は，汚染物の自動観測データに基づき計算する。

②　納税者が自動観測設備を据え付けて使用していない場合は，国家の関連
　　規定及び観測規範に合った，観測機関の発行する観測データ（または企業
　　の自己観測データ）に基づき計算する。

③　多種の排出汚染物がある等の理由で，観測条件を備えていない場合，国
　　務院環境保護主管部門が規定する排出係数，物質収支法で計算する。

④　上記①〜③をいずれも適用できない場合，省，自治区，直轄市人民政府
　　の環境保護主管部門が規定するサンプリング試算の方法で計算する。

なお，一定の状況においては環境保護税が免除または軽減されます。

3 納税申告

　環境保護税は原則として月ごとに計算し，課税汚染物の排出地の税務機関で
四半期ごとに申告，納付します。税務機関は，納税申告データと環境保護主管
部門の提出データを比較し，異常を発見した場合には，環境保護主管部門にレ

ビューを行うよう要請することができます。

Q39 非貿易取引の税務

非貿易取引の海外送金に係る税務について教えてください。

Answer

　中国では為替の管理が厳しく，海外送金を行う際にも外貨管理の関連制度に従う必要があります。海外送金は大きく貿易取引の送金と非貿易取引の送金に分けられ，後者には役務提供対価の支払，使用料の支払，配当の支払等が含まれます。現在は，1件5万米ドル相当額を超える非貿易取引の送金を行う場合に税務届出の手続きが必要になります。当該手続きが必要とされない場合でも，海外への支払に係る税務処理は正しく行う必要があります。以下では，代表的な非貿易取引の海外送金である，役務提供対価の支払，使用料及び配当の支払について，その課税関係を説明します。

1　役務提供対価の支払

　中国の子会社が日本の親会社に各種の役務提供の対価を送金する場合の課税関係は以下のとおりです。実務上は，対価の支払者となる中国子会社がこれらの税金を源泉徴収するのが一般的です。

(1)　企業所得税

　企業所得税は，親会社の人員を通じて行われる役務提供が恒久的施設（PE）に該当しない限り，本来は課税されません（PEに関する詳細は第6章を参照）。

　しかしながら，実際の実務においては，十分なPEの議論を行うことなく，送金の際に企業所得税（簡便的に10％の源泉税の場合もある）の課税を受けるケースもみられます。

(2) 増 値 税

役務提供の対価に対しては通常，6％の増値税が課されます。増値税は税抜きの金額に対して計算します。

(3) 付加税金費用

増値税の納付額に対して都市維持建設税，教育費付加及び地方教育費が課されます。それらの合計は増値税額の6〜12％となります。

なお，Q60で説明したように，親会社から中国子会社に技術支援のための人員を派遣する場合，当該技術支援の対価も使用料として課税される可能性があります。

2　使用料の支払

中国子会社の生産のために必要となる技術ノウハウあるいは商標等の使用を日本の親会社が許諾し，中国子会社が親会社に使用料を支払う場合の課税関係は以下のとおりです。

(1) 企業所得税

10％の源泉税が課されます。

(2) 増 値 税

6％の増値税が源泉徴収されます。なお，科学技術主管部門の認定を受けた場合には，増値税の免除を受けることができます。

(3) 付加税金費用

上記1と同様に，増値税の納付額に対して，合計6〜12％の都市維持建設税，教育費付加，地方教育費が課されます。

3　配当の支払

中国子会社の利益を海外の親会社に配当する場合の課税関係は以下のとおりです。

(1) 企業所得税

原則として10％の源泉税が課されます。中国が他国と締結している租税条約

によっては軽減税率（たとえば，5％）が適用される場合もありますが，日中間
では10％となります。

　なお，日本の会社が中国の会社の25％以上の持分を保有する場合，日本では
外国子会社配当益金不算入制度（Q54を参照）の対象となり，配当の5％に相
当する金額のみを益金に算入することになります。

(2)　増値税，付加税金費用

　配当の送金に関して増値税等は課されません。

企業所得税に関する
Q&A

　第6章では中国の企業所得税を取り上げています。企業所得税は日本の法人税に相当する税金で，企業が事業活動によって得た所得に対して課されます。

　本章では，「中華人民共和国企業所得税法」（2008年1月1日施行）及び同実施条例等に基づき，企業所得税の納税者と課税範囲，課税所得の計算，優遇税制及び中国国外の企業（非居住者企業）に対する課税等について説明します。一部については日中租税条約の内容にも触れます。

Q40　申告時期

中国子会社の企業所得税の申告時期について教えてください。

Answer

　企業所得税は暦年（1月1日から12月31日まで）を納税年度とし，納税年度ごとに税額を計算します。企業所得税は，月又は四半期ごとに仮申告を行い，年度終了後に確定申告を行います。仮申告は月又は四半期の終了日から15日以内，確定申告は年度終了後5ヶ月以内に行います。

　企業所得税の仮申告では，月次又は四半期の実際の利益額に基づいて仮納付税額を計算しますが，それが困難な場合は前納税年度の課税所得額の月次又は四半期の平均額あるいは税務機関が認めるその他の方法によることもできます。

Q41　課税の範囲

企業所得税の納税者の区分とそれぞれの課税範囲について教えてください。

Answer

　企業所得税の納税者は居住者企業と非居住者企業に区分されます。居住者企業とは，①法により中国国内に設立された企業，②外国（地域）の法律により設立された，実際の管理機構が中国国内にある企業を指します。また，非居住者企業とは，外国（地域）の法律により設立された，①実際の管理機構は中国国内にないが，中国国内に機構，場所を設けている企業，②中国国内に機構，場所は設けていないが，中国国内源泉の所得がある企業，を指します。

　上記にいう「実際の管理機構」とは，企業の生産経営，人事，財務，財産等

に対して実質的な全面管理及び支配を行う機構を指します。また，「機構，場所」とは，中国国内において生産経営活動に従事する機構，場所を指します。これには，管理機構，営業機構，工場，役務提供の場所，建築，据付等に従事する工事作業の場所等のほか，非居住者企業の委託を受けて生産経営活動に従事する営業代理人も含まれます。中国税法上の「機構，場所」の範囲は一般的に，租税条約上の「恒久的施設」（PE）（Q55を参照）よりも広いと考えられますが，租税条約が適用される場合であれば，上記の「機構，場所」はPEと読み替えることができます。

　企業所得税の納税者のうち，居住者企業はその全世界所得（すなわち，中国国内源泉所得と国外源泉所得）が課税対象となります。一方，非居住者企業はその中国国内源泉所得と，中国国内にPEを有する場合はそのPEに実質的に帰属する国外源泉所得が課税対象となります。

Q42　税　　率

企業所得税の税率は何％ですか。

Answer

　中国の居住者企業に適用される企業所得税の税率は25％ですが，優遇措置により軽減税率が適用される場合もあります。たとえば，ハイテク企業の認定を受けた企業には15％の軽減税率が適用されます。

　居住者企業のほか，非居住者企業が中国にPEを有する場合も，PEに帰属するすべての所得について，25％の税率で税額を計算することになります。

　中国国内にPEを有しない非居住者企業が中国国内源泉所得（配当，利子，使用料等）を取得した場合は，所得の支払者が企業所得税（源泉税）を源泉徴収します。その税率は，企業所得税法上は20％ですが，同実施条例により10％に軽減されています。

Q43 課税所得の計算

課税所得の計算はどのように行いますか。確定申告書について日本と異なるところはありますか。

Answer

1　課税所得の計算

　課税所得額は，企業の一納税年度の収入総額から非課税収入，免税収入，各種控除項目及び補填が認められる過年度の繰越欠損金を控除した後の残額となります。以下は，この計算を算式として示したものです。

　　課税所得額

　　＝収入総額−非課税収入−免税収入−各種控除項目−過年度繰越欠損金

　課税所得額の計算は，発生主義によることを原則としています。

　上記の算式に含まれる非課税収入には，①財政交付金，②法に基づき取得した，財政管理に組み入れられる行政事業関連収入，政府関係基金，③国務院が規定するその他の非課税収入があります。

　また，免税収入とされているのは，①国債利息収入，②条件を満たす居住者企業間の利益配当等の権益性投資収益，③中国国内に機構，場所を有する非居住者企業が居住者企業から取得した，当該機構，場所と実質的な関連のある利益配当等の権益性投資収益，④条件を満たす非営利組織の収入です。これらのうち，②は居住者企業が他の居住者企業に直接投資することにより取得した投資収益（配当金）を指し（上場株式を短期間保有する場合を含まない），たとえば，外商投資性公司が傘下の子会社から配当を得る場合等が該当します。

　繰越欠損金は，企業所得税法上は最長5年間の繰越が可能とされています。ただし，減税政策の一環として，ハイテク企業及び科学技術型中小企業については2018年1月1日以降，繰越期間が10年に延長されます（財税［2018］76号）。

2　確定申告書

　わが国では法人税確定申告書の別表の中に会計上の「当期純利益又は当期欠損の額」を出発点として税務上の加算項目，減算項目を計算する別表四（所得の金額の計算に関する明細書）があります。中国の確定申告書では，「納税調整項目明細表」という附表がこれに相当します。また，わが国では別表四で調整された項目のうち，翌年度以降に繰り越すものについては，別表五（一）（利益積立金額及び資本金等の額の計算に関する明細書）に記載しますが，中国ではこれに相当する表はありません。

　中国の企業所得税の確定申告書のフォームは，新しい政策や徴税管理方式の変更等を反映する形で，近年において何度か改訂が行われています。実際所得に基づいて企業所得税を計算する居住者企業納税者に適用される最新のフォームは，「中華人民共和国企業所得税年度納税申告表（Ａ類，2017年版）」（国家税務総局公告［2017］54号）です。

　これは，企業基礎情報表（A000000），年度納税申告表（Ａ類）（A100000）と多くの附表から構成されています。附表には，たとえば，一般企業収入明細表（A101010），金融企業収入明細表（A101020），一般企業原価支出明細表（A102010），金融企業支出明細表（A102020），事業単位，民間非営利組織収入，支出明細表（A103000），期間費用明細表（A104000），納税調整項目明細表（A105000），企業所得税補填損失明細表（A106000），免税，収入減額及び追加控除優遇明細表（A107010），所得減免優遇明細表（A107020），課税所得額控除明細表（A107030），所得税減免優遇明細表（A107040），税額控除優遇明細表（A107050），国外所得税額控除明細表（A108000），地区を跨って経営する一括納税企業の年度企業所得税分担明細表（A109000）等が含まれます。

Q44　損金不算入項目

　課税所得額を計算するときに損金算入ができない項目にはどのようなものがありますか。

Answer

　企業所得税法によれば，企業で実際に発生した，収入の取得に関連する次のような合理的な支出は，課税所得額を計算するときに損金に算入することができます。

① 原価：売上原価，販売原価，業務支出及びその他の支出

② 費用：販売費用，管理費用及び財務費用

③ 税金：企業所得税と控除可能な増値税以外の各種税金及び附加

④ 損失：固定資産及び棚卸資産の棚卸差損，毀損，除却損失，財産譲渡損失，貸倒損失，自然災害などの不可抗力による損失及びその他の損失

⑤ 原価，費用，税金，損失以外の生産経営活動において発生する，関連性のある合理的な支出

　一方，以下の支出については，企業所得税法上，損金算入が認められていません。

① 投資者に支払った利益配当等の権益性投資収益

② 企業所得税額

③ 租税の滞納金

④ 罰金，過料及び没収された財産の損失

⑤ 公益性寄付金以外の寄付金支出

⑥ 賛助支出

⑦ 未承認の引当金支出

⑧ 収入の取得と関連しないその他の支出

　これらのほか，企業がその投資者あるいは従業員のために支払う商業保険料

（企業が国家の規定に基づき，特殊な職種の従業員のために支払う人身安全保険料，国務院財政，税務所轄部門が控除可能と規定するものを除く），企業間で支払った管理費等も損金に算入することはできないとされています。特に管理費（又はマネジメント・フィー）については，関連者，非関連者いずれに対する支払であっても損金算入を認められないため，留意する必要があります。

Q45　損金算入限度額

損金算入限度額が規定されている費用項目にはどのようなものがありますか。

Answer

1　販売費用

⑴　広告宣伝費及び業務宣伝費

広告宣伝費及び業務宣伝費については，別途規定がある場合を除き，当期売上高（営業収入）の15％が損金算入限度額とされています。後述する交際費と異なり，限度超過額は翌年度以降に繰り越すことができます。

⑵　手数料とコミッション

保険企業及びその他の企業において発生する手数料やコミッションについても損金算入限度額（関連収入の5～15％）が設けられています（財税［2009］29号）。

2　管理費用

⑴　従業員関連支出

Q47を参照のこと。

⑵　交際費

交際費については，実際発生額の60％を損金算入できるとされていますが，売上高（営業収入）の0.5％を超えることはできません。すなわち，いずれか少

ない金額が交際費の損金算入限度額となります。

　中国では，交際費の範囲及び広告宣伝費，販売促進費等との区分に関する通達はなく，実務上，交際費として認定される範囲は一律ではない可能性があります。

(3) 社会保険料

　中国の社会保険制度により納付する保険料には，法定の基本保険料部分と補充保険料部分があります。企業所得税法に基づき，基本養老保険料，基本医療保険料，失業保険料，労災保険料，生育保険料等の基本社会保険料と住宅積立金の会社負担分については，損金算入が認められています。一方，企業に在職あるいは雇用される全従業員のために支払う補充養老保険料，補充医療保険料は，それぞれ従業員の給与賃金総額の5％を超えない範囲内で損金算入することができます（財税［2009］27号）。

(4) 公益性寄付金支出

　発生した公益性寄付金支出については，年度利益総額（会計利益）の12％を限度額として，損金算入することができます。従来，限度超過額を翌年度以降に繰り越して損金算入することは認められていませんでしたが，2017年に企業所得税法が改正され，3年間の繰越が認められるようになりました。

　中国税法上は，わが国のような一般寄付金についての規定はなく，あくまでも公益性寄付金に該当するもののみが損金算入の対象となります。ここでいう公益性寄付金支出とは，公益的社会団体（税法に規定する条件を満たす基金会，慈善組織等）あるいは県レベル以上の人民政府及びその部門を通じて支出する，「中華人民共和国公益事業寄付法」が規定する公益事業に用いる寄付金を指します。

Q46 借入費用及び支払利息

　企業で発生した借入費用及び支払利息の取扱いについて教えてください。

Answer

　借入費用については，まず収益的支出なのか，資本的支出なのかを判断します。固定資産，無形資産の購入・建設，あるいは販売可能な状態にするまでに12ヶ月以上の建設期間を要する棚卸資産のためにかかる借入費用については，資本的支出として関連資産に原価算入し，それ以外の資産化する必要のない合理的な借入費用は，収益的支出として損金算入することができます。

　また，支払利息については，金融機関以外の企業が金融機関から借入を行う場合，その支払利息は損金算入が可能ですが，金融機関以外の企業から借入を行う場合の支払利息は，金融機関からの同時期，同類の貸付金利に基づき算出した金額を限度額として損金算入できるものとされています。

Q47 従業員関連支出

　従業員に関わる支出の損金算入の取扱いについて教えてください。

Answer

　企業所得税法実施条例では，従業員福利費，従業員労働組合経費及び従業員教育経費について，それぞれ給与賃金総額の14%，2%，2.5%を損金算入限度額とする旨を規定しています。このうち，従業員教育経費については，従業員教育を奨励する目的で，2018年1月1日以降は給与賃金総額の8%が損金算

入限度額となりました（財税［2018］51号）。また，従業員教育経費の限度超過額は翌年度以降に繰り越して損金算入することができます。

これらの損金算入限度額の計算に用いる「給与賃金総額」は，「合理的な給与賃金」（企業が株主大会，董事会，報酬委員会あるいは関連の管理機構の制定した給与賃金制度の規定に従って実際に支給した給与賃金）の総額をいい，従業員福利費，従業員労働組合経費，従業員教育経費，及び各種の社会保険料，住宅積立金は含まないこととされています。

また，従業員福利費には，従業員の衛生保健，生活，住宅，交通等のために支給する各種の手当及び非貨幣性福利等を含みます。ただし，企業の給与賃金制度に含まれる，固定的に給与賃金とあわせて支給される福利性の手当は，「合理的な給与賃金」の要件を満たす場合，従業員福利費ではなく，給与賃金支出とされます（国税函［2009］3号，国家税務総局公告［2015］34号）。

なお，企業所得税法に基づき，「合理的な給与賃金」は損金算入することができます。ここでいう給与賃金には，基本給与，賞与，手当，補助金，年末賞与，残業手当及び従業員の勤務又は雇用と関連するその他の支出が含まれます。

Q48 固定資産

固定資産の範囲及び減価償却について教えてください。

Answer

固定資産とは，企業が製品生産，役務提供，賃貸あるいは経営管理のために保有する使用期間が12ヶ月を超える非貨幣性資産をいい，建物，構築物，機器，機械，運輸工具及びその他の生産経営活動に関連する設備，器具，工具等を含みます。

1 取 得 原 価

固定資産の取得原価（課税基礎）は，当該資産の取得方式に応じて，税法の規定に基づき確定することになります。たとえば，外部から購入した固定資産は，購入価格と支払った関連税金費用及び当該固定資産が予定した用途に用いることができるようになるまでに発生したその他の支出をもって取得原価とします。また，自ら建造した固定資産であれば，竣工決算前に発生した支出を取得原価とします。

2014年以降の納税年度においては，新たに購入した単価100万元以下の研究開発専用の計測器，設備と単価5,000元以下の固定資産は，課税所得額の計算上，損金に一括計上できるようになりました（財税［2014］75号）。さらに，企業の設備等に対する投資を促進するため，2018年1月1日から2020年12月31日までの期間においては，企業が新たに購入する単価500万元以下の設備，器具（建物，構築物以外の固定資産）について，課税所得額の計算上，損金に一括計上することが認められます（財税［2018］54号）。

2 減 価 償 却

(1) 減価償却方法

固定資産の減価償却は原則として定額法によることとされ，固定資産の性質と使用状況に基づいて見積残存価額を合理的に確定します。減価償却の計算は使用を開始した翌月から開始し，使用を停止した翌月に停止します。

(2) 最短耐用年数

各固定資産の減価償却計算に用いる最短耐用年数は，原則として次のとおりと定められています。

固定資産の最短耐用年数

分　　　類	最短耐用年数
建物，構築物	20年
飛行機，列車，船舶，機器，機械及びその他の生産設備	10年
生産経営活動に関連する器具，工具，家具等	5年

| 飛行機，列車，船舶以外の車両運搬具 | 4 年 |
| 電子設備 | 3 年 |

(3) 加速減価償却

　企業所得税法に基づき，以下の固定資産については，加速減価償却を行うことができます。

- ・　技術の進歩により，製品のモデルチェンジが速い固定資産
- ・　常に振動が強く，腐食しやすい状態に置かれている固定資産

　加速減価償却を行う場合は，①減価償却年数を短縮するか（上記(2)の最短耐用年数の60％を下回らない），あるいは②加速減価償却の方法（200％定率法又は級数法）を採用することになります。

　2014年以降は，新たに購入した単価が100万元を超える研究開発専用の計測器，設備についても加速減価償却が認められるようになりました（財税［2014］75号）。このほか，特定の業種に対して認められる加速減価償却もありましたが（財税［2014］75号，財税［2015］106号），2019年1月1日以降はその適用範囲がすべての製造業に拡大されました（財務部，国家税務総局公告［2019］66号）。

(4) 会計上の減価償却費との差額の処理

　企業の固定資産の会計上の耐用年数が上記(2)の税務上の最短耐用年数より短い場合，会計上の減価償却費が税務上の減価償却費を上回る部分は，課税所得額の計算上，加算調整することになります。この場合，会計上の減価償却が終了した後も，税務上は引き続き耐用年数の残余期間において減価償却費を損金算入することができます。一方，会計上の耐用年数が税務上の最短耐用年数より長い場合は，別途規定がある場合を除き，会計上の減価償却費を損金算入することになります（国家税務総局公告［2014］29号）。

Q49　無形資産及びその他の資産

　無形資産及びその他の資産の範囲とそれらの減価償却又は償却について教えてください。

Answer

1　無 形 資 産

　税法上の無形資産とは，企業が製品生産，役務提供，賃貸あるいは経営管理のために保有する実物形態を持たない非貨幣性の長期資産をいい，特許権，商標権，著作権，土地使用権，非特許技術，のれん等が含まれます。

(1)　取 得 原 価

　外部購入した無形資産は，購入価格と支払った関連税金費用及び当該資産が予定した用途に用いることができるようになるまでに発生したその他の支出をもって取得原価とします。また，自ら開発した無形資産は，開発過程において資本化の条件を満たしてから予定した用途に用いることができるようになるまでに発生した支出をもって取得原価とします。

(2)　償　　　却

　無形資産は原則として10年以上の期間にわたり，定額法で償却します。ただし，投資又は譲渡を受けた無形資産について，関連の法律規定又は契約において使用年数が定められている場合には，当該使用年数により償却することができます。

　自己創設のれん等の償却費は損金に算入することができません。また，外部購入したのれんの支出は，企業全体を譲渡あるいは清算するときに損金算入することができます。

2　生産性生物資産

　生産性生物資産とは，企業が農産物の生産，役務提供，あるいは賃貸等をす

るために保有する生物資産をいい，経済林，薪炭林，産畜及び役畜等を含みます。

(1) 取 得 原 価

外部購入した生産性生物資産は，購入価格と支払った関連税金費用をもって取得原価とします。

(2) 減 価 償 却

生産性生物資産の減価償却は原則として定額法により，生産性生物資産の性質と使用状況に基づいて見積残存価額を合理的に確定します。減価償却の計算は使用を開始した翌月から開始し，使用を停止した翌月に停止します。

生産性生物資産の最短耐用年数は原則として林木類は10年，畜類は３年とされています。

3　長期前払費用

税法で規定されている長期前払費用には，以下の支出が含まれます。

① 減価償却済みの固定資産の改良支出

② リース固定資産の改良支出

③ 固定資産の大修理支出

④ その他の長期前払費用とすべき支出

上記のうち，①は見積残存耐用年数，②は残存リース期間，③は残存耐用年数に基づき，それぞれ償却することになります。また，④については，支出が発生した月の翌月から，３年以上の期間にわたり償却します。

なお，新たに設立された企業の開業準備期間中に発生した開業費については，現行税法上，明確に長期前払費用とはされていませんが，経営開始年度に一括して損金に算入するか，あるいはその他の長期前払費用として３年以上の期間にわたり償却するかを選択することができます（国税函［2009］98号）。

Q50 優遇措置

企業所得税に関わる優遇措置にはどのようなものがあります
か。

Answer

現行の企業所得税法及び同実施条例においては，国家が重点的に支援及び発
展を奨励する産業とプロジェクトに対して，各種の優遇措置が設けられていま
す。そのほか，特定の業種及び地域等に適用される政策的な優遇措置もありま
す。

1　税法に規定される主な優遇措置

(1)　免税及び減税

① 農，林，牧，漁業に従事して得る所得（税額が免除又は半減される）

② 国家が重点的に支援するインフラストラクチャープロジェクトの投資経
営に従事して得る所得（3年免税・3年半減：最初の生産経営収入を取得した
納税年度から起算して第1～3年度までは免税，第4～6年度までは税額が半減さ
れる）

③ 適格の環境保護，省エネルギー，節水プロジェクトに従事して得る所得
（3年免税・3年半減）

④ 適格の技術譲渡に係る所得（1納税年度内における居住者企業の所得が500万
元以下の部分は免税，それを超える部分は税額が半減される）

(2)　税率の軽減

① ハイテク企業の認定を受けた企業（15％）

② 適格の小規模薄利企業（20％）

③ 非居住者企業の中国国内源泉所得（20％の源泉税率を10％に軽減）

(3) 追加損金控除

① 新技術，新製品，新工程の開発のために発生する研究開発費（実際発生額の150％を損金算入，無形資産を形成する場合は原価の150％を償却）

② 障害者従業員に支給する給与（実際発生額の200％を損金算入）

なお，上記①については，2018年1月1日から2020年12月31日まで，追加損金控除の割合が50％から75％に引き上げられます（財税［2018］99号）。

(4) 課税所得控除・減額及び税額控除

① ベンチャーキャピタル企業が未上場の中小企業に投資する場合（投資額の70％を課税所得額から控除）

② 資源総合利用の優遇目録に規定する資源を主要原材料として，基準に合致する製品を生産する場合（実際収入額を90％に減額）

③ 優遇目録に規定する環境保護，省エネルギー・節水，安全生産等の専用設備を購入し，使用する場合（投資額の10％を税額から控除）

(5) 加速減価償却

技術の進歩等の理由により，必要がある場合は，加速減価償却を行うことができる。Q48を参照のこと。

2　その他の優遇措置

企業所得税法及び同実施条例に規定される優遇措置のほかに，政策的に定められている優遇措置もあります。

たとえば，IC産業に対する優遇措置（一定期間における減免税），技術先進型サービス企業に対する優遇措置（15％の軽減税率の適用），西部地域の奨励産業に対する優遇措置（2020年末まで，15％の軽減税率の適用），及びその他の特定の地域における奨励産業等に対する優遇措置等があります。

このうち，技術先進型サービス企業に対する優遇措置は従来，特定の都市においてのみ適用されていましたが，2017年以降は全国で適用されるようになりました（財税［2017］79号）。また，一部の試験地域で試験的に範囲が拡大された当該優遇措置の対象となるサービスも，2018年以降は全国で範囲が拡大され

ることになりました（財税［2018］44号）。

Q51 配当，利子，使用料等に対する課税

非居住者企業が配当，利子，使用料等の中国国内源泉所得を得た場合，中国でどのように課税されますか。

Answer

中国国内に機構，場所又は恒久的施設（PE）を設けていない非居住者企業は，中国国内源泉所得に対して中国で企業所得税を課されます。たとえば，非居住者企業が中国国内企業から配当，利子，使用料を取得した場合，及び中国国内企業の持分を譲渡して譲渡所得を得た場合等がこれに該当します。

1　課税所得と税率

配当，利子，使用料については総収入額（支払者から受け取るすべての代金及び代金以外の費用）が課税所得額となります。また，持分等の財産の譲渡所得は総収入額から財産の簿価を控除した後の残額が課税所得額となります。

中国の税法上，これらの所得に対する適用税率は10％ですが，租税条約にこれより低い限度税率が規定されている場合には，その税率を適用することができます。たとえば，中国内地と香港の租税協定に基づき，中国国内企業から香港の出資者に支払う配当には5％の税率を適用できる可能性があります。

2　源泉徴収

非居住者企業が配当，利子，使用料等の中国国内源泉所得を取得した場合，当該所得の支払者が企業所得税（源泉税）の源泉徴収義務者となります。

(1)　源泉徴収義務の発生時期

源泉徴収義務者は毎回の支払時あるいは支払期限の到来時に，支払額もしく

は支払うべき金額の中から税金を源泉徴収しなければなりません。「支払期限の到来時に支払うべき金額」とは，支払者が発生主義の原則に従って関連の原価，費用に計上すべき金額をいいます。

　非居住者企業が中国国内企業から配当を取得する場合については従来，利益分配を決定した日あるいは実際支払日のいずれか早い日に源泉徴収義務が生じるものとされていました。しかし，「非居住者企業の所得税の源泉徴収に関する問題についての公告」（国家税務総局公告［2017］37号，以下「37号公告」）（2017年12月1日施行）に基づき，配当に係る源泉徴収義務の発生日は配当の実際支払日に改められました。

(2) 自主申告の期限

　企業所得税法の規定に基づき，源泉徴収義務者が源泉徴収すべき税額を源泉徴収していないか，あるいは源泉徴収義務を履行できない場合，納税者である非居住者企業は所得の発生地で自ら税額を申告，納付しなければなりません。従来，その期限は源泉徴収義務者が所得の支払を行ったか，または支払期限が到来した日から7日以内と規定されていましたが（国税函［2009］3号），この申告期限に関する規定は，37号公告により次のように改められました。

- 　非居住者企業が規定に従って税額を申告，納付していない場合，税務機関は期限を定めて納税するよう命じることができる。非居住者企業は税務機関の定めた期限に従って税額を申告，納付しなければならない。
- 　税務機関が納税するよう命じる前に，非居住者企業が自主的に税額を申告，納付する場合，期限どおりに納税したものとみなす。

Q52　租税条約の適用と受益者

　中国が締結している租税条約において，配当等に対する税率が軽減されている場合でも，配当等の受領者がその所得の受益者でなければ，当該軽減税率の適用は受けられないと聞きました。これはどのようなことですか。

Answer

　中国が他国（地域）と締結している租税条約（又は協定）において，配当等の所得について，中国の国内税法に基づく税率（10％）より低い税率を限度とする旨を定めている場合には，租税条約に規定される限度税率を適用することができます。たとえば，中国内地と香港の租税協定では，配当の受益者が香港の居住者であり，配当を支払う中国居住者企業に25％以上の出資をしている場合，中国居住者企業が香港の出資者に支払う配当の限度税率は5％と定めています。

　日本の企業が香港の持株会社を通して中国子会社に出資している場合であれば，中国子会社から香港持株会社への配当に対する源泉税率は5％，香港から日本への配当は非課税とされているため，中国から日本に直接配当する場合と比べて，源泉税の負担を5％に軽減することが可能となります。しかし，中国の観点から見れば，このような持株会社が租税条約の適用を受けるために設立されたペーパーカンパニーであるような場合，租税条約の濫用にあたると考えられます。そのため，香港の持株会社が配当の「受益者」であることが，租税協定上の軽減税率を適用するための要件となります。

　「受益者」の認定については，2009年以降に国税函［2009］601号，国家税務総局公告［2012］30号の通達が出されましたが，OECDの「税源浸食と利益移転」（BEPS）プロジェクトの行動6（租税条約の濫用防止）の勧告も反映する形で，2018年に新たに「租税条約における"受益者"に関する問題についての公告」（国家税務総局公告［2018］9号，以下「9号公告」）が公布されました。

9号公告によれば，「受益者」とは，所得あるいは所得を生じさせる権利または財産の所有権及び支配権を有する者を指します。9号公告では，「受益者」の認定上，不利になる要素を列挙し，租税条約の適用を受けようとする者が「受益者」であるか否かを判断する際には，それらの要素と実際の状況に基づき，総合的な分析を行わなければならないとしています。不利な要素には，たとえば，ａ．申請者が所得の受領後12ヶ月以内に50％以上を第三国（地域）の居住者に支払う義務を有する場合，ｂ．申請者が実質的な経営活動に従事していない場合，ｃ．締約相手国で関連の所得が非課税または免税とされるか，あるいは実効税率が低い場合等が含まれます。上記ｂ．にいう実質的な経営活動には，実質性を有する製造，販売，管理等の活動が含まれ，実質性の有無は実際に担う機能とリスクに基づき判断します。また，実質性を有する投資管理の活動も実質的な経営活動とされます。

　一方で，9号公告では，租税条約の適用を受けようとする申請者自身が「受益者」の要件を満たさなくとも，「受益者」とみなすことができる場合，及び上記の分析を行うことなく，直接に「受益者」と認定される場合についても規定しています。全体としてみれば，9号公告では，租税条約を濫用する目的がなく，かつ濫用する結果ともならない場合，租税条約に基づく軽減税率の適用を受けることを認めています。

　言い換えれば，租税条約に基づく軽減税率の適用のみを目的として第三国に持株会社を設立するような場合，「受益者」とは認められず，結果として軽減税率の適用も受けられない可能性が高いということになります。

Q53　租税条約の特典享受のための手続き

　非居住者企業が租税条約の特典（納税義務の軽減又は免除）を享受するために必要となる手続きはありますか。

Answer

「非居住納税者による条約の特典享受に関する管理弁法」（国家税務総局公告［2019］35号，以下「35号公告」）によれば，2020年1月1日以降，非居住者による租税条約の特典享受には，"自主判断，申告による適用，関連資料の保存"という管理方式がとられるようになります。

すなわち，非居住者は，租税条約の特典の適用条件を満たしていると自ら判断した場合，自ら或いは源泉徴収義務者を通じて申告を行うときに，「非居住納税者の条約の特典適用に係る情報報告表」を提出するのみで，租税条約を適用することができますが，調査に備えて関連資料を保存しておく必要があります。ここでいう関連資料には，締約相手国の所轄当局が発行した居住者身分証明，所得と関連する契約書，董事会決議，支払記録等，"受益者"であることを証明する資料（配当，利子，使用料条項の適用を受ける場合）（Q52参照），租税条約の特典の適用条件を満たしていることを証明できるその他の資料が含まれます。

非居住者が租税条約の特典の適用条件を満たしていないにもかかわらず，その適用を受けた場合，所轄税務局による調査の結果，事後的に税額を追徴される可能性もあります。

旧管理弁法（国家税務総局公告［2015］60号）では，申告時に関連資料を提出しなければならないとされていましたが，35号公告により手続きの簡素化が図られました。

Q54　外国子会社配当益金不算入制度

日本企業が中国の会社から配当所得を得る場合の課税はどうなりますか。

1　中国現地法人から受け取る配当に係る課税関係

　外国子会社配当益金不算入制度の導入により，内国法人が「外国子会社」から受ける「剰余金の配当等の額」は，内国法人の所得の金額の計算上，益金の額に算入しないこととされました。ここでいう「剰余金の配当等の額」にはみなし配当も含まれます。また，「外国子会社」とは，内国法人がその発行済株式数または出資金額の25％以上の株式数または出資金額を 6 ヶ月以上（配当等の支払義務が確定する日以前）引き続き直接に所有している場合の外国法人等をいいます。

　なお，租税条約の二重課税排除条項（一般的には間接外国税額控除が適用される子会社持分比率を定める条項）において「25％未満」の保有割合が定められている場合には，その割合以上で適用要件が判定されます。例えば，日米租税条約では，その割合は「議決権のある株式の10％以上」と定められているので，米国子会社は議決権株式保有割合が10％以上の場合には，「外国子会社」に該当します。一方，日中租税条約においては，その割合は「議決権のある株式またはその発行済株式の少なくとも25％を所有する」と規定されていることから，国内法と同様の取扱いとなります。

　また，この制度により益金不算入とされる配当の額は，実際にはこの配当等の額の 5 ％に相当する金額が控除された残額とされているため，配当等の額の 5 ％に相当する金額は課税を受けることになります。さらに，益金不算入とされる配当等に対して課せられる外国源泉税（中国法人から日本法人への配当については，日中租税条約の規定により10％）については，損金の額に算入しないこととされると共に，この配当等について国際間の二重課税は発生していないと考えられるため，直接外国税額控除の対象とならず，かつ，日中租税条約で認められている配当に係るみなし直接外国税額控除の適用もありません。

　平成27年度税制改正により，平成28年 4 月 1 日以後に開始する事業年度において内国法人の受ける外国子会社からの配当のうち，外国子会社の本店所在地

国の法令により損金算入が認められる部分の配当については本制度の対象外となりましたが，中国については支払配当は損金算入とはならないため引き続き本制度の対象となります。

なお，中国現地法人への出資割合が25％未満であることなどにより，外国子会社配当益金不算入制度が適用されない場合には，中国現地法人から受け取る配当の全額が益金として日本法人の課税所得に含まれた上で，中国で課された源泉税が直接外国税額控除の対象となり，25％以上保有の場合と比べ，日中での税コストの総額が変わってくるため，海外子会社への投資ストラクチャーを検討する際に，保有割合は重要な検討要素の一つとなります。

＜保有割合の違いによる税負担の比較＞

① 外国子会社配当益金不算入 制度の適用あり（25％以上保有）		② 外国子会社配当益金不算入 制度の適用なし（25％未満保有）	
＜中国B社＞		＜中国B社＞	
税引前利益	1,000	税引前利益	1,000
企業所得税（25％）	−250 a	企業所得税（25％）	−250 a
税引後利益	750	税引後利益	750
中国配当源泉税（源泉税10％）	−75 b	中国配当源泉税（源泉税10％）	−75 b
配当利益	675	配当利益	675
＜日本A社＞		＜日本A社＞	
配当収入	675	配当収入	675
外国税金加算	75	外国税金加算	75
配当益金不算入（95％）	−712.5		
所得金額	37.5	所得金額	750
税額（30％）	−11.25	税額（30％）	−225
		直接外国税額控除	75
日本での納付額	−11.25 c	日本での納付額	−150 c
＜連結ベースでの税負担合計額＞ ＝a＋b＋c＝336.25		＜連結ベースでの税負担合計額＞ ＝a＋b＋c＝475	

図表の設例に従い，中国子会社から配当を受ける場合の課税関係について具体的に見てみます。①の例では，保有割合が25％以上の子会社である中国B社の税引前利益1,000に対して，25％の税率で法人税250が中国において課された上で，税引後利益750の全額を日本親会社であるA社へ配当し，中国から日本

へ配当する際に，この配当に対して10％の税率で源泉税75が課されるものと想定しています。また，日本での法人税率は30％と仮定しています。なお，本設例では，タックス・ヘイブン対策税制の適用はないものとしています。

　外国子会社配当益金不算入制度では，外国子会社から受ける配当の95％相当額を益金不算入とすることにより，国際的二重課税を排除することになります。ただし，外国子会社からの配当に対して課される源泉税は，課税所得の計算上，損金不算入として取り扱われ，直接外国税額控除の対象外とされます。したがって，本設例においては，受取配当750の５％相当額（配当費用相当額として益金不算入とされない部分の金額）である37.5に対してのみ日本で課税されることになります。その結果，①の例においては，連結ベースでの税負担合計額は336.25となります。

　一方で，②の例では，保有割合が25％未満の中国子会社からの配当を想定しております。この場合，中国での課税については①と同じですが，日本では外国子会社配当益金不算入制度の適用を受けられないため，配当の全額に対して30％で課税された上で，中国で配当支払の際に課された源泉税75を直接外国税額控除として控除できますが，連結ベースでの税負担合計額は475となり，①の外国子会社配当益金不算入額の適用を受けた場合とくらべて，138.75も税負担が増えることとなります。

Q55　恒久的施設（PE）

恒久的施設（PE）とは何ですか。

Answer

1　恒久的施設（PE）とは

　中国国内において，外国の企業が法人ではない何らかの拠点を通じて事業活動を行う場合，これが「恒久的施設（Permanent Establishment）」（以下「PE」）

と認定されると，当該企業はこのPEに帰属する所得に対して中国で企業所得税を課されることになります。これは，租税条約に規定される，「PEなければ課税なし」という国際課税の一般原則によるものです。

　中国の国内税法では，非居住者企業が中国国内に「機構，場所」を有する場合，これに帰属するすべての所得について中国で企業所得税が課される旨を規定しています（Q41を参照）。租税条約がある場合は租税条約の規定が優先されるため，日中間であれば，この「機構，場所」を日中租税条約上のPEと読み替えることができます。

　日中租税条約では，PEとは「事業を行う一定の場所であって企業がその事業の全部又は一部を行っている場所」をいうとし，特に，(1)事業の管理の場所，(2)支店，(3)事務所，(4)工場，(5)作業場，(6)鉱山，石油又は天然ガスの坑井，採石場その他天然資源を採取する場所を含むと規定しています。

　また，これらの事業を行う物理的な場所を有する場合だけでなく，6ヶ月を超える期間行われる①工事及び監督活動（以下「建設PE」）もしくは②コンサルタントの役務活動（以下「サービスPE」），及び③代理人の活動（以下「代理人PE」）もPEとなります。

　上記のうち，建設PE，サービスPE及び代理人PEについては，それぞれQ56〜59で説明することとし，以下ではまず，PEの一般的な定義ともいえる「事業を行う一定の場所」としてのPE，及びPEの例外とされる活動について説明します。

　なお，以下の説明で触れる国税発［2010］75号（以下「75号通達」）は租税条約の解釈指針といえるもので，中国とシンガポールの租税条約の各条項に関する解釈について規定しています。条項の内容が同じである場合，中国と他国の締結した租税条約にも当該通達の解釈が適用されます。

2　事業を行う一定の場所

　上述のとおり，日中租税条約に基づき，PEとは「事業を行う一定の場所であって企業がその事業の全部又は一部を行っている場所」をいいます。75号通

達では，このような場所には以下の３つの特徴があるとして，それぞれの解釈を示しています。

- ・ 事業を行う場所が実際に存在すること
- ・ 事業を行う場所が一定の場所であり，時間的にも一定の恒久性を有すること
- ・ 全部又は一部の活動がその場所を通じて行われること

　75号通達によれば，事業を行う場所について規模又は範囲に関わる制限はなく，その場所を企業が所有しているか賃借しているか，建物，施設等の一部をその他の活動にも使用しているか否かということには関係なく，支配可能な一定の空間さえあれば，事業を行う場所を有するものとみなされる可能性があります。

　また，一定の場所には登記した事務所，支店等のほか，サービス提供のために使用するオフィスあるいはその他の類似の施設（たとえば長期に賃借しているホテルの部屋等）も含まれ，隣接する地点間を移動する場合であっても，一定区域内の移動がその事業活動固有の性質によるならば，一定の場所が存在するものと認められます。

　さらに，企業が支配可能な地点で活動に従事するいかなる状況も，その場所を「通じて」事業活動を行うことに含まれます。

3　準備的又は補助的な活動

　日中租税条約によれば，事業を行う一定の場所を有していたとしても，以下のことはPEには含まれません。

- ① 物品（商品）の保管，展示，引渡しのためにのみ施設を使用すること
- ② 物品（商品）の在庫を保管，展示，引渡しのためにのみ保有すること
- ③ 物品（商品）の在庫を他の企業による加工のためにのみ保有すること
- ④ 物品（商品）を購入し，又は情報を収集することのみを目的として，事業を行う一定の場所を保有すること
- ⑤ その他の準備的又は補助的な性格の活動を行うことのみを目的として，

事業の一定の場所を保有すること

ここでいう「準備的又は補助的な性格の活動」の一般的な特徴として，75号通達では以下のことを挙げています。

- 当該場所は単独で経営活動に従事せず，その活動は企業の全体的活動の基本的又は重要な部分を構成しない
- 当該場所が上記に列挙される活動を行う際，本企業のためにのみサービスを提供し，その他の企業にはサービスを提供しない
- その職責は事務的なサービスに限られ，直接に営利の役割を果たさない

ある場所で物品や商品の在庫を保有するものの，実際の販売活動には関与しない場合やその場所での活動がマーケット・リサーチ等の情報収集あるいは企業の利益獲得に直接結びつかない補助的なものに限定される場合は，PEとはされないことになります。

Q56 建設PE

日中租税条約における建設PEについて教えてください。

Answer

日中租税条約に基づき，建築工事現場又は建設，組立工事，据付工事もしくはこれらに関連する監督活動が6ヶ月を超える期間存続する場合，PEを構成することになります。

75号通達（Q55を参照）によれば，当該活動の存続期間は，締結した契約に基づき，契約の実施（一切の準備活動を含む）を開始した日から，作業（試運転作業を含む）をすべて完了し，使用に供した日までをもって計算します。単一の工事現場あるいは同一の工事において複数の作業を請け負う場合は，最初の作業を開始してから最後の作業を完了するまでの期間をもって存続期間を計算します。途中で，設備，材料の未達あるいは季節，気候等の原因により作業を

停止した場合でも，工事作業が未了で，人員及び設備物資等もすべて引き揚げていなければ，存続期間の計算は継続されます。さらに，企業が請負工事作業の一部をその他の企業に下請する場合は，下請業者の建築工事現場での施工期間も請負業者の工事の施工期間となります。

また，建設工事等と関連する監督活動には，工事を下請する際に下請業者が作業を行い，請負業者が指揮，監督活動を行う場合と，独立の監理企業が監督活動に従事する場合が含まれます。後者の場合は独立のプロジェクトとみなし，活動の期間を判定することになります。

Q57　サービスPE

日中租税条約におけるサービスPEについて教えてください。

Answer

1　サービスPEの判定

日中租税条約に基づき，日本の企業がその使用人等を中国に出張させ，中国においてコンサルタントの役務を提供する場合は，このような活動が単一又は複数の関連工事（プロジェクト）について，12ヶ月の間に合計6ヶ月を超える期間行われるときにPEを有するものとされます。

ここでいう「コンサルタントの役務」とは，工事建設あるいは企業の現有の生産技術の改造，経営管理の改善及び技術の選択，投資プロジェクトの実行可能性分析及び設計方案の選択について提供するコンサルティング等の活動を含む人的役務をいいます（国税函［1997］429号ほか）。

また，役務提供の期間が6ヶ月を超えるか否かは，暦年ではなく，任意の12ヶ月の間に連続あるいは累計で6ヶ月を超えるか否かによって判断することになります。役務提供期間の計算については，次の2で75号通達（Q55を参照）の解釈を説明します。

2　サービスPEに係る期間の計算

⑴　プロジェクトの関連性

　役務の提供がPEとなるのは，その期間が「単一又は複数の関連工事（プロジェクト）」について12ヶ月の間に 6 ヶ月を超える場合です。ここでいう「複数の関連工事（プロジェクト）」に関して，75号通達では，複数のプロジェクトの関連性を判断する際，次の要素等を考慮しなければならないとしています。

- ・　複数のプロジェクトが 1 つのマスター契約に含まれているか否か
- ・　複数のプロジェクトがそれぞれ異なる契約書でカバーされている場合には，これらの契約が同一の者あるいは関連者により締結されたものであるか否か。また，前のプロジェクトの実施が次のプロジェクトの実施の必要条件となるか否か
- ・　複数のプロジェクトの性質が同じであるか否か
- ・　複数のプロジェクトが同一の者によって実施されているか否か

⑵　「6 ヶ月」の計算

　日中租税条約では，役務の提供が12ヶ月の間に合計「6 ヶ月」を超える期間行われるときにPEとされます。以前の実務では，サービスPEの基準が「6 ヶ月」と規定されている場合，他国の企業の使用人が中国に滞在する具体的な日数を考慮せず，たとえ 1 ヶ月の間に 1 日のみ滞在する場合であっても，それを 1 ヶ月とみなされる可能性がありました。しかし，国家税務総局公告［2018］11号の通達により，「6 ヶ月」という規定は「183日」と読み替えることが明らかになったため，今後は具体的な日数によりPEの判定が行われることになります。

　75号通達では，役務提供期間の計算について，次のような解釈を規定しています。

- ・　中国への派遣者がプロジェクトの実施のために最初に中国に到着した日からプロジェクトが完了し，引き渡した日までを計算期間として，その中国滞在日数を計算する。
- ・　同一のプロジェクトの役務提供活動に従事するすべての派遣者の異なる

時期における連続又は累計の中国滞在日数を計算する。たとえば，10名の者が同じ3日間に滞在する場合は3日と計算する。

・　同一のプロジェクトが複数年にわたる場合，いずれかの12ヶ月における中国国内での役務提供期間が183日を超えれば，その他の期間においては183日を超えなくとも，全体のプロジェクトがPEとなる。

3　機械・設備の販売又は賃貸に係る特例

コンサルタントの役務のPEの例外として，日中租税条約の議定書では，日本の企業が中国国内において使用人等を通じて機械・設備の販売又は賃貸に関連するコンサルタントの役務を提供する場合は，たとえその期間が6ヶ月を超えてもPEとはみなさない旨を規定しています。

ただし，機械・設備の販売又は賃貸を行う日本の企業が中国におけるプロジェクト全体の指揮権を有するか，あるいは全面的な技術責任を負う場合，当該規定は適用されず，その活動は監督活動とみなされます（国税函［1997］429号）。

Q58　出向者とPE

中国では，日本の本社から中国子会社への出向者がPEの認定を受ける場合があると聞きました。これは，どのようなことですか。

Answer

1　出向者のPE認定

日本の本社から中国子会社への出向者についてPE認定の問題が生じるのは，当該出向者の出向期間における実質的な雇用主が日本の本社であると判断される場合です。言い換えれば，当該出向者が出向期間において，日本の本社と中

国子会社のいずれの指揮管理下で勤務しているのかが問題となります。

もし出向者が中国子会社への出向期間中も，日本の本社の指揮管理下で日本の本社のために勤務しているとみなされたならば，日本の本社は当該出向者を通じて中国子会社に役務を提供しているものとして，サービスPEの認定を受ける可能性があります。

現状では，実務上で出向者のPE認定の問題が生じるのは，主に日本の本社が立替支給した出向者の給与を中国子会社に請求するようなケースです。そのようなケースでは，中国子会社が日本の本社に立替給与を支払う際に，税務機関が当該支払を役務提供の対価とみなして，課税を主張することがあります。

2 実質的な雇用主の判断基準

(1) 75号通達

前述のとおり，出向者のPE認定に関しては，その出向者の実質的な雇用主は誰であるか，出向者が誰の指揮管理下で，誰のために業務を行っているかが要点になります。

租税条約の解釈に関する75号通達（Q55を参照）では，中国国外の親会社が中国の子会社に人員を派遣する場合，子会社がその派遣者を雇用し，その業務について指揮権を有するとともに，業務に関わる責任とリスクを担うならば，親会社が中国にPEを有することにはならないと規定しています。一方で，以下の基準のいずれかに該当する場合，子会社への派遣者は親会社のために業務を行っているものと判断され，PE認定の可能性が生じます。

- ・ 親会社が派遣者の業務について指揮権を有し，かつリスクと責任を負う。
- ・ 子会社への派遣者の人数及び基準は親会社が決定する。
- ・ 派遣者の給与は親会社が負担する。
- ・ 親会社は，子会社への派遣者の活動により子会社から利益を得る。

このほか，75号通達の給与所得条項（第15条）に関する解釈の中でも，「『雇用主』とは，使用人の業務の結果について権利を有し，かつ関連の責任とリスクを担う者と理解される」とし，中国への派遣者の実質的な雇用主を判断する

際に参考とすべき要素（たとえば，派遣者の業務に対する指揮権，勤務地のコントロール，工具等の提供者，派遣者の人数と基準の決定権等）を列挙しています。

(2) 19号公告

「非居住者企業の派遣人員の中国国内における役務提供に係る企業所得税の徴収に関する問題についての公告」（国家税務総局公告［2013］19号，以下「19号公告」）によれば，出向元の日本の本社が，(i)出向者の業務の結果に対して一部あるいはすべての責任及びリスクを負う，(ii)通常，出向者の業績評価を行う，という基本要素を満たす場合，出向者の実質的な雇用主は日本の本社であると判断されます。この場合，日本の本社は中国国内に国内税法上の「機構，場所」を有するものとみなされ，これが相対的な固定性，恒久性を有する場合，租税条約上のPEとして認定されることになります。実質的な雇用主の判断を行うにあたっては，上述した基本要素のほか，次に挙げる参考要素も併せて考慮します。

(i) 役務を受入れる中国国内企業（以下「受入企業」）は出向元の非居住者企業（以下「出向元企業」）に管理費又はサービス費の性質をもつ費用を支払うか

(ii) 受入企業が出向元企業に支払う金額は，企業が出向者に支払う給与，社会保険料及びその他の費用の金額を超えるか

(iii) 出向元企業は受入企業から受け取った金額の一部を自社に留保するか

(iv) 出向元企業が負担する出向者の給与の全額について，中国で個人所得税を納付しているか

(v) 出向元企業が出向者の人数，職務資格，報酬基準及び中国国内の勤務地を決定するか

これらは主に，出向元の企業と出向先の企業の間の取決めに関わる，出向元の企業が出向者の派遣によって何らかの利益を得ているか否かを判断するための要素と考えられます。

なお，非居住者企業が出資者としての権利行使及び合法的な株主としての権益確保のためにのみ人員を派遣して中国国内で役務を提供する場合には，PE

認定の問題は生じないものとされています。たとえば，非居住者企業のために，中国国内企業への投資に関するアドバイスを提供すること，中国国内企業の株主大会又は董事会に参加すること等がこれに該当します。

3　書類の整備

19号公告によれば，所轄税務機関は非居住者企業の中国における企業所得税の納税義務の有無（すなわち，PEを有するか否か）を判断するために，人員派遣行為に関連する以下の書類及び人員派遣の経済実質と実行状況に対して重点的なレビューを行う可能性があります。

(ⅰ)　出向元企業，受入企業及び出向者の間で締結された契約書

(ⅱ)　出向元企業あるいは受入企業が制定した，出向者に関する管理規定（出向者の職責，職務内容，業績評価，リスク負担等を含む）

(ⅲ)　受入企業の出向元企業に対する支払額及び関連する会計処理の状況，出向者の個人所得税の申告納付資料

(ⅳ)　受入企業は取引の相殺，債権放棄，関連者間取引あるいはその他の形式により派遣行為に関わる費用の支払を隠ぺいしていないか

上記(ⅰ)は主に，出向元と出向先の企業の間で締結される出向契約書，出向先の企業と出向者の間で締結される雇用契約書を指しています。

Q59　代理人PE

日中租税条約における代理人PEについて教えてください。

Answer

日中租税条約によれば，中国国内において日本の企業に代わって行動する者（独立の地位を有する代理人を除く）が次のいずれかの活動を行う場合には，当該企業は，その者が当該企業のために行うすべての活動について，中国国内に

PEを有するものとされます。これが代理人PEと呼ばれるものです。

 (i)　当該企業の名において契約を締結する権限を有し，かつこの権限を反復
　　　して行使すること（ただし，その活動がQ55で説明した準備的又は補助的な性格
　　　の活動のみの場合を除く）（常習代理人）

 (ii)　専ら又は主として当該企業のため，又は当該企業及び当該企業が支配し，
　　　もしくは当該企業に支配されている他の企業のため，反復して注文を取得
　　　すること（注文取得代理人）

　たとえば，中国の企業や個人が日本の企業の代わりに当該日本の企業の名に
おいて商品の販売契約を締結する権限を有し，かつこの権限を反復して行使す
る場合，日本の企業は上記(i)に該当するものとして，代理人PEを有すること
になります。この場合，日本の企業は代理人の活動によって得られた商品販売
による収益の全体に対して中国で課税される可能性があります。

　その活動によってPEを有するものとされる代理人は「従属代理人」と呼ば
れます。75号通達（Q55を参照）によれば，「従属代理人」は個人でも，事務所，
会社又はその他のいかなる形式の組織でもよく，必ずしも企業によって正式に
代理権を与えられず，企業の使用人又は部門であるとも限りません。また，代
理活動の行われる国家の居住者あるいは当該国に事業の場所を有するものとも
限りません。

　これに対し，仲買人やブローカーなど，代理業務を本業とし，経済的にも法
律的にも代理する企業から独立した立場にある代理人は「独立代理人」と呼ば
れ，「独立代理人」の活動はPEとはされません。

　上記(i)の代理人PEの判定に関して，75号通達では，企業の名において契約
を締結しなくとも，契約の締結が企業に対して拘束力を有する状況も「当該
企業の名において契約を締結する」ことに含まれるとしています。また，「締
結」とは，契約締結行為のみをいうのではなく，代理人が企業を代表して契約
交渉に関与し，契約条項を協議決定する権限を有する場合もこれに含まれます。
さらに，代理人が契約の詳細の交渉等の契約締結に関連する行為を行い，それ
が企業に対して拘束力を有する場合，当該契約が最終的には他の者によって企

業の所在国又はその他の国で締結されたとしても，当該代理人は契約締結権限を「行使」したものとみなされます。

Q60 技術支援とPE

非居住者企業が中国の企業に技術ノウハウの使用権の供与と併せて技術支援サービスを提供する場合，当該サービスがPEとはならない限り，その対価に対して企業所得税は課されませんか。

Answer

中国の税務通達（国税函［2009］507号，国税函［2010］46号）によれば，技術ノウハウの使用権を供与する者が供与を受ける者に人員を派遣し，その技術ノウハウの使用に関わる支援，指導等のサービスを提供する場合，当該サービスに係るサービス費は，使用料に含まれるか否かにかかわらず，すべて使用料とみなして租税条約の使用料条項の規定を適用しなければなりません。すなわち，10％の源泉税を課されることになります。ただし，当該サービスの提供期間がPEの認定基準（すなわち，6ヶ月または183日）を満たす場合には，PEとしての課税を受けることになります。

技術支援サービスの提供がPEとなるか否かが事前に確定できない場合，まず使用料として源泉税を納付し，PEとなることが確定した後に相応の調整を行うことになります。

Q61 PE認定と税額計算

日本企業が出張者を通じて中国企業に役務を提供し，その活動がPEと認定された場合，中国での課税はどのようになりますか。

Answer

日本企業が出張者を通じて中国企業に役務の提供を行い，中国企業から役務提供の対価を得る場合は，当該役務提供がPE認定を受けるか否かにかかわらず，増値税が課されます。さらにPE認定を受けた場合は企業所得税も課されます。また，PE認定を受けた役務提供活動に従事する個人は，中国滞在日数にかかわらず，中国で個人所得税の納税義務が生じます。

1　企業所得税

中国における役務提供活動がPE認定を受けた場合，当該活動に係る課税所得額に25％の税率を乗じて企業所得税を計算します。税務通達（国税発［2010］19号）によれば，PE認定を受けた非居住者企業は帳簿を設置し，正しい課税所得額の計算を行い，実績に基づいて企業所得税を申告することが原則です。しかし，そのような実績に基づく申告ができない場合は，みなし利益率を用いて課税所得額を計算することになります。これには，次の方法がありますが，実務上は，このうち①の方法を用いるケースが多いものと思われます。

①　収入総額に基づく方法（収入のみを正確に計算できるか，合理的に推定できる場合）

　　課税所得額＝収入総額×みなし利益率

②　原価費用に基づく方法（原価費用のみを正確に計算できる場合）

$$課税所得額＝\frac{原価費用総額}{（1－みなし利益率）}×みなし利益率$$

③ 経費支出に基づく方法（経費支出総額のみを正確に計算できる場合）

$$課税所得額＝\frac{当期経費支出額}{（1－みなし利益率）}×みなし利益率$$

上記の各算式におけるみなし利益率は具体的な業務内容に応じて，以下の範囲で決定されます。ただし，実際の利益率はこれらよりも高いと考える根拠を有する場合，税務機関はより高い利益率を用いることもできます。

- ・ 請負工事作業，設計及びコンサルタントの役務：15〜30％
- ・ 管理サービス：30〜50％
- ・ その他の役務又は役務以外の経営活動：15％以上

2　増　値　税

中国国外の企業が中国国内において役務提供を行う場合，PEの有無にかかわらず，増値税の課税対象となり，役務提供を受けて対価を支払う者が増値税の源泉徴収義務者となります。

源泉徴収義務者は次の公式によって源泉徴収すべき税額を計算します。

源泉徴収すべき税額＝役務提供を受ける側の支払金額÷（1＋税率）×税率

役務提供に適用される税率は，ほとんどの場合，6％です。

役務提供の対価を支払う中国国内の企業が増値税の一般納税者である場合，対価を支払う際に源泉徴収した増値税は，規定の納税証明書を取得することにより，中国国内の企業において仕入税額控除の対象とすることができます。すなわち，役務提供の対価に係る増値税を中国国内の企業が負担する取決めをしたとしても，中国国内の企業では，その分だけ控除可能な仕入税額が増え，増値税の納付額が減るため，実質的な負担はないことになります。

なお，納税者が提供する技術譲渡，技術開発及びそれらと関連する技術コンサルティング，技術サービスは，関連部門の認定を受け，かつ所轄税務機関に届出をすることにより，増値税の免除を受けることができます（財税［2016］36号の付属文書3「営業税に代えて増値税を徴収する試験の経過措置に関する規定」）。

3 個人所得税

日中租税条約における短期滞在者の免税規定の適用要件をすべて満たす場合，中国国内で各種の活動に従事する個人（出張者）に中国での納税義務は生じません。その適用要件は以下のとおりです。

① 暦年の中国滞在日数が183日を超えないこと
② 報酬が国外の雇用主から支払われること
③ 報酬を国内の恒久的施設（PE）等が負担していないこと

中国国内での役務提供活動がPE認定を受け，みなし利益率を用いる方法で企業所得税の計算が行われる場合，当該活動に従事する個人の給与はPEが負担しているものとみなされます（国税発［1994］148号）。そのため，上記③の要件を満たさないことになり，たとえ個人の暦年における中国滞在日数が183日を超えなくとも，短期滞在者の免税規定は適用できないことになります。よって，PE認定を受けた場合は，各個人の中国滞在日数にかかわらず，中国で個人所得税の納税義務が生じることになります。

Q62 駐在員事務所に対する課税

中国にある駐在員事務所は課税されますか。

Answer

外国企業の駐在員事務所（常駐代表機構）は，本社のための情報収集，連絡業務等の準備的，補助的な活動を行うことを本来の目的としており，原則として収入もしくは所得の生ずるような営業活動に従事することは認められていません。しかし，中国では，以前から一定の活動に従事する駐在員事務所は課税の対象とされてきました。現在は，2010年に出された税務通達（国税発［2010］18号，以下「18号通達」）を根拠として，駐在員事務所は原則として企業所得税及び増値税を課税されています。

18号通達によれば，駐在員事務所は帳簿を設置し，課税収入と課税所得額を正しく計算し，実績に基づいて申告を行うことが原則とされています。しかし，営業活動を行わない駐在員事務所の場合，実績に基づく申告を行うことは実務上難しく，多くの場合はみなし利益率を用いた方法で税額を計算しています。これには，次の2つの方法がありますが，①の方法を用いることがほとんどと思われます。下記の各算式におけるみなし利益率は，18号通達で15％以上と規定されています。

① 経費支出に基づく方法（経費支出のみを正確に計算できる場合）

・ 課税所得額＝当期経費支出額／（1－みなし利益率）×みなし利益率

・ 企業所得税額＝課税所得額×企業所得税税率

② 収入に基づく方法（収入のみを正確に計算できる場合）

・ 企業所得税額＝収入総額×みなし利益率×企業所得税税率

なお，中国と租税条約を締結する国の企業が中国に駐在員事務所を設ける場合，関連の租税条約に基づき，駐在員事務所の活動が準備的又は補助的な性格の活動に限られ，PEとならないならば，本来，企業所得税は免除されることになります。企業がそのような租税条約の規定の適用を受けようとする場合には，関連の規定（国家税務総局公告［2015］60号）に従って，租税条約の適用に係る報告表及び関連資料を提出することが必要と考えられます（Q53参照）。

個人所得税に関する
Q&A

● point ●

　第7章では中国の個人所得税を取り上げています。

　2019年1月1日より個人所得税法の抜本的な改正が行われ，一部の所得については総合課税方式を採用し，日本を含む先進国の課税体系を参考にした改正が行われております。

　この章では，個人所得税の概要，納税義務者と課税所得の範囲・計算を示した上で，主に日本人の方に影響のある給与所得に焦点を当て，駐在員・出張者・出向者・役員といった立場別に課税関係を整理していきます。2019年1月1日より施行された改正は中国の個人所得税制度に大きな変革をもたらす改正となります。そのためこの章では，新たに中国税務の理解が必要な方向けに，過去の取扱いの流れから改正の影響・背景がわかりやすいように2018年12月31日までの内容についても記載の上で，2019年以降に変更がある点を記載しております。過去の取扱いについては知っているという方で新たにアップデートのみが必要な方は，2019年1月1日以降のみを参照していただくことでより改正の影響がわかるようにしております。改正の内容については各QAでも解説を入れておりますが，改正内容の主な項目の詳細については，Q72でまとめております。

Q63　個人所得税の概要

中国における個人所得税の概要について教えてください。

Answer

　日本の所得税法と同様に，個人の所得をその性質によって区分し，所得区分に応じて，計算方法や適用される税率，申告方法などが異なります。中国への出向者を例にとると給与所得がメインの申告となりますが，給与所得については基本的に月次ベースで給与を支払う源泉徴収義務者による申告および暦年ごとに年一度の年度確定申告（2019年より施行された改正による新たな概念（ただし居住者のみに適用））により税額が確定します。また後述する居住者・非居住者の区分によっても計算方法・申告方法などが異なります。

1　総合課税方式と分離課税方式
＜2018年12月31日まで＞

　中国の個人所得税における所得の種類は以下のように11種類に分かれており，適用される税率も所得の種類により異なります。また，税額計算は所得の種類別に行う，いわゆる分離課税方式が採用されています。したがって，日本のように所得を合算して損益の通算を行うことは認められていません。

所得の分類

所　得　区　分	税　　　　率
給与所得	3％〜45％
個人事業者にかかる生産・経営所得	5％〜35％
経営請負・経営リース所得	5％〜35％
役務報酬所得	20％，30％，40％（所得の20％を費用控除）
原稿料所得	20％（所得の20％を費用控除，税額の30％を減額）

特許使用料所得	20%
利子・配当所得	20%（利子については免税）
資産賃貸所得	20%（所得の20%を費用控除）
資産譲渡所得	20%
一時所得	20%
その他の所得	20%

＜2019年１月１日以降＞

　改正により，従来の11区分の所得のうち，"その他の所得"は削除され，従来の所得のうち，居住者については，給与所得・役務報酬所得・原稿料所得・特許使用料所得の４つの所得について，新たに"総合所得"としてまとめられ，従来基本的に20%の税率（役務報酬所得については20・30%・40%）で課税されていた所得についても最終的に年度ごとに合算して，３%から45%までの７段階の超過累進税率で年税額が確定することとなりました。また，"個人事業者にかかる生産・経営所得"および"経営請負・経営リース所得"の２つの所得については，"経営所得"としてまとめられ，５%から35%までの５段階の超過累進税率で同じく最終的な税額は納税年度毎に所得を合算して確定されることとなりました（※詳細はＱ72の"個人所得税法改正について"を参照）。

２　申告方法

＜2018年12月31日まで＞

　個人所得税の納付は，源泉徴収か申告納税により毎月行われ，納税額が毎月確定します。給与所得については源泉徴収あるいは申告納税のいずれの場合も翌月の15日以内に納税申告書を提出し納税する必要があります。日本のように年末調整することはありません。個人事業者にかかる生産・経営所得については年間見積所得に基づき月ごとに予定納税し，年度終了後３ヶ月以内に確定申告し，還付を受けるかあるいは不足税額を納付することになります。

　給与所得については基本は月次納税ですが，年間所得が12万元以上の場合な

どは，月次納税に加えて年次の自己申告を行う必要があります。給与所得だけの場合，毎月納税額が確定していますので月次での納付額に間違いがなければ追加で税額を納付することにはなりません。

＜2019年1月1日以降＞

改正により，居住者の場合には，総合所得としての年度での税額確定の概念ができたため，月次での仮源泉徴収（翌月の15日以内に申告）および新たに年度確定申告（日本の確定申告等に相当するもので翌年の3月1日～6月30日までに申告）で税額が確定されることとなりました。これにより，従来給与所得者で，年間所得が12万元以上の場合に必要であった自己申告については廃止され，居住者の場合は，必要に応じて当該年度確定申告で精算することとなり，従来月次ベースで確定していた税額も，総合所得として年度確定申告により年間ベースで税額が確定することとなりました。また，当該年度確定申告の導入により，給与所得に関しては従来の毎月の源泉徴収方法についても申告納付期限は同じですが，仮源泉徴収方法という新たな方法が導入されております（詳細は，Ｑ65の2019年1月1日以降の居住者計算を参照）。

一方で，非居住者の場合には，年度確定申告はなく，従来の源泉徴収方法により月次で申告が必要（翌月の15日以内に申告）となり，税額も月次ベースで確定となります（※詳細はＱ72の"個人所得税法改正について"を参照）。

居住者・非居住者および各所得区分に応じた申告フローをまとめると次の図のようになります。

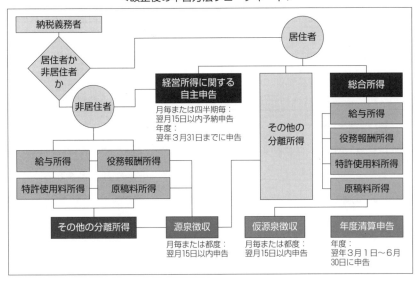

<改正後の申告方法フローチャート>

Q64 居住者・非居住者の課税所得範囲

居住者および非居住者の定義，課税所得の範囲について教えてください。

Answer

居住者とは，"住所を有する個人"または"中国国内に住所はないが，1納税年度内に中国国内に満183日居住する個人"を指し，非居住者とは，"中国国内に住所がなく，居住もしない個人"または"中国国内に住所がなく，1納税年度内に中国国内において183日未満居住する個人"を指します。

中国籍個人はここでいう"住所を有する個人"となり基本的には海外に居住していたとしても居住者となり，外国籍個人（住所のない個人）は，その居住日数に応じて居住者・非居住者に区分されます。また，居住者に係る課税所得の

範囲については原則として中国国内源泉所得と中国国外源泉所得を合わせた全世界所得課税となる一方で，非居住者については原則として中国国内源泉所得のみが課税対象となります。なお，外国籍個人が居住者となった場合でも，中国での滞在期間が連続満6年に満たない場合には，中国国外源泉所得かつ中国国外払いの所得については一定の要件をもとにその課税を免除できます。

1　居住者および非居住者の定義

＜2018年12月31日まで＞

　日本人などの外国人は，「居住者」とされるか「非居住者」とされるかで大きく課税関係が異なります。居住者は中国国内に「住所を有する個人」，あるいは中国国内での居住日数が満1年以上となる個人をいいます。ここで「住所を有する個人」とは戸籍，家庭，経済的利益のために中国内に習慣的に居住する個人をいいますので，一般的に日本人など海外から来て中国に滞在する外国人は該当しないことになります。

　したがって，日本人などの外国籍個人は居住日数が満1年以上となった場合に初めて居住者になります。非居住者はその逆で，外国人でかつ中国内での居住日数が満1年未満の個人となります。なお，ここでいう「満一年」とは，一納税年度（1月1日〜12月31日）のうち中国国内に365日居住することを指しますが，臨時的な出国の日数は控除されないとされております。ここでいう臨時的な出国とは，暦年において一回で30日を越えないかあるいは累計で90日を越えない出国をいいます。つまりある程度，長期の出国をしない限りは「満一年」に該当することとなります。

＜2019年1月1日以降＞

　外国籍個人の場合の居住者の定義のうち，暦年における"居住日数が満1年以上"という要件から，"居住日数が満183日以上"に変更され判定基準が厳しくなっております。これにより非居住者の定義についても，"居住日数が満1年未満"から"居住日数が満183日未満"に変更されております。また当該居

126

住日数の考え方については，改正法の施行後，2019年３月14日付で公布された「中国国内に住所のない個人の居住期間の判定基準に関する公告」（財政部　税務総局公告2019年第34号）（以下，"34号公告"）にて，「中国国内に満24時間滞在する日を中国国内の居住日数に含め，24時間未満の日はこれに含めない。」ということが明確にされました。つまり，原則として中国への入国日及び中国からの出国日は，国内法上中国における居住日数には含まないこととなりました（※詳細はＱ72の"個人所得税法改正について"を参照）。

2　居住者の課税の範囲

<2018年12月31日まで>

外国籍個人の居住者で中国での滞在期間が満１年以上５年以下の場合は，中国国内源泉所得の金額と国外源泉所得のうち中国内で支払われた所得が課税対象となります。国外源泉所得のうち中国外で支払われた所得は，規定上は所轄税務機関の承認を得ることで課税対象から除外することができます（実務上は，ほとんどの地域で特段の許可なしで免税処置が行われております）。

所得の源泉地の決定方法は所得の種類によって異なります。役務の提供，例えば企業に勤務することによって得られる給与所得の源泉地はその役務の提供地によって決定されます。例えば中国子会社で勤務してその給与の一部（例えば日本で支払われる留守宅手当てなど）が日本で支払われていても中国で役務が提供されていれば中国の源泉所得となる点に注意が必要です。

外国籍個人の居住者で滞在期間が連続で満５年を超え，かつ，滞在の６年目の年度から満１年以上中国に滞在する場合は，全世界ベースでの所得，つまり中国国内・国外を問わず全ての所得が課税対象となります。したがって，国外源泉所得である日本での銀行利子，株式配当，賃貸収入なども課税の対象となります。

滞在期間が満５年超になり，全世界ベースでの課税の適用となることを回避するには，満５年に達する以前のいずれかの納税年度において，①一回で30日を超える出国，あるいは②累計で91日以上の出国が必要とされます。なお，こ

の場合，国外滞在日数には出国日と入国日はカウントされないことに注意する必要があります。

＜2019年1月1日以降＞

　外国籍個人の個人で中国での滞在期間が満１年以上５年以下の場合の取扱いについて，改正により課税範囲に変更はありませんが，当該"５年以下"の部分が"６年以下"に緩和されております。なお，国外所得かつ国外払いについての免税処置については，従来の税務局への申請許可から届出へと要件が変更されております。また，従来５年超の滞在により全世界ベースでの課税を避けるためには，満５年に達する以前のいずれかの年度において①一回で30日を超える出国，あるいは②累計で91日以上の出国が必要とされており，当該連続計算の回避方法については改正により，居住者判定の判断基準が満１年から満183日に変更されていることから，半年以上の出国がないと当該連続計算のリセットができないことも予想されておりましたが，当該連続計算の際のみ，"一回で30日を超える出国がある場合"には，満６年計算がリセットされることが明確となりました。なお，改正法施行後に公布された34号公告にて連続６年の計算の起算日は2019年１月１日から計算するということが明らかにされています。したがって，2018年以前の滞在分は連続計算にはカウントされず，たとえば2019年の１月に赴任した駐在員は2019年～2024年の６年間の期間，全ての年度において満183日滞在し，かつ，当該６年間の間に一回で30日を超える出国がなく，2025年も満183日滞在する場合に初めて，2025年より国外源泉所得かつ国外支払分も含めた全世界所得ベースで中国にて課税されることになります。

３　非居住者の課税の範囲
＜2018年12月31日まで＞

　非居住者は国内源泉所得のみが課税対象となり，国外源泉所得については課税対象にはなりません。したがって，日本での勤務に対応する給与は中国から

見て国外源泉所得となりますので課税対象とはならないことになります。

　非居住者の国内源泉所得はその全額が課税対象となりますので，日本から中国に出張した場合，その中国での勤務に対応する給与は中国の国内源泉所得となり課税対象となります。ただし，国内法および日中租税条約において短期滞在者に対する免税規定があり，次の条件を満たす場合は課税が免除されます。

　国内法では，①中国滞在日数が暦年で90日以下，②給与が中国以外の雇用者から支払われ，③給与が中国内の機構および場所によって負担されていないという3つの条件を満たすことにより所得税が免除されます。

　日中租税条約では第15条に同様の免除規定があり，滞在日数の条件が183日以下とされています。したがって，184日以上滞在すると国内源泉所得とされる給与所得について課税を受けることになります。

　この場合の滞在日数は，中国での入国日および出国日のいずれも1日とカウントして計算されます。

　滞在日数が90日を超えるため，国内法では課税対象となる場合でも，滞在日数が183日以下で日本の税務上の居住者であれば日中租税条約による短期滞在者免税の恩典を受けることができます。その場合，恩典を受ける旨を所轄税務署に登記することとされています（国家税務総局公告2015年第60号通達）が，実務上は各地税務当局の判断により，この登記を強制的に要求していないケースもあります。

　上記の短期滞在者の免除規定を満たしている場合でも，日本の企業の中国での活動により中国でPEを構成していると認定された場合は，その活動にかかわる出張者はPEに関与している従業員とされ，その給与は中国内の恒久的施設に負担されているとみなされ，その結果，上記③の条件を満たさないことになり短期滞在者免税の適用を受けることができなくなります。この場合はたとえ1日滞在しただけでも中国国内源泉所得とされる給与が中国での課税対象となるため注意が必要です。

＜2019年１月１日以降＞

　非居住者の判定基準が，暦年で“中国居住日数が１年未満”から“居住日数183日未満”に変更されました。また当該居住日数の考え方については，その後の34号公告にて，「中国国内に満24時間滞在する日を中国国内の居住日数に含め，24時間未満の日はこれに含めない。」ということが明確にされました。従来は，中国に入出国する日は国内居住日数に含まれるとされていましたが，当該公告により入国日・出国日は居住日数としてカウントされないこととなりました。ただし，ここで注意が必要なのは，当該居住日数の判定方法はあくまで中国国内法の適用の際のみの考え方と考えられるため，上述の国内法による短期滞在者免税の特例の90日および居住者の判定要件である183日の判定時には適用されますが，中国と他国の租税条約の適用時に係る条項の重要な概念を規定した『所得に対する租税に関する二重課税の回避および脱税の防止のための中国政府とシンガポール共和国政府との間の協定』および議定書の条文解釈に関する通知」（国税発「2010」75号）の条項は廃止されていないため，日中租税条約の適用における短期滞在者免税の恩典適用時の183日の数え方には適用されず，当該計算については，従来どおり，入国日および出国日はそれぞれ１日とカウントされるものと考えられます。

　上述をふまえて改正後の居住形態ごとの課税範囲をまとめると次の表のようになります。通常，表の①〜③は，中国籍以外の外国籍個人（住所のない個人）を想定しており，④は，中国籍個人（住所を有する個人）を想定しています。

＜改正後の居住形態ごとの課税範囲＞

	中国国内での居住期間	居住者／非居住者	中国国内源泉所得 (注2)		中国国外源泉所得	
			国内機構が負担	国外機構が負担	国内機構が負担	国外機構が負担
①	中国国内に住所がなく，１納税年度における中国国内での居住期間が累計90日（日中租税条約の適用可の場合は183日）を超えない個人	非居住者	中国での納税義務あり	中国での納税義務なし	中国での納税義務なし	中国での納税義務なし

②	中国国内に住所がなく，中国国内での居住期間が連続満6年に満たない個人（注1）	居住者	中国での納税義務あり	中国での納税義務あり	中国での納税義務あり	中国での納税義務<u>なし</u>
③	中国国内に住所はないが，中国国内に累計で満183日居住する年度が連続満6年に達し，かつ満183日居住するいずれの年度においても1回で30日を超える出国がない個人	居住者	中国での納税義務あり	中国での納税義務あり	中国での納税義務あり	中国での納税義務あり
④	中国国内に住所がある個人（基本的には中国籍個人を想定）	居住者	中国での納税義務あり	中国での納税義務あり	中国での納税義務あり	中国での納税義務あり

（注1）　中国国内に住所がなく，中国国内での居住期間が連続満6年に満たない個人とは，中国国内に満183日居住する年度が連続6年に満たない個人を指す。中国国内に満183日居住する年度において1回で30日を超える出国があれば，中国国内に満183日居住する年度の連続年数の計算はリセットされる。当該個人は所轄税務局で届出手続を行わなければならない。

（注2）　「実施条例」によれば，別途規定がある場合を除き，以下に挙げる所得は中国国内源泉所得とされる。
- ▶　就職，被雇用，契約履行等により，中国国内で役務を提供することにより取得する所得
- ▶　中国国内で使用する財産を借手に賃貸することにより取得する所得
- ▶　中国国内で使用する各種権利の使用許諾をすることにより取得する所得
- ▶　中国国内の不動産等の財産を譲渡するか，中国国内でその他の財産を譲渡することにより取得する所得
- ▶　中国国内の企業，事業組織，その他の組織或いは居住者個人から取得する利子，配当，株式利子所得

Q65　給与所得の税額計算

一般的な駐在員の給与計算について教えてください。

Answer

　給与所得については，原則として給与収入から一定の控除額を控除後の所得に対して累進課税の方法（課税標準が大きくなるにつれて，次第に税率を引き上げ

て課税すること）により税率を乗じて計算します。なお，2019年1月より施行された改正法により，居住者と非居住者では毎月の源泉徴収の計算方法・税率表・年度確定申告の有無などについても大きく異なることとなったため，中国に赴任後，最初の給与計算において，駐在員が居住者となるのか非居住者となるのかについての判断がより重要となりました。また外国籍個人については中国籍個人とは異なり，特例として，一定の要件を満たした住宅家賃や子女教育費などについて免税とできる措置が講じられています。

1 給与所得における個人所得税額の計算
＜2018年12月31日まで＞

中国の個人所得税法では所得控除項目がほとんどなく，給与所得については，基礎控除として毎月3,500元が控除されるのみです。外国籍従業員に対しては，「追加控除費用」の規定があり，この分が1,300元ありますので，結果として日本人等の外国籍従業員は，追加控除を含む基礎控除として毎月4,800元を給与所得から控除することができます（※2018年10月1日より国籍を問わず，一律で毎月5,000元の基礎控除となりました。詳細はQ72の"個人所得税法改正について"を参照）。

給与所得の税率表と個人所得税額の計算は，以下のとおりです。また基本的に月次で税額が確定し，毎月納付が必要となります。

> 個人所得税額＝課税所得額(注1)×適用税率－速算控除額

（注1） 課税所得額＝社会保険料等の控除後の給与所得額－基礎控除額 (注2)
（注2） 基礎控除額：外国人4,800人民元，中国人3,500人民元

給与所得の税率表

月度課税所得額 （基礎控除額控除後）	税　率	速算控除額
1,500元以下	3%	0
1,500元超　4,500元以下	10%	105
4,500元超　9,000元以下	20%	555

9,000元超　35,000元以下	25%	1,005
35,000元超　55,000元以下	30%	2,755
55,000元超　80,000元以下	35%	5,505
80,000元超	45%	13,505

＜2019年1月1日以降＞

　改正により，居住者となるのか非居住者となるのかで税率を含み，計算方法が大きく異なることとなりました。改正前は，いわゆる日本でいう家族構成や各家庭の支出を考慮した所得控除のような項目がほとんどありませんでしたが，改正後は居住者については中国人の方を含み，要件を満たせば，新たに特別付加控除項目として6項目の控除がみとめられることとなりました（詳細はQ72の"個人所得税法改正について"の特別付加控除を参照）。

　改正後の給与所得の税率表と個人所得税額の計算は，改正により非居住者と居住者の計算方法が大きく変更されることとなりましたので，非居住者と居住者の区分に分けて以下で説明しています。

＜非居住者＞

　改正前と同様で，従来通り月次ベースで個人所得税が確定し，年度確定申告（日本でいう年末調整・確定申告という概念）はありません。また居住者の場合に新たにみとめられた特別付加控除の適用もありません。なお，「非居住者個人と住所のない居住者個人に係る個人所得税政策に関する公告」（財政部　税務総局公告2019年第35号）（以下，"35号公告"）にて当初は非居住者個人になると判断したが，居住日数の延長により居住者個人の条件を満たすことになる場合，1納税年度内において税額の計算方法は変更せず，年度終了後に居住者個人の規定に従って確定申告を行う旨および，当該個人が当年度に出国し，年度内には再入国しないと見込まれる場合，出国前に確定申告を行う旨が規定されております。

　月次での個人所得税の計算方法は次のとおりです。

各月の源泉徴収税額＝課税所得額 (注1)×適用税率 (注3)－速算控除額 (注3)

（注1）　課税所得額＝社会保険料等の控除後の給与所得額 (注2)－基礎控除額（一律5,000元）
（注2）　居住日数に応じた課税収入確定方法については，Q67の按分計算の表を参照
（注3）　適用税率および速算控除額は次の表のとおりです（基本的には居住者の場合の年間課税所得ベースを月次ベースに換算したものとなっています）。

月次課税所得額（人民元）	改正後の税率	速算控除額
＜3,000	3%	0
3,000－12,000	10%	210
12,000－25,000	20%	1,410
25,000－35,000	25%	2,660
35,000－55,000	30%	4,410
55,000－80,000	35%	7,160
＞80,000	45%	15,160

＜居住者＞

　総合所得による年度精算の概念が導入されたことから給与所得の源泉徴収方法については，累計源泉徴収法という新たな方法により仮源泉徴収税額を計算し，かつ，月ごとに源泉徴収申告を行う必要があります。各月の源泉徴税額の合計額と年間ベースで計算した納税額が一致しない場合，居住者個人は翌年3月1日から6月30日までの間に，所轄税務局で総合所得の年度確定申告を行い，過不足税額を精算することとなります。また35号公告にて当初は居住者個人になると判断したものの，居住日数の短縮により居住者個人の条件を満たさなくなる場合，条件を満たさなくなる日から年度終了15日内に所轄税務機関に報告し，非居住者個人として改めて納税額を計算して申告を行わなければならない旨（ただしこの場合は滞納金は課されない）および還付が必要な場合は，規定に従って処理する旨も規定されております。

　累積源泉徴収方法による各月の源泉徴収税額の計算式は次のとおりです。当

該累積源泉徴収方法は，毎月，その月の前までの課税所得の"累計額"をもとに税率を適用し，その月前までの源泉徴収税額の"累計額"を控除してその月の源泉徴収税額を計算することから，日本でいうところの年末調整を毎月行うようなイメージとなります。

各月の源泉徴収税額＝（源泉徴収課税所得額の累計額(注3)×源泉徴収率(注4)
－速算控除額(注4)）－減免税額の累計額－源泉徴収済税額の累計額

（注3） 源泉徴収課税所得額の累計額＝収入の累計額－免税収入の累計額－基礎控除費用の累計額－特別控除（中国の法定社会保険料など）の累計額－特別付加控除の累計額－法に基づき決定されるその他控除の累計額

（注4） 居住者個人の給与賃金所得の源泉徴収率，速算控除額は，下記の表のとおりです。総合所得に適用される年度個人所得税税率表と一致する点が特徴です。そのため，従来は毎月一定額の源泉徴収税額であったものが，必然的に，1月は低い税率が適用され，累計の課税所得額が大きくなるにつれて，適用税率増加することとなるため，毎月の源泉徴収税額に変化が出ること（徐々に金額が増加）になります。改正前の源泉徴収方法および非居住者として計算する場合とも大きく異なることとなります。

改正後の個人所得税 年間課税所得額（人民元）	改正後の税率	速算控除額
＜36,000	3%	0
36,000－144,000	10%	2,520
144,000－300,000	20%	16,920
300,000－420,000	25%	31,920
420,000－660,000	30%	52,920
660,000－960,000	35%	85,920
＞960,000	45%	181,920

　上述の計算方法をみてわかるとおり，改正により，非居住者と居住者では各月の計算方法等が大きく異なるため，年度のはじめに計算を開始する際の居住者判定についてより判断の重要性が高まりました。たとえば，1月の課税所得が30,000元の場合，居住者として計算をする場合は，適用税率は3％であるのに対して，非居住者として計算をする場合には，適用税率は25％となります（居住者として計算する場合には，10月の時点で累積課税所得が30,000×10＝300,000

となり300,000元を超えるため，10月の計算時に初めて25％の税率が適用されることとなります）。

2　外国籍従業員に対する免税給与所得の恩典
＜2018年12月31日まで＞

　外国籍を有する個人に支払われる次のような福利項目は会社が直接支払または実費精算方式の方法で提供し，合理的な範囲内で有効な発票がある場合に限り課税給与から減額することができます。

　住宅手当は会社が直接支払を行うか実費精算方式である場合，食事手当，クリーニング費用，ホームリーブ手当は年間２回まで，かつ証憑（航空券の搭乗券の半券，領収書）がある場合，転居費用は会社が直接支払または実費精算している場合，子女教育手当（ただし，スクールバス代，制服代等の諸経費は対象外），語学訓練費（出向者本人分のみであり家族分については対象外）などが免除所得とされています。

　なお，実務上は地域差がありますが，非課税福利費用の関連証明書類について，地域によっては税務機関の具体的な要求に従い，所轄税務機関の審査のために届出を行う必要があります。

＜2019年１月１日以降＞

　当該免税処置は，現時点で2021年12月31日までは継続適用できます。改正により外国籍個人でも居住者要件を満たす場合には特別付加控除が適用できることとなりました。当該特別付加控除と従来の外国籍従業員の免税給与所得の恩典については，範囲が一部重複するため，改正により2019年１月１日以降，当該外国籍従業員の免税給与所得の恩典の取扱いが継続されるかどうか不確定とされておりましたが，2018年12月27日付で公布された「個人所得税法改正後の優遇政策の経過措置に関する問題についての通知」（財税［2018］164号）（"164号通達"）にて，2019年１月１日〜2021年12月31日までの期間については，経過措置として，外国籍従業員の免税給与所得と特別付加控除については選択適用

（1度選択した後，1納税年度内に選択した方法を変更することはできない）として，継続適用ができることが明確になりました。ただし，同通達にて，2022年1月1日よりは，外国籍個人は住宅手当，語学訓練費，子女教育手当にかかる免税給与所得の恩典の取扱を受けることはできず，中国籍の方と同様の枠組みとして特別付加控除規定に基づき控除を受けるものとすることが明記されているため，2022年以降については，外国籍の方の給与パッケージ等についても大きな見直しが必要になる可能性があり今後の動向に注意が必要となります。

Q66　賞与の課税計算

駐在員の賞与に対する課税計算はどのようにしますか。

Answer

　賞与については，原則としてその月の給与と合算され給与所得として課税されますが，年一回性賞与の特例として，年一回の賞与については，特例計算として軽減措置が認められております。ただし当該計算は改正により，2019年1月1日以降は賞与を受ける駐在員が居住者なのか非居住者なのかで大きく計算方法が異なることとなります。

1　中国における賞与計算の問題及び年一回性賞与の特例
＜2018年12月31日まで＞

　中国の個人所得税では，給与所得については月次での確定納付となっており，日本の年末調整や確定申告のように1年間の給与・賞与総額を算定し，年間総額をベースに税額を確定し，月次の納付済額を年間ベースで調整するといった方法は採用されていませんでした。

　このような仕組みの下で，賞与が支給された場合，原則としては，賞与月の給与と合算して，累進税率の税率表の高い税率が適用されることとなり，給与

の月次申告との調整をどう図るかという点が問題になります。この点，中国でも特例として，賞与支給額を月次ベースに変換して累進税率の下での適用税率を決定するという取扱いがあります。この計算方法が認められるのは，年1回のみとされていることから，「年一回性賞与」と呼ばれています。

＜2019年1月1日以降＞

　居住者については経過措置として2021年12月31日までは「年一回性賞与」の特例の継続適用が可能となりました。非居住者についても計算方法が異なりますが，別途特例が認められています。

　改正により給与所得については，総合所得として，年間総額をベースに税額を確定し，月次の納付済額を年間ベースで調整するといった年度確定申告という概念が導入されたため，これにより従来の賞与が支給された月の高税率による課税が調整されるため，「年一回性賞与」の特例は不要となると予想されておりました。ただし，計算方法により高所得納税者については当該特例が廃止されると実質的に増税となってしまうことから，納税者の反発の声も多く，居住者の年一回性賞与については，2018年12月27日付で公布された「個人所得税法改正後の優遇政策の経過措置に関する問題についての通知」（財税［2018］164号）にて，「個人が取得する年一回性賞与等の個人所得税の計算，徴収方法の調整に関する通知」（国税発［2005］9号）における規定に合致する場合は経過措置として，2021年12月31日までは当年度の総合所得に算入せず，年一回性賞与の特例計算ができる旨が規定され，非居住者の賞与については，2019年3月14日付で公布された，「非居住者個人と住所のない居住者個人に係る個人所得税政策に関する公告」（財政部　税務総局公告2019年第35号）（以下，"35号公告"）にて，非居住者についても年一回性賞与の特例計算ができることが明確にされました。ただし，計算方法が大きく異なるため，注意が必要です。それぞれの計算方法は次のとおりです。

① 居住者の年一回性賞与の特例

当月賞与に係る納税額＝賞与の収入額(注1)×適用税率(注2)－速算控除額(注2)

(注1) 居住者については，これを当年度の総合所得に算入し，納税額を計算する方法も選択できます。ただし，2022年1月1日以降，居住者個人が取得した年一回性賞与は，当年度の総合所得に算入し，個人所得税を計算しなければならないことが明記されているため，2022年以降の個人所得税の増減額も含めて事前の給与パッケージや支給方法等のプランニングの重要性が増しております。

(注2) 年一回性賞与を12か月で割った金額をもとに，164号通達に添付された月換算後の総合所得税率表（"月度税率表"（Q65の2019年1月1日以降の非居住者の税率表と同様））に基づき，適用税率と速算控除額を決定します（つまり賞与の金額を12で割った金額をもとに適用税率と速算控除額を決定できることになります）。

② 非居住者の年一回性賞与の特例

当月の数か月分の賞与に係る納税額
＝［（数か月分の賞与の収入額(注3)÷6）×適用税率－速算控除額］×6

(注3) 数か月分の賞与の中国国内源泉部分は，これらの所得が帰属する勤務期間における中国国内の勤務日数が当該期間の総日数に占める割合に基づいて計算します。

(注4) 非居住者個人が1か月内に取得する数か月分の賞与は，単独で規定に従って当月の収入額を計算し，当月のその他の給与との合算はしません。それを6か月で割り，費用は控除せず，月度税率表（Q65の2019年1月1日以降の非居住者の取扱いを参照）を適用して納税額を計算します。各非居住者個人は，1年度内に1回のみこの計算方法を適用することができます。

Q67　出張者の税額計算

出張者に対する課税についての考え方を教えてください
（日本：居住者　中国：居住者or非居住者　支払：日本のみ）。

　日本からの出張者については，中国における暦年での滞在日数により課税関係が異なります。通常出張者は日本の税務居住者となり日中租税条約の適用ができるため，出張者の活動が中国でPEを構成せず，滞在日数が暦年で183日以下の場合であれば，日中租税条約の短期滞在者免税制度の３要件を満たすことで中国での納税を免除できます。仮に要件の一つでも満たさない場合は中国での勤務に係る給与について課税されることとなりますが，中国で個人所得税が課された税額については，一定の要件のもと日本での確定申告の際に外国税額控除により一定の二重課税を回避できます。

1　日本企業の従業員が中国に出張し，年間滞在日数が183日を超えない場合

＜2018年12月31日まで＞

　日本の居住者であれば日中租税条約15条の短期滞在者の免除規定，つまり①中国滞在日数が暦年で183日以下，②給与が中国以外の雇用者から支払われ，③給与が中国内の機構および場所によって負担されていないという３つの条件を満たせば中国の所得税は免除となります。

　一方，日本では日本企業が支払った給与全額が日本の所得税の対象となります。もし中国の個人所得税の対象となった場合，日本での確定申告において外国税額控除の適用を受けることにより，日本の所得税から中国の所得税を控除して二重課税を回避することも可能です。

　外国税額控除により日本の所得税から控除できる金額は次のいずれか小さい金額とされます。

①　控除限度額＝外国税額控除前所得税額×国外源泉所得／全世界所得

②　外国税額納付額

改正により上記取扱いについては変更ありません。

2　日本の親会社から中国に出張し，年間滞在日数が183日を超えた場合

＜2018年12月31日まで＞

この場合は，日中租税条約の免税措置を受けることができないため，183日を超えた時点で非居住者として中国国内源泉所得が課税対象となり，183日を超えた月の翌月の15日までに月次申告により過去の各月分を遡及して納税を行う必要があります。その場合の過去の各月納税額は，次の算式に基づいて計算されます。算式をみてわかるとおり，支払地に関わらず中国滞在日数に応じた国内源泉所得の全てが課税対象となっています。

> 月次納税額＝中国滞在を始めてから183日を超えた各月に対応する中国内外給与総額から算出した税額×その月での中国滞在日数／その月の日数

また，183日を超えた月の翌月からは次の算式で税額を計算し，毎月納付することになります。

> 当月納税額＝当月中国内外給与総額から算出した税額×当月の中国滞在日数／当月日数

この場合，年間滞在日数が183日を超えない場合と同様に日本の居住者であれば，日本で確定申告を行い，日本国外源泉所得にかかる中国の税金を外国税額控除により日本の所得税から控除することが可能です。

＜2019年1月1日以降＞

改正後の個人所得税法上は，居住日数が183日未満かどうかで居住者と非居住者に区分されます。日中租税条約の短期滞在者の免税制度の要件判定として，入国日と出国日を含めて計算し居住日数が183日超となる場合，短期滞在者の

免税制度が適用できないため中国での納税義務が生じます。一方で中国国内法では，35号公告により24時間未満滞在の場合は１日とカウントされない（つまり入国日と出国日は含まない）ため，中国ではその時点では183日未満として非居住者となるものと考えられます。したがって，納税義務が生じ申告する際に，新たに国内法上で183日を超えるのかどうかを判断のうえ，Q65の2019年１月１日以降の居住者・非居住者のいずれかの方法での申告が必要となると考えられます。なお，35号公告にて，締約相手国の居住者個人について，租税条約の規定する期間における国内滞在日数は183日を超えないと見積もったものの，実際には183日を超えた場合，183日に達した月の終了後15日以内に所轄税務機関に報告し，以前の月の給与所得について改めて納税額を計算して，税額を追納しなければならならないことが明記されております。この申告期限内に納付した場合には，滞納金は課されない旨も規定されたため，滞在日数の見積り誤りによる滞納金の発生リスクはある程度回避できることと考えられます。しかしながら，出張者の居住日数計算については，Q64の非居住者の課税範囲で述べたとおり，国内法の日数計算と租税条約適用上の日数計算では入国日と出国日の考え方が異なりますので，両者の場合の日数を正確に把握したうえで国内法の居住日数による計算方法等の確定・計算および租税条約上の183日のモニタリングによる適正な申告期限への申告が必要となると考えられます。

3　日本の親会社から中国に出張し，年間滞在日数は，183日を超えていないが，中国での活動によりPEの認定を受けた場合
＜2018年12月31日まで＞

　出張者の活動等によりPEが認定された場合，出張者の給与はPEに帰属するものとされ，給与が中国内の機構および場所によって負担されていないことという条件を満たさなくなるため短期滞在者の免除規定の適用を受けることはできず，中国滞在にかかる給与はその全額が課税対象となります。その場合の納税額は，次の算式に基づいて計算されます。

当月納税額
＝当月中国内外給与総額から算出した税額×当月の中国滞在日数／当月日数

なお，日本では確定申告を行い，国外源泉所得にかかる中国の税金を外国税額控除により日本の所得税から控除することが可能です。

＜2019年1月1日以降＞

PEと認定された場合に，短期滞在者免税規定の適用が受けることはできず，中国滞在に係る給与は中国での課税対象となる点に変更はありません。ただし，上述のとおり，従来は日数，源泉地，支払者により税額を按分していましたが，新税法の下では総合所得の概念が導入されたため，35号公告にて，滞在日数などに応じて，課税収入額を按分する方法に改められています。ただし，計算公式及び按分方式の考え方は基本的に同じです。35号公告にて明記された非居住者の課税収入額の按分方法は以下のとおりです。

＜住所のない個人（董事及び高級管理職ではない外国籍社員）が非居住者の場合の課税収入額の按分方法＞

1納税年度における中国での居住期間	課税収入	当月の給与の収入額の計算公式
90日以下	中国国内の勤務期間に帰属する，国内雇用主が支払うか，負担する給与所得	公式一： 当月の給与の収入額 ＝当月の国内外の給与総額 ×（当月の国内支払の給与金額÷当月の国内外の給与総額） ×（当月の給与の帰属する勤務期間における国内勤務日数÷当月の給与の帰属する勤務期間の日数）
90日超183日未満	中国国内の勤務期間に帰属する給与所得	公式二： 当月の給与の収入額 ＝当月の国内外の給与総額 ×（当月の給与の帰属する勤務期間における国内勤務日数÷当月の給与の帰属する勤務期間の日数）

なお，当該按分計算における国内勤務日数についても，同35号公告の中で規定されており，個人の中国国内における勤務日数によって計算し，これには，「中国国内での実際の勤務日及び中国国内の勤務期間における中国内外での公休，個人の休暇，研修の日数」が含まれる旨が規定されています。なお，中国国内，国外の組織で同時に職務を担い，或いは中国国外の組織でのみ職務を担う個人（つまり，日本からの出張者など）は，当期に中国国内，国外で勤務する場合，中国国内，国外の勤務日数が当期の総日数に占める割合に基づき，中国国内源泉，国外源泉の給与所得の収入額を確定する旨および中国国内での滞在が24時間未満の日を半日として中国国内の勤務日数を計算する（つまり，中国に入出国する日はそれぞれ半日とされる）旨も規定されています。この入出国日の取扱いは，日中租税条約上の短期滞在者の免税制度上の183日や国内法の居住者要件の183日の計算時の考え方とは異なりますので注意が必要です（Q64の2019年1月1日以降の非居住者の課税範囲を参照）。

Q68　役員が出張した場合の税額計算

役員が出張した場合の課税について教えてください（日本：居住者　中国：居住者or非居住者　支払：日本のみ）。

Answer

　中国法人での職務がなく日本でのみ支払われ，中国法人にて負担もされない役員報酬については基本的に日本でのみ課税されます。また出張者は通常日本の税務居住者となり，租税条約の適用が可能ですが，役員報酬についてはQ67の短期滞在者免税制度の適用はありません。

1 日本の親会社の役員が中国に出張し，日本で役員報酬が支払われる場合

＜2018年12月31日まで＞

　日中租税条約第16条に役員報酬に関する規定があり，「一方の締約国の居住者が他方の締約国の居住者である法人の役員の資格で取得する役員報酬その他これに類する支払金に対しては，当該他方の締約国において租税を課することができる。」とされております。

　つまり，役員報酬については役務の提供地にかかわりなく，支払者である企業の所在する国で課税する権利を認めています。

　したがって，本ケースのように役員が出張で中国に滞在し，中国子会社の職務を兼務しない場合に取得する役員報酬は，原則として中国では課税されず，日本でのみ課税されます。

　なお，日本の所得税法上，日本の会社の役員の報酬は，特別な場合を除き，たとえ国外において勤務を行ったとしても日本の国内源泉所得とされます。またQ67の短期滞在者の免除規定は原則として，雇用による報酬を対象としており，役員報酬については対象外となります。この点，従業員のケースと異なりますので留意が必要です。

＜2019年1月1日以降＞

改正により上記取扱いについては変更ありません。

Q69　出向者の税額計算

　出向者に対する課税（留守宅手当を含む）について教えてください（日本：非居住者　中国：居住者or非居住者　支払：日本および中国）。

Answer

　出向者について中国での職務のみを有する場合，日本で支払われる留守宅手当についても勤務地は中国のため中国での国内源泉所得として中国での居住者・非居住者の区分に関わらず，原則として全額が課税対象となります。ただし，住所のない個人（外国籍個人）が暦年で90日以下の滞在の場合や，日本と中国で兼務職を有する場合で，連続満６年未満滞在の場合には，その年の居住日数に応じて，日本で支払われるもののうち一定額を按分計算により課税対象から除外することができます。改正により，当該収入額（按分計算が認められる場合にはその按分後の金額）をもとに，居住者の場合には累積源泉徴収方法により，非居住者の場合には月次での源泉徴収方法により納税額が計算されることとなります。一方日本では通常出向者は非居住者となりますので，日本での勤務に係る国内源泉所得のみが日本での課税対象額となり，中国での勤務を前提とすれば日本で支払われる留守宅手当は国外源泉所得として日本では課税されません。

1　いわゆる留守宅手当と日本での法人税法

　法人税基本通達９－２－47では，海外にある法人への出向についていわゆる留守宅手当についての損金算入を認めています。損金算入額については，具体的な基準が示されているわけではありません。日本の社会制度，中国人との給与格差，日本本社の出資割合，子会社との取引関係などにより総合的に判断されます。なお，いわゆる留守宅手当とは，海外出向者の給与等人件費のうち，日本法人が負担する部分を指し，名目が留守宅手当でなくても海外赴任手当，ハードシップ手当など，各社の社内規定により名目は様々であり，これらも広義の留守宅手当と考えられます。

2　いわゆる留守宅手当と個人所得税

＜2018年12月31日まで＞

　中国子会社から支払われる給与だけではなく，日本の親会社から支払われる留守宅手当も中国での勤務にかかる給与として中国の国内源泉所得となり，課税対象となります。したがって，毎月の納税においても日本の留守宅手当を含めて計算し，源泉徴収を行う必要があります。

　このケースで中国滞在期間が満１年以上５年以下である駐在員が日本の親会社の職務も兼務しており，かつ，中国国外に出張した場合，その国外出張期間に対応する給与は国外源泉所得とされますので，"国外源泉所得のうち国外で支払われた給与"，つまり留守宅手当に対応する金額は，次の計算式により課税対象外とされます（国税発［2004］97号）。

　ただし，当該国外勤務日数は，基本的に日本と中国で職務を兼務しているか，日本のみで職務があるケース（出張の場合を想定）しか考慮されないため，通常の出向者で日本と中国での兼務がないケースでは，適用されない点に注意が必要です。

> 当月納税額＝当月国内外給与総額から算出した税額
> ×（１－当月の国外からの給与総額／当月の給与総額×当月の国外勤務日数／当月日数）

（例）

1　前提条件

　　甲さんの給与：中国子会社払い　　月額３万元

　　　　　　　　　　　　　　　　　日本留守宅手当32万円

　　為替レート：16円／１元

　　　個人所得税は個人負担

2　給与総額＝30,000元＋320,000円／16円＝50,000元

3　課税所得＝50,000元－4,800元＝45,200元

4　税額＝45,200元×30％－2,755元＝10,805元

5　当月国外勤務日数５日（出国日，入国日は0.5日とカウントする）

6　税額＝10,805元×（1－20,000元／50,000元×5日／30日）＝10,085元

　一方，日本の所得税法上は，居住者は国内に住所を有し，1年以上居所を有する個人をいいますから，中国での駐在が1年を超えて行われる予定の場合などは，出国の日の翌日から日本の税務上は非居住者とされます。したがって中国で支払われる給与および日本の留守宅手当は中国での勤務に対応するものであるため国外源泉所得とされ日本での課税の対象とはなりません。

　ただし当該日本の非居住者となる駐在員が，中国から日本に出張する場合，日本での勤務対応給与等は日本の国内源泉所得となり，日本の親会社から支払われる留守宅手当は日中租税条約の短期滞在者免税条項の②と③の条件を満たしていないため日本で課税の対象となり，日本の親会社にて源泉徴収が必要となるケースがありますので注意が必要です。

＜2019年1月1日以降＞

　上述の考え方については変更はありません。ただし，中国国外の職務を兼任する住所のない個人（外国籍社員）は，上述のように従来は日数，源泉地，支払者により税額を按分していましたが，新税法の下では総合所得の概念が導入されたため，35号公告により居住日数などに応じて課税収入額を按分する方法に改められ，その按分後の収入をもとに，Q65の非居住者と居住者の区分に基づき，計算をする方法になっています。当該公告に伴い，上述の改正前の按分計算を定めていた国税発［2004］97号も廃止されています。

　35号公告にて明記された居住者の課税収入額の案分方法は以下のとおりです。なお国内国外の勤務日数の計算方法は，Q67の非居住者の所得額の案分と同様です。ただし，注意が必要なのは国外勤務日数については改正前と同様に，基本的に日本と中国で職務を兼務しているか，日本のみで職務があるケース（日本からの出張の場合を想定）しか考慮されないため，通常の出向者で日本と中国での兼務がないケースでは，適用されない点に注意が必要です。

<住所のない個人（董事及び高級管理職ではない外国籍社員）の課税収入額の按分方法＞

1 納税年度における 中国での居住期間	課税収入	当月の給与の収入額の計算公式
90日以下	中国国内の勤務期間に帰属する，国内雇用主が支払うか，負担する給与所得	公式一： 当月の給与の収入額 ＝当月の国内外の給与総額 ×（当月の国内支払の給与金額÷当月の国内外の給与総額） ×（当月の給与の帰属する勤務期間における国内勤務日数÷当月の給与の帰属する勤務期間の日数）
90日超183日未満	中国国内の勤務期間に帰属する給与所得	公式二： 当月の給与の収入額 ＝当月の国内外の給与総額 ×（当月の給与の帰属する勤務期間における国内勤務日数÷当月の給与の帰属する勤務期間の日数）
満183日以上（満183日居住の年度は連続満6年未満）	全ての給与所得（中国国外の勤務期間に帰属する，国外の組織または個人が支払う給与所得を除く）	公式三： 当月の給与の収入額 ＝当月の国内外の給与総額 ×［1－（当月の国外支払の給与金額÷当月の国内外の給与総額） ×（当月の給与の帰属する勤務期間における国外勤務日数÷当月の給与の帰属する勤務期間の日数）］
満183日居住の年度が連続満6年で，いずれの年度においても1回で30日を超える出国がない	国内，国外から取得する全ての給与所得	国内，国外から取得する全ての給与所得について個人所得税を計算し，納付する

（例）

1　前提条件

甲さんの給与：中国子会社払い　　月額3万元

日本留守宅手当32万円

為替レート：16円／1元

個人所得税は個人負担

甲さんは，日本から中国へ出向しているが，日本と中国で兼務職を有する

2　給与総額＝30,000元＋320,000円／16円＝50,000元

3　当月国外勤務日数5日（出国日，入国日は0.5日とカウントする（Q67の按分計算方法参照））

4　課税所得＝50,000元×｛1－（20,000元／50,000元×5日／30日）｝
$$＝46,667元（上述の表の公式三を適用）$$

5　当月の源泉徴収税額は甲さんのその年の居住者・非居住者ステータスにより異なる

①　非居住者（暦年183日未満）：

税額＝（46,667元－5,000元）×30％－4,410元＝8,390.1元（Q65の非居住者の源泉徴収方法を参照）

②　居住者（暦年183日以上）（Q65の居住者の累積源泉徴収方法を参照）：

税額＝1月：（46,667元－5,000元）×10％－2,520元＝1,646.7元

＝2月：｛（46,667元×2－5,000元×2）×10％－2,520元｝
－1,646.7元（1月源泉徴収済額）＝4,166.7元

〱

＝12月：｛（46,667元×12－5,000元×12）×30％－52,920元｝
－（上述の計算による1月～11月の源泉徴収済額の累計額）
＝12月源泉徴収税額

Q70　董事と高級管理職を兼務する出向者の税額計算

出向者に対する課税（中国子会社の董事・高級管理職を兼務する場合）について教えてください。

董事については，中国の税務上，通常の従業員と違う考え方があり，董事を兼務する出向者については，特に居住日数が183日未満となる出向初年度または帰任年度の課税収入額の按分計算方法について通常の出向者とは異なる可能性があるため留意が必要です（詳細はQ71を参照）。なお董事費のみの場合には給与所得ではなく役務報酬所得としての区分による計算が可能です。

＜2018年12月31日まで＞

中国の個人所得税法では，11種類の所得に分類されていますが，この中に給与所得と役務報酬所得があります（Q63参照）。役務報酬に関し，1994年の通達では「個人が董事の職務を果たすことで取得する役員報酬収入は，性質的に役務報酬所得に該当する」とされていましたので，役務報酬として処理することが可能とされていました。給与所得については，3％～45％の7段階の累進税率であるのに対し，役務報酬所得については，20％，30％，40％の3段階と，給与所得と異なる累進税率が適用されていました（※2019年1月1日より改正予定あり。詳細はQ72の"個人所得税法改正について"を参照）。

したがって，解釈上，合理的に給与所得と役務報酬所得に分割することが可能であれば，それぞれの分離課税による申告も可能でした。

2009年に公布された国税発［2009］121号によれば，董事報酬あるいは監事報酬（監査役報酬）が役務報酬所得として認められるのは，「会社の任務，雇用されていない状況」とあります。これは，おそらく非常勤の董事あるいは監査役を想定していると考えられますので，管理職として会社の業務を兼任する場合，いわゆる「使用人兼務役員」については，全て給与所得として課税されることが明らかになりました。

役員報酬が月額で固定されている場合に，使用人給与部分と合算するというのは，恣意的な分割を排除するという意味で，妥当な考え方といえます。上海市内においては，この通知以前から同様の取扱いがなされていました。

＜2019年1月1日以降＞

　上述の考え方については変更はありません。つまり董事のみの職務を有する場合には，役務報酬としての区分による計算（居住者の場合には20%・30%・40%の3段階）が可能ですが，董事を兼務する社員については，董事報酬も含めて給与所得として計算をする必要があります。中国では，董事・高級管理職については通常の従業員とは異なる取扱いがされており，35号公告で改めて，当該異なる取扱いについても明確にされております。なお，高級管理職の定義としては，35号公告にて，"総経理，副総経理や各部門長なども含む"旨が定められておりますが，当該董事以外の高級管理職については，租税条約の役員報酬条項に企業の高級管理職を含む旨を明記していない場合は，通常の従業員と同様に扱われることとなっております。日中租税条約の役員報酬条項では，当該取扱いが明記されていないため，結果として通常の従業員と異なる取扱いとなるのは，"董事"の職務を有する者（兼務・兼務なしを含む）のみとなります。通常の出向者との違いをまとめると以下のとおりです。

＜通常の出向者と"董事職務"を有する者の比較＞

	通常の出向者	董事を兼務する出向者	董事のみの職務を 有する出向者
国内源泉所得 の考え方	中国国内の勤務期間に帰属する部分が中国国内源泉所得となる	国内居住者企業が支払うか，または負担する董事費，監事費，給与或いはその他の類似報酬中国国内で中国国内で職務を履行するか否かにかかわらず，中国国内源泉所得となる	国内居住者企業が支払うか，または負担する董事費，監事費，給与或いはその他の類似報酬中国国内で中国国内で職務を履行するか否かにかかわらず，中国国内源泉所得となる
計算所得区分	給与所得	給与所得	役務報酬所得

Q71 中国に常駐する役員の税額計算

日本本社の役員が常駐する場合の課税（中国子会社の董事・高級管理職を兼務する場合）について教えてください（日本：非居住者　中国：居住者or非居住者　支払：日本および中国）。

Answer

　中国で支払がされる董事報酬・給与については中国で課税がされます。ただし，日本と中国での兼務職のため，課税収入額についてはその年の居住日数に応じて一定の按分計算方法を適用後，その年に居住者となるのか非居住者となるかに応じて，Q65の方法に基づき毎月の源泉徴収額が計算されます。なお，日本で支払いがされる役員報酬については通常日本での支払時に，日本で源泉徴収による課税が必要となりますが，中国では当該役員報酬については，連続6年未満滞在の場合であれば，国外源泉所得かつ国外払いとして課税対象から除外できると考えられます。

＜2018年12月31日まで＞

　この場合は，中国では居住者，日本では非居住者となるという前提です。日本の所得税法上，日本企業から支払われる役員報酬は原則として，その勤務地を問わず非居住者の得る国内源泉所得とされ，支払時に20.42％（復興特別所得税含む）の源泉徴収税が徴収されます。

　中国で満1年以上5年以下の居住者の場合，国外源泉で国外において支払われる所得以外は全て課税対象になります。したがって，中国企業から支払われる董事報酬および高級管理職給与は中国で支払われる給与所得として全額課税を受けます。この点は，Q68の中国子会社の職務を兼務しない日本の役員が出張で中国に来たケースとは異なりますので，注意が必要です。

　一方，日本企業から支払われる役員報酬については，連続満5年以下滞在の

場合で，上述の董事報酬・給与と明確に区分がされ，中国現地法人が支払いも負担もしないものであれば，国外源泉所得かつ国外払いとして，中国での課税は免除できるものと考えられます。

<2019年1月1日以降>

　上述の考え方については変更はありません。ただし，中国国外の職務を兼任する住所のない個人（外国籍社員）は，上述のように従来は日数，源泉地，支払者により税額を按分していましたが，新税法の下では総合所得の概念が導入されたため，35号公告により滞在日数などに応じて課税収入額を按分する方法に改められ，その按分後の所得をもとに，Q65の非居住者と居住者の区分に基づき，計算をする方法になっております。ただし，計算公式及び按分方式は基本的に同じです。35号公告にて明記された居住者の所得額の按分方法は次のとおりです。なお，中国にて董事職を兼務する出向者については，Q70で述べた董事職を有する場合の国内源泉所得の考え方の違いにより，Q67およびQ69の通常社員の出張・出向の場合と比べ，中国での居住日数が183日未満の場合の計算式が異なることに注意が必要です。

<住所のない個人（外国籍社員）が董事又は高級管理職の場合の課税収入額の按分方法>

1納税年度における中国での居住期間	課税収入	当月の給与の収入額の計算公式
90日以下	国内雇用主が支払うか，負担する給与所得	当月に国内で支払われた給与が当月の収入額となる
90日超183日未満	取得する給与所得（中国国外の勤務期間に帰属し，国内雇用主が支払うか，負担しない部分を除く）	公式三： 当月の給与の収入額 ＝当月の国内外の給与総額 ×［1－（当月の国外支払の給与金額÷当月の国内外の給与総額） ×（当月の給与の帰属する勤務期間における国外勤務日数÷当月の給与の帰属する勤務期間の日数）］

154

満183日以上（満183日居住の年度は連続満６年未満）	全ての給与所得（中国国外の勤務期間に帰属し，国外の組織または個人が支払う給与所得を除く）	公式三： 当月の給与の収入額 ＝当月の国内外の給与総額 ×［１－（当月の国外支払の給与金額÷当月の国内外の給与総額） ×（当月の給与の帰属する勤務期間における国外勤務日数÷当月の給与の帰属する勤務期間の日数）］
満183日居住の年度が連続満６年で，いずれの年度においても１回で30日を超える出国がない	国内，国外から取得する全ての給与所得	国内，国外から取得する全ての給与所得について個人所得税を計算し，納付する

Q72　個人所得税法の改正について

　個人所得税法の抜本的な改正があると聞きました。主な内容等について教えてください。

Answer

　2018年６月19日に国務院が「中国個人所得税法の改正案（草案）」を第十三次全国人民代表大会常務委員会第三回会議の審議にかけました。その後，2018年８月31日に当該個人所得税法の改正案は第十三次全国人民代表大会常務委員会第五回会議で一部修正の上，正式に通過しました。当該中国個人所得税法の改正は，抜本的な改正となり，従来の中国個人所得税法の取扱いを大きく変え，外国籍の個人のみならず，中国人の方全てに影響がある改正となっています。当該改正は，2019年１月１日より施行（一部の項目（下記２，３の項目）については2018年10月１日より先行適用）され，その後現在までに，当該改正に伴い，各種の実施条例・弁法・通達が公布されております。

　当該改正による主な変更点は以下の８点です。

1　一部の労働性所得に対する総合課税の導入

　居住者については，給与賃金所得，労務報酬所得，原稿報酬所得，使用料所得の4つの労働性所得（以下「総合所得」）に対しては，総合課税を実施し，統一的な超過累進税率を適用することとなりました。

　また，課税所得の分類を適切に統合し，「個人経営者の生産，経営所得」は「経営所得」となり，「企業事業組織の請負経営，リース請負経営所得」はなくなります。当該所得は具体的な状況に応じて，総合所得或いは経営所得に合算されます。経営所得，利子・株式利子・配当所得，財産賃貸所得，財産譲渡所得および一時所得は，なお分離課税方式を採用し，関連規定に基づき，それぞれ個人所得税を計算します。また従来の"その他の所得"という区分は廃止されることとなりました。主な計算方法の変更については次の表のとおりです。

現行個人所得税法		改正後の個人所得税法 （2019年1月1日から施行）	
所得の種類	適用税率	所得の種類	適用税率
給与賃金所得	3％から45％まで7段階の超過累進税率	総合所得	・3％から45％までの7段階の超過累進税率 ・低い税率の適用範囲が拡大される（3％，10％，20％の3段階） ・高い税率の適用範囲は維持される（30％，35％，45％の3段階）
労務報酬所得	20％・30％・40％		
原稿報酬所得	20％，所得の70％減額のうえ計算される		
特許使用料所得	20％		
個人経営者の生産，経営所得	5％から35％まで5段階の超過累進税率	経営所得	・5％から35％までの5段階の超過累進税率 ・最高税率の35％適用範囲の下限が10万元から50万元に引き上げられる
企業事業組織の請負経営，リース請負経営所得	5％から35％まで5段階の超過累進税率		
利子・株式利子・配当所得	20％	変更なし	
財産賃貸所得	20％		
財産譲渡所得	20％		
一時所得	20％		
その他の課税所得	20％	区分削除	

2　税率構造の最適化

　居住者に対して適用される改正後の総合所得に対する税率は，給与賃金所得に対する現行の税率（3％から45％までの7段階の超過累進税率）を基礎として，月ごとに計算していた課税所得を年度ごとに計算することとし，かつ一部の税率の適用範囲が調整されました。給与賃金所得に対して当該改正項目は2018年10月1日より先行適用され，"10月1日以降に取得する給与等から適用"されています。

　具体的には，3％，10％，20％の3段階の低い税率の適用範囲が拡大され，現行税率が10％の所得の一部に対する適用税率が3％に下がりました。10％の税率の適用範囲も大幅に拡大され，現行税率が20％の所得，及び現行税率が25％の所得の一部に対する適用税率は10％に下がりました。現行税率が25％の所得の一部に対する適用税率も20％に下がり，25％の適用範囲は縮小され，30％，35％，45％の3段階の高い税率の適用範囲は変更されません。そのほか，経営所得についても各税率の適用範囲が調整されました。

　改正前後の給与賃金所得に対する税率表の比較は次のとおりです。

改正法に基づく年間課税所得額 (注1) を換算した後の月次課税所得額（人民元）	現行税法の規定に基づく月次課税所得額 (注2)（人民元）	税率(%)
0－3,000	0－1,500	3
3,000－12,000	1,500－4,500	10
12,000－25,000	4,500－9,000	20
25,000－35,000	9,000－35,000	25
35,000－55,000	35,000－55,000	30
55,000－80,000	55,000－80,000	35
＞80,000	＞80,000	45

（注1）　ここでいう年間所得とは，個人が取得する総合所得の年間の収入額から，基礎控除費用（下記3を参照），特別控除（基本養老保険，基本医療保険，失業保険等の社会保険料と住宅積立金等），特別付加控除（下記4を参照）及びその他の控除項目を差し引いた後の残額を指します。

（注2）　ここでいう月次課税所得額とは月次の給与賃金所得から基礎控除費用及びその他の控除項目を差し引いた後の残額を指します。

3 総合所得に係る基礎控除費用の引上げ

総合所得に係る基礎控除費用の標準は5,000元／月（6万元／年）に増額されました。給与賃金所得に対して当該改正項目は2018年10月1日より先行適用され，"10月1日以降に取得する給与等から適用"されています。当該標準は，中国に住所がなく，中国国内で給与賃金所得を取得する納税者及び中国国内に住所があり，中国国外で給与賃金所得を取得する納税者に一律に適用されます。従来の規定にあった外国籍個人にみとめられた付加控除費用（1,300元／月）はなくなり，外国籍個人と中国従業員に同じ基礎控除費用が適用されるようになりました。また居住者について総合所得として，給与賃金所得とともに，合算される労務報酬所得・原稿報酬所得・特許使用料所得についても控除方法が変更されております。改正前後の比較をまとめると次のとおりです。

現行の個人所得税法		改正後の個人所得税法 （2019年1月1日から施行）		
所得の種類	基礎控除費用の標準 （人民元）	課税所得	所得の種類	基礎控除費用の標準 （人民元）
給与 賃金所得	・中国籍個人： 3,500／月 ・外国籍個人或いは外国に派遣された中国籍出向者： 4,800／月	全額	"総合所得"	・5,000元／月 （6万元／年） ※ 給与賃金所得に対しては2018年10月1日より先行適用
労務 報酬所得	・毎回の所得が4,000人民元を超えない場合，800人民元を控除 ・毎回の所得が4,000人民元を超える場合，所得の20％を控除	所得の20％を控除		
原稿 報酬所得		所得の44％を控除		
特許 使用料所得		所得の20％を控除		

4 特別付加控除の設置

居住者に対して，子女教育費支出，継続教育費支出，大病医療費支出，住宅ローンの利子または住宅賃料等，両親扶養支出という特別付加控除に関する規

定が新たに設けられることとなりました。従来の中国個人所得税法では，日本の税制などとは異なり，各個人の家庭の支出などは一切配慮がされていなかったことから，当該特別付加控除の導入は，新たな概念として中国個人所得税の抜本的な改正の一つと言えます。

　改正前後での控除項目として認められている項目をまとめると以下のとおりです。

	控除項目	控除額および限度額 （人民元）
現行の個人所得税法で認められている控除項目	法定社会保険及び住宅積立金	各地の負担料率を基準に控除
	優遇税制を適用できる「税優型」商業健康保険料	200／月（2,400／年）
	納税が延期できる「税延型」商業養老保険料（試行中）	1,000／月（12,000／年）
改正後の個人所得税法（2019年1月1日から施行）により新たに導入される追加控除項目"特別付加控除"	子女教育費支出	これらの特別付加控除が新たに設けられる。具体的な控除範囲，控除金額及び適用手続きは"暫定弁法"および"60号公告"に規定された。
	大病医療費支出	
	継続教育費支出	
	住宅ローンの利子または住宅賃料	
	両親扶養支出	

　これらの特別付加控除については，改正後の中国個人所得税法が2018年8月31日に正式に成立した際に当該概念の導入のみ決定されておりましたが，その後国務院より2018年12月22日付で，公式サイトに公布された「個人所得税特別付加控除暫定弁法」（国発［2018］41号）（"暫定弁法"）および「『個人所得税の特別付加控除運用弁法（試行）』の公布に関する公告」（国家税務総局公告［2018］60号）（"60号公告"）にて，控除基準や控除方法等が明確になっています。詳細は次の表のとおりです。納税者は遠隔操作税務システム，電子または紙ベースの申告書（即ち，60号公告の添付である「個人所得税の特別付加控除情報表」）等の方式により，源泉徴収義務者または所轄税務局へ個人の特別付加控除に関する情報を提出することができます。納税者は，提出した情報の真実性，正確性，完

全性に対して責任を負います。また納税者は，「個人所得税の特別付加控除情報表」及び関連書類を法定の確定申告期間の終了後５年間保存しなければならず，納税者が源泉徴収義務者に提出した「個人所得税の特別付加控除情報表」は，源泉徴収義務者が源泉徴収を行った年度の翌年度より５年間保存しなければならないこととされています。

<各控除項目の取扱い>

項目	控除基準	適用範囲及び適用時期	具体的な取扱い
子女教育	子女１人につき，1,000元／月	▶ 学前教育及び学歴教育（満３歳から博士研究生教育まで） ▶ 就学前教育段階は，子女が満３歳になった月から小学校入学１か月前までの期間に控除する。 ▶ 学歴教育は，全日制学歴教育が開始された月から終了した月までの期間に控除する。	両親のいずれか一方が控除基準の100％を控除するか，或いは各々が控除基準の50％を控除するかを選択できる。控除の方法は１納税年度内に変更してはならない。
継続教育	学歴の継続教育費支出は400元／月，職業資格の継続教育費支出は3,600元／年	▶ 規定を満たす学歴の継続教育費支出或いは職業資格の継続教育費支出 ▶ 学歴（学位）の継続教育は，中国国内で学歴（学位）の継続教育が開始された月から終了した月までの期間（同一の学歴（学位）の継続教育の場合は，最長48か月）に控除する。 ▶ 技能者，専門技術者の職業資格の継続教育は，関連の証書を取得した当年度に控除する。	個人が本科以下の学歴（学位）の継続教育を受ける場合，その両親が控除するか，本人が控除するかを選択できる。
大病医療	１納税年度内に，納税者に発生した適格の大病医療費	▶ 条件を満たす大病医療費支出 ▶ 医療保障情報システム	納税者に発生した医療費支出は，納税者本人または配偶者のいずれが控除

	支出は，累計額が15,000元を超える部分の実際発生額を，80,000元の限度額内で控除できる。	に記録された医薬費が実際に支出された当年度に控除する。		するかを選択できる。未成年子女に発生した医療費支出は，その両親のいずれが控除するかを選択できる。年度確定申告時に控除する。
住宅ローンの利子	1,000元／月	▶ 納税者本人または配偶者の1軒目の住宅ローンの利子（商業銀行または住宅積立金の個人住宅ローン）（1回のみ） ▶ 契約書に約定された返済開始月からローンの完済月，または契約の終了月までを控除期間とする（最長240か月）。		夫婦のいずれか一方が控除するか，或いは各々が控除基準の50%を控除するかを選択できる。
住宅賃料	1,500元／月	直轄市，省都（首都）都市，計画単列市及び国務院が確定したその他の都市の住宅賃料	賃貸契約書（協議書）に約定された物件賃貸の開始月から終了月までを控除期間とする。	夫婦双方の主な勤務地が同じで，かつ当該都市に住宅を所有していない場合，いずれか一方（住宅賃借契約の借手）のみが住宅賃料支出を控除できる。
	1,100元／月	市轄区の戸籍人口が100万人を超える都市の住宅賃料		
	800元／月	市轄区の戸籍人口が100万人以下の都市の住宅賃料		
老人扶養	2,000元／月	▶ 満60歳以上の両親及び子女がすでに亡くなっている祖父母 ▶ 被扶養者が満60歳になった月から扶養義務が終了した年度末までを控除期間とする。		納税者が一人っ子の場合，毎月の控除基準額を定額控除する。一人っ子でない場合，毎月の控除基準額を兄弟姉妹に配分するが，各人の配分額は1,000元／月を超えてはならない。

＜提出する情報と保存する書類＞

項目	提出する情報	保存する書類
子女教育	▶ 配偶者及び子女の姓名，身分証明書の種類及び番号 ▶ 子女の現在の教育段階及び開始・終了時期 ▶ 子女が在籍する学校 ▶ 本人と配偶者の控除配分割合	子女が国外で教育を受けている場合，国外の学校の入学通知書，留学ビザ等の国外での教育に関する証明書類
継続教育	▶ 学歴（学位）の継続教育を受ける場合は，教育の開始・終了時期，教育段階等の情報 ▶ 技能者または専門技術者の職業資格の継続教育を受ける場合は，証書の名称，番号，発行機関，発行（承認）時期等の情報	技能者または専門技術者の職業資格の継続教育を受ける場合，職業資格の関連証書等の書類
大病医療	▶ 患者の姓名，身分証明書の種類及び番号 ▶ 納税者との関係 ▶ 基本医療保険に関連する医薬費用の総額 ▶ 医療保険目録範囲内の個人負担分の自己支払金額等の情報	大病患者の医薬費及び医療保険の精算に関する証憑の原本または写し，或いは医療保障部門が発行した納税年度の医薬費用明細書等の書類
住宅ローンの利子	▶ 住宅所有権の情報，住所 ▶ ローンの方式，貸付銀行，契約番号，期間，初回返済日等の情報 ▶ 納税者が配偶者を有する場合は，配偶者の姓名，身分証明書の種類及び番号	住宅ローン契約書，ローン返済証憑等の書類
住宅賃料	▶ 主な勤務都市，賃貸住宅の住所 ▶ 貸主の姓名及び身分証明書の種類と番号又は貸主である組織の名称及び納税者認識番号（社会統一信用コード） ▶ 賃貸開始・終了時期 ▶ 納税者が配偶者を有する場合は，配偶者の姓名，身分証明書の種類及び番号	住宅賃貸契約書または協議書等の書類

| 老人扶養 | ▶ 納税者は，一人っ子であるか否か
▶ 月ごとの控除金額
▶ 被扶養者の姓名及び身分証明書の種類，番号，納税者との関係
▶ 共同扶養者を有する場合は，控除額の配分方式，共同扶養者の姓名及び身分証明書の種類，番号等の情報 | 控除額の配分について約定または指定した協議書等の書類 |

5　居住者及び非居住者の概念の導入

　国際慣例にならい，居住者及び非居住者の概念が導入されました。中国国内に満183日居住するか否かが，居住者か非居住者かを判断する基準となります。

　改正法に基づき，中国国内に住所があるか，或いは住所はないが，1納税年度内に中国国内に満183日居住する個人は居住者となり，居住者は中国国内及び国外から取得する所得について，税法に従って個人所得税を納付しなければなりません。

　中国国内に住所がなく，居住もしない個人，或いは住所がなく，1納税年度内に中国国内に183日未満しか居住しない個人は非居住者となり，非居住者は中国国内から取得する所得について，税法に従って個人所得税を納付しなければなりません。従来の規定では，中国に住所のない個人（外国籍社員）の場合，満1年居住が居住者身分の基準とされているため，それと比べて183日の基準は厳しいものといえます。改正前後の比較は次のとおりです。

区分		旧個人所得税法及び実施条例	新個人所得税法及び実施条例 （2019年1月1日から施行）
居住者： 中国国内及び中国国外源泉所得を課税対象と	住所あり	中国国内に住所を有する個人。戸籍，家庭，経済的利益のために中国内に習慣的に居住する個人を指す。	変更なし
		中国国内に住所はないが，1納税年度内に中国国内に満一年居	中国国内に住所はないが，1納税年度内に中国国内に満

		住する個人。 中国国内に満一年居住するとは，納税年度内に中国から一回で30日超または累計で90日超の出国がないことを指す。	183日居住する個人。
	住所ない	国外源泉所得の例外：1年以上5年以下居住する個人は，中国国外源泉の所得について，主管税務機関の承認を得て，中国国内の会社，企業及びその他の経済組織或いは個人が支払った部分についてのみ個人所得税を納付することができる。 中国国内に満5年居住する個人は，6年目（当年に中国国内に満1年居住する）以後，中国国内と中国国外から取得する全ての所得について，中国で個人所得税を納付しなければならない。	中国国内に満183日居住する年度が連続6年未満の個人は，税務局で届出手続を行い，中国国外源泉の所得，かつ海外会社または個人より支払われた所得については，個人所得税の納付義務を免除する。 中国国内に満183日居住する年度に1回で30日を超えて出国をした個人に対し，中国国内に居住する満183日の年度の連続計算をリセットする。
非居住者：中国国内源泉所得のみを課税対象とする。		中国国内に住所がなく，居住もしない個人；或は中国国内に住所がなく，中国国内において1年未満居住する個人	中国国内に住所がなく，居住もしない個人；或は中国国内に住所がなく，1納税年度内に中国国内において183日未満居住する個人
		海外が支払った中国国内源泉所得の例外：中国国内での居住期間が90日を超えない個人は，中国国内源泉の所得で海外雇用主より支払われ，かつ中国国内の機構，場所より負担されない部分について，個人所得税の納付義務を免除する。	変更なし

6　総合所得に対する“年度確定申告”の導入および一部の申告期限の修正

　居住者が取得した総合所得は，年度ごとに個人所得税を計算することとなり，

所得を取得した年度の翌年３月１日から６月30日までの間に年度確定申告を行わなければならないこととされます。現行規定の下で，年間所得が12万元以上の場合に行うこととされている，翌年３月末を期限とする年度申告は，当該年度確定申告に変わります。

　源泉徴収義務者がいる場合は，源泉徴収義務者が月ごとに，またはその都度，税額を源泉徴収し，居住者が年度終了後に税額を追納するか，或いは還付を受ける必要がある場合，規定に従って年度確定申告を行うこととなります。当該年度確定申告の概念が導入されたことから，総合所得を構成する給与所得・役務報酬所得・原稿料所得・特許使用料所得について期中は，「個人所得税源泉徴収・申告管理方法（試行）の公布に関する公告」（国家税務総局公告2018年第61号）に規定された仮源泉徴収（給与所得については累積源泉徴収法（詳細はＱ65の居住者の場合を参照））が行われ，以下のような状況がある場合に，年度確定申告を行うこととなります（申告フローについてはＱ63を参照）。

総合所得について年度確定申告が必要な場合（個人所得税法実施条例第25条）

（一）　２か所以上から総合所得を取得し，かつ総合所得の年間収入から控除額を引いた額が６万元を超える場合

（二）　労務報酬，原稿報酬，特許権使用料の中のいずれかの所得を取得し，かつ総合所得の年間収入から控除額を引いた額が６万元を超える場合

（三）　納税年度内に仮源泉徴収された税金が納税すべき税額より低い場合

（四）　税金の還付が必要となる場合

　なお，居住者が源泉徴収義務者に特別付加控除に関する情報を提供する場合，源泉徴収義務者は月ごとに税額を源泉徴収する際，規定に従って控除しなければならず，これを拒否してはならないこととされています。

　一方で，非居住者が総合所得を取得し，源泉徴収義務者がいる場合，源泉徴収義務者が月ごと，またはその都度，税額を源泉徴収し，年度確定申告は行わ

ないとされています。

　非居住者が課税所得を取得したが，源泉徴収義務者がいない場合，所得を取得した月の翌月15日までに自主申告を行わなければなりません。

　その他，納税者が海外に移住して中国の戸籍を抹消する場合などの税額の清算という項目なども新たに追加されました。主な改正前後の比較は以下のとおりとなります。

状況	現行の個人所得税法		改正後の個人所得税法 （2019年1月1日から施行）	
	申告方式	申告時期	申告方式	申告時期
総合所得	・支払者が源泉徴収する ・納税者個人が中国国内において，2か所以上から給与賃金所得を取得した場合，それぞれの支払者が源泉徴収を行う。個人は2つの支給地から1つの税務局を選択し，自主申告を行う	・翌月15日まで	・居住者が取得した総合所得は，年度ごとに個人所得税を計算する ・源泉徴収義務者がいる場合は，源泉徴収義務者は月ごとに，またはその都度，税額を前払いで源泉徴収する ・居住者が特別付加控除に関する情報を源泉徴収義務者に提供する場合，源泉徴収義務者は月ごとに税額を源泉徴収する際に控除し，控除を拒否してはならない	・源泉徴収：翌月15日まで ・年度確定申告：翌年3月1日から6月30日まで
			・非居住者が総合所得を取得し，源泉徴収義務者	

			・がいる場合，源泉徴収義務者は月ごとに，またはその都度，税額を源泉徴収し，年度確定申告は不要 ・非居住者が課税所得を取得したが，源泉徴収義務者がいない場合，自主申告が必要	・翌月15日まで
			・非居住者が中国国内において，2か所以上から給与賃金所得を取得した場合，自主申告が必要	・翌月15日まで
源泉徴収義務者が税額を源泉徴収しない場合	・税務機関が納税者へ税額を追徴する	・翌月15日まで	・納税者が税額を納付	・翌年6月30日まで
源泉徴収義務者がいない場合	・自主申告を行う	・翌月15日まで	・自主申告を行う	・翌月15日まで
中国国外から所得を取得した場合	・自主申告を行う	・翌年1月30日まで	・自主申告を行う	・翌年3月1日から6月30日まで
海外に移住した場合	・関連規定なし	・関連規定なし	・自ら税額を清算する	・中国の戸籍を抹消する前

7　租税回避防止条項の設置

　企業所得税法における租税回避防止規定を参照し，個人による独立取引の原則に従っていない財産の譲渡，国外の租税回避地での租税回避，不合理な商業取引の実施による不当な租税利益の獲得等の租税回避行為に対して，税務機関に合理的な方法で納税調整を行う権限を与えるという規定が追加されました。税務機関が納税調整を行い，税額を追徴する必要がある場合，税額を追徴するほか，利息が加算されるようになります。

8　各部門の協力

　公安，人民銀行，金融監督管理等の関連部門は，税務機関による納税者の身分，銀行口座の情報の確認に協力しなければならないという規定が追加されました。教育，衛生，医療保障，民政，人力資源社会保障，住宅都市農村建設，人民銀行，金融監督管理等の関連部門は，納税者の子女教育，継続教育，大病医療，住宅ローンの利子及び住宅賃料等の特別付加控除に関する情報を税務機関に提供しなければならないとされ，税務機関は，各部門の協力を得て，特別付加控除等の情報を収集することが可能となります。

第8章

増値税に関する
Q&A

point

　第8章では，昨今も改正の著しい，日本の消費税にあたる，中国の増値税について，概要および主要論点について解説をします。2016年5月1日以降，従来の営業税の課税範囲を増値税の課税範囲に移行するという「営改増の改革」が完了し，増値税は中国の税収において最も重要な位置を占める税になっております。また"発票"という中国独特の税務局による管理制度に基づいた厳格な管理体制および中国の商慣習に紐付きの税目であることからも，中国でビジネスを行う方にとっては，理解が必須となる税目といえます。

Q73　増値税の概要

増値税の概要について教えてください。

Answer

　増値税は日本の消費税と類似する税金で，多段階控除の方式により，納税義務者は事業者ですが，実質的負担者は，最終消費者となっています。ただし日本の消費税と異なり，一定の本支店間の取引や，物品の贈与等など，会計上の処理に関らず，増値税を申告納付する取引（みなし販売など）の概念などもあり，日本の消費税と異なる点も多いです。関連の通達も日々公布・更新されていることからも，中国の税制の中でも最も複雑な税目といえます。更に大きな特徴として，税務局のシステムとつながったインターネットシステムにて発行される「発票」により増値税課税取引が国により厳重に管理されている点に大きな特徴があります（発票についてはQ81参照）。

　増値税の申告は，納税額の大小などによって申告期間が異なりますが，通常は毎月申告として当月分を翌月の15日までに申告納付する必要があります。

1　増値税の概要

　増値税とは，財貨・役務の取引により生じる付加価値を課税対象とする流通税であり，日本の消費税やヨーロッパ諸国の付加価値税に相当する税で，中国の税収において最も重要な位置を占める税になっています。なお，従来は課税対象が国内物品販売および物品輸入，加工・修理等に関する役務提供のみに限られており，サービス取引等については営業税の課税対象となっておりましたが，2012年より段階的に，それまで営業税の対象となっていた役務提供取引等が増値税の対象となりました（営業税から増値税への改革という意味で，「営改増」といわれています）。当該改革に伴い，2016年5月1日付けで，従来の営業税対象取引（販売サービス（役務提供），無形資産，不動産の販売）については全て

増値税の課税対象範囲に含まれ，過去，増値税と合わせて，中国における2大流通税と呼ばれていた営業税は完全に廃止され，現在は増値税に一本化されています。

　増値税は，増値税暫定条例と実施細則に基づいて1994年1月1日より施行されました。1994年の税制改正以前は，外資企業は工商統一税が適用されており，増値税は適用されておりませんでしたが，内資企業と統一が図られ，同じく増値税が適用されることになりました。

　2012年から2016年では，前述のとおり，歴史的にも一大改革として営改増改革がなされ，従来の営業税課税対象取引の全てが，対象地域・対象業種を段階的に拡大の上，増値税の課税対象へと一本化されました。その後も2018年には，更なる増値税改革の深化として，中国政府が引き続き市場，特に製造業，小型企業等の税負担の軽減を図り，ビジネス環境の改善を図るべく，税率の変更や一般納税人の認定基準などの改正が行われ，2019年に入ってからも中国政府により市場の活性化を図ることを目的として大規模な減税政策が提示され，その中でも一連の重大な増値税政策として，更なる税率の変更や一部の仕入増値税控除の拡大および特定業種に係る控除可能な仕入税額の10％の追加控除策などが規定され，2019年4月1日より施行されております（Q75およびQ78参照）。

　このように，増値税の法的根拠が「暫定」条例に基づくことからも，将来の増値税法の起草のために，頻繁に通達等が公布され改正が行われており，中国の経済的な変化に合わせて制度も柔軟に変化しています。

Q74　増値税の納税義務者について

　増値税を申告納付しなければいけない人はどういう人ですか。納税義務者について教えてください。

　中国国内において，以下の①〜⑤の取引を行う法人・個人は増値税の納税義務者となり申告・納付が必要となります。

① 　物品の販売

② 　加工，修理補修役務の提供（以下，「労務」）

③ 　物品の輸入

④ 　サービス（役務提供）の販売

⑤ 　不動産・無形資産の譲渡

　また海外の会社や個人で，中国国内に経営施設のないものが，当該取引を行う場合は，その取引の対価を支払う者が源泉徴収義務者となり，支払いの際に増値税について源泉徴収（支払対価から控除）を行い，当該者の代わりに増値税を納付する必要があります。

　上述の①〜③については従来からの増値税の課税範囲であり，④〜⑤については営改増改革で，従来の営業税課税範囲が増値税の課税範囲に組み入れられたものです。なお，日本の消費税法上は，法人・個人にかかわらず，課税売上高が一定規模（通常1,000万円）を超える場合に消費税の納税義務者となります。中国でも一定期間の課税売上が各地域で定められる基準以下の場合には，納税義務が免除されるものがありますが，適用範囲は，個人・小規模納税者（Q77参照）のみに限定されており，かつ，その基準は数万元単位と非常に小額なことからも，基本的には中国にて事業を行う法人・個人は納税義務が生じることとなります。

1　納税義務者

　現行の増値税の納税義務は以下のとおりとなっています。

　「中国国内において，物品の販売または加工，修理補修労務の提供（以下，「労務」），販売サービス，無形資産，不動産の販売及び物品の輸入をする組織単位及び個人は，増値税の納税義務者となり，本条例に基づき増値税を納付し

なければならない。」─中華人民共和国増値税暫定条例第一条

　増値税の課税対象とされる取引は，従来は，「中国国内における物品販売，加工・修理・補修に関する役務提供，物品輸入」といった有形動産に関わる取引のみでしたが，「営改増」により従来は営業税の課税対象であった「中国国内における販売サービス，無形資産，不動産の販売」についても全て増値税の課税対象に変更され，2017年12月1日に正式に，従来の営業税暫定実施条例が廃止され，改正公布された増値税暫定実施条例の中で，「営改増」による従来の営業税課税対象取引についても増値税の課税範囲として明記されることとなりました。

　ただし，実務上は，複雑な改正の背景から，主要な規定（各規定の定義など）を定めたものは下記に大別され，実務上の詳細な判断をする際の根幹規定となっております。

取引区分	根幹規定
物品の販売・労務・物品の輸入 （従来からの増値税課税項目）	・　増値税暫定条例（国務院令2008年538号） ・　増値税暫定条例実施細則（財政部国家税務総局2008年50号令）
販売サービス，無形資産，不動産販売 （従来の営業税課税項目）	・　財税2016年36号（全面的な増値税改革試行の推進に関する通知（以下，36号文））

2　国内取引の判定基準

　納税義務を判断するにあたり，その取引が「中国国内において」として中国国内取引に該当するか否かの判断基準は，それぞれの取引に応じて次のようになっています。

番号	物品販売／増値税課税行為	国内取引の判断基準
1	物品の販売	物品の発送元または所在地が中国国内にあること
2	労務	労務が中国国内で発生していること
3	①　販売サービス（不動産のリースを除く）	販売側または購買側が中国国内にいること（注） 　（注）　ただし，以下の場合には，中国国内にお

			けるサービスまたは無形資産および不動産の販売に含まれない。 ▶ 中国国外の機構または個人が，中国国内の機構または個人に対し，完全に中国国外で消費されるサービスもしくは無形資産を販売する場合 ▶ 中国国外の機構または個人が，中国国内の機構または個人に対し，完全に中国国外で使用される有形動産をリースする場合 ▶ 中国国外の機構または個人が行う以下の行為 ・ 国外に送る書類や荷物に対して国外で提供する郵政サービスおよび集荷配達サービス ・ 国内の単位または個人に対し提供するプロジェクト施行地が国外にある建設サービス，監督管理サービス ・ 国内の単位または個人に対し提供するプロジェクトや鉱産資源が国外にある調査探察サービス ・ 国内の単位または個人に対し提供する会議展覧場所が国外にある会議展覧サービス ▶ 財政部及び国家税務総局が規定するその他の場合
	② 無形資産（天然資源使用権を除く）の販売		
4	不動産の販売またはリース		販売またはリースされる不動産が中国国内にあること
5	天然資源使用権の販売		販売される天然資源使用権に関連する天然資源が中国国内にあること

　上述の取引を行う組織単位および個人は増値税の納税義務者となります。したがって，たとえば販売サービスなどについては従来の営業税課税対象取引の名残から「販売者または購買側が中国国内にいること」が国内取引の判断基準とされるため，役務提供地が中国国内でなくとも，日本の親会社など，中国企業と取引をする企業などは，増値税の納税義務者となる点に注意が必要です。

　なお，中国国外の組織単位および個人が増値税の課税取引を行う場合において，中国国内に経営施設を設けていないものは，当該増値税の課税取引の購入

者（支払者）は，その支払いの際に当該増値税について源泉徴収をする義務を
負うこととなります。

Q75 増値税の適用税率

増値税の適用税率を教えてください。

Answer

増値税の税率は取引ごとに税率が異なります。日本の消費税と異なり現行は
複数税率となっているため，取引に応じて適正な税率を適用することが求めら
れます。

1 適用税率

増値税の適用税率は昨今でも頻繁な改正が行われており，2018年5月1日よ
り，増値税改革の更なる深化として，2018年4月4日付で「増値税税率の調整
に関する通知」（財税［2018］32号）が公布され，従来の17％，11％の税率が適
用されていたものについてはそれぞれ16％，10％に変更されました。更には，
2019年に入り，2019年3月20日付で財政部，国家税務総局，税関総署公告2019
年第39号（「39号公告」）が公布され，当該16％，10％の税率が適用されていた
ものについては，2019年4月1日より更にそれぞれ13％，9％まで変更されて
おり，今後も増値税率の更なる簡素化・税率の統合などの改正が予想されてお
ります。

適用税率については，基本的に取引ごとに，納税義務発生日（Q76参照）が
税率変更の適用日前後かで判断されます。なお，過去の税率変更の経験から，
中国では，日本の消費税の税率改定の際にみられるいわゆる経過措置（契約日
が一定の指定日前であれば，税率変更の効力発生日後の取引であっても旧税率を適用で
きるなど）といった措置がなく，大原則どおりに納税義務発生日での判断とな

り，かつ，税率変更の発表があってから，一ヶ月足らずで適用税率の変更の効力が発生してしまうということも珍しくないため，納税義務者にとっては，ビジネスへの影響試算など早急な対応が求められるという点も中国ならではのスピード感といえます。

なお，2019年4月1日以降の取引ごとの適用税率をまとめると以下のとおりとなります。

番号	物品販売／増値税課税行為	増値税税率
1	納税者の物品，労務，有形動産リースサービスの販売または物品の輸入（第2項，第4項，第5項に別途規定するものを除く）	13% （2019年3月31日までは16%）
2	納税者の交通運輸，郵政，基礎電信，建築，不動産リースサービスの販売，不動産の販売，土地使用権の譲渡，以下の物品の販売または輸入： 　1　穀物等の農産品，食用植物油，食用塩 　2　水道水，暖気，冷気，熱水，ガス，液化石油ガス，天然ガス，ジメチルエーテル，メタンガス，住民用石炭製品 　3　図書，新聞，雑誌，オーディオビジュアル製品，電子出版物 　4　飼料，化学肥料，農薬，農機，農業用フィルム 　5　国務院が規定するその他の物品	9% （2019年3月31日までは10%）
3	納税者のサービス，無形資産の販売（第1項，第2項，第5項に別途規定するものを除く）	6%
4	特定の納税者（例えば：小規模納税者（詳細はQ77参照））と特定の取引（例えば：特定の公共交通サービスの提供等）に適用される徴収率	3% （徴収率）
5	納税者の物品の輸出，国内企業及び個人による，国務院が規定する範囲内のサービス，無形資産のクロスボーダー販売（ただし，国務院が別途規定する場合を除く）	0% （別途"免税"という概念あり （詳細はQ79参照）

Q76　納税義務の発生日

　税率変更のタイミングや各納税期間（通常は1ヶ月）に，どの取引が，その納税期間の申告納税対象になるかの判断のため，納税義務の発生日について教えてください。

Answer

　納税義務の発生日は，取引ごとに複雑に規定されているため注意が必要であり一概にはいえませんが，実務上は，大きな考え方として，"会計上の収益計上時期"と"発票発行の日"のいずれか早い日が納税義務発生日となります。税務局のシステムの発展の経緯により，発票発行主義で申告をすべきと勘違いされがちですが，発票未発行の場合でも納税義務が生じ，申告が必要な場合もありますので，注意が必要です。

1　納税義務の発生日

　納税義務の発生日は，実務上，取引区分や販売方式により詳細に規定が定められており複雑となりますが，まとめると以下のとおりとなります。

取引区分	納税義務の発生日		
	原則	詳細規定	
国内取引にかかる増値税	次のいずれか早い日 ①　代金回収日 　（※右記） ②　代金回収権利確定証憑の取得日 　（※右記） ③　発票発行日	（※）　左記①代金回収日②代金回収権利確定証憑の取得日については取引内容および販売方式などにより以下のように細かく定義されている。	
		物品の販売・加工・修理・補修労務（従来からの増値税課税項目）－増値税暫定条例実施細則第38条	①代金回収日②代金回収権利確定証憑の取得日は販売方式により異なる。具体的には以下のとおり。 （一）　直接受領方式で物品を販売する場合： 　　物品が発送されたかにかかわら

			ず，販売代金の受領または販売代金取立証憑取得の当日。
			（二）　代金回収委託と銀行委託回収方式で物品を販売する場合： 　　物品が発送され，かつ委託回収手続きを行った当日。
			（三）　掛売と分割回収方式で物品を販売する場合： 　　書面の契約書で約定する代金受領日を当日とし，書面の契約書がない，または代金受領日を約定していない場合は，物品を発送した当日。
			（四）　代金前受け方式で物品を販売する場合： 　　物品を発送した当日。ただし，生産販売，生産工期が12ヶ月を超える大型機械設備，船舶，飛行機等の物品は，前受金の受領または書面の契約書で約定する代金受領日の当日。
			（五）　その他の納税人に委託し物品を代理販売させる場合： 　　代理販売組織の代理販売明細または代金の全額または一部を受領した当日。代理販売明細及び代金を受領していない場合は，代理販売物品を発送して満180日目を当日とする。
			（六）　課税労務を販売する場合： 　　労務提供と同時に販売代金の受領または販売代金取立証憑取得の当日。
			（七）　納税人に物品販売と見なす行為が発生した場合： 　　物品を移送した当日。
		販売サービス，無形資産，不動産の	（一）　原　　則 　①　代金回収日とは，取引の途中ま

		販売（営改増改革による旧営業税課税項目）－財税2016年36号付属文書1の第45条	たは取引完了時に代金を受け取った日をいう。 ②　代金回収権利確定証憑の取得日とは，書面による契約書で約定した代金支払期日をいい，書面による契約がない場合または，契約書において代金支払期日の定めがない場合は，サービス提供完了日，無形資産の譲渡完了日，不動産の権利変更日とする。 （二）　代金前受け方式で建築サービス，リースサービスを提供する場合： 　　前受代金を受領した日の当日。 （三）　金融商品の譲渡を行った場合： 　　金融商品の所有権が移転した当日。 （四）　みなし課税サービス・不動産・無形資産の譲渡を行った場合： 　　課税サービスの提供完了日，無形資産の譲渡完了日，不動産の権利変更日の当日。
源泉徴収増値税	上記の国内取引の場合の納税義務発生日に準ずる		
輸入増値税	通関輸入日		

Q77 一般納税者と小規模納税者

　増値税の納税義務者は，一般納税者と小規模納税者に大きく
区分されると聞きました。
　それぞれの概要について教えてください。

Answer

　増値税の納税義務者はその規模に応じて，「一般納税者」と「小規模納税
者」に区分されます。この区分に応じて，適用税率や税額計算方法および発行
できる発票などが異なります。なお，2018年5月1日から判定基準が改正され
ています。

1　一般納税者

　一定の課税売上額（後述の表参照）があり，国家の統一的な会計制度の規定
に基づいた帳簿を設けており，かつ，合法的かつ有効な証憑に基づいた計算が
可能である場合には，一般納税者の資格を申請することができます。一般納税
者となった場合には，増値税専用発票の管理に関して広範囲にわたる規則を遵
守しなければなりませんが，一般納税者の資格を与えられた場合には，仕入に
伴い支払った仕入増値税を売上増値税から控除することが可能となります。ま
た自ら増値税専用発票を発行できます。例えば，生産型の会社を設立する際に
は，まだ工場が稼働しないうちには売上が生じないものの，将来発生する売上
から生産準備段階で購入する多額の設備について税額控除の適用を受けるため
には早い段階で一般納税者の資格を得ておくことが必要になりますので，留意
が必要です。

2　小規模納税者

　一定の課税売上額（後述の表参照）以下の納税義務者は小規模納税者を選択

することができます。小規模納税者は，一般納税者と違い，仕入に関する増値税を売上増値税から控除できません。また基本的には自ら増値税専用発票の発行ができません（税務機関にて代理発行は可能）が，簡易課税方式として，低い徴収率（原則3％）での増値税の納付が認められています。

3　一般納税者と小規模納税者の判定基準

従来は，工業企業，商業企業，"営改増"サービス企業（2012年に"営改増"試験が開始されるまで営業税が適用されていた企業）には，以下のとおり，それぞれ異なる一般納税者の年間課税売上高の認定基準が適用されていましたが，2018年5月1日以降，「増値税小規模納税者の基準の統一に関する通知」（財税〔2018〕33号）の公布により，一般納税者の認定基準は，年間の課税売上高が500万元超として統一されることとなりました。

一般納税者の類型	従来	2018年5月1日以降
工業企業	50万元超	500万元超に一本化
商業企業	80万元超	
"営改増"サービス企業	500万元超	

Q78　税額計算について

増値税の納税義務者ごとに税額計算が異なると聞きました。それぞれの計算方法について教えてください。

Answer

1　小規模納税者の税額計算

小規模納税者の増値税徴収率は一律で3％（一部，1.5%～5%の特例あり）と

されており，納税額は以下のように計算されます。仕入に関する増値税は売上増値税から控除できず，また後述する輸出取引に係る還付も認められていません。

> 納付税額＝売上高（税抜）(注1)×徴収率
> 　（注1）　売上高は，基本的に購入者から取得する全ての対価および価格外費用（手数料・賠償金・延滞利息など）を含み，売上増値税は含まない概念とされている（以下同じ）。

2　一般納税者の税額計算

　一般納税者の場合，納税者の課税対象取引の販売（物品販売，労務，販売サービス，無形資産または不動産の販売等）から生じた納税額（売上増値税額）から，課税対象取引の購入（物品購入，労務，課税サービスの受領，無形資産または不動産の購入）の際に生じた納税額（仕入増値税額）を控除して計算されます。なお，一般納税者の税率は，Q75の表のとおりです。

> 納付税額＝当期売上増値税額(注2)－（当期仕入増値税額－控除不能額(注2)）
> 　（注2）　売上高（税抜）×税率（Q75参照）
> 　（注3）　仕入増値税のうち，売上増値税から控除できないもの（Q79参照）

　なお，売上増値税から控除しきれない仕入増値税（控除が可能なもののみ）については，後述する輸出取引を除き，基本的には還付を受けられず，翌納税期間に繰越をして控除されることとなります。この点は，日本の消費税とは少し異なる点です。ただし，近年は特定の納税者（例えば，大型旅客機の研究開発プロジェクトに従事する企業）及び業種（例えば，IC産業）について，超過仕入増値税額の還付が行われるようになっており，国務院の李克強総理が2018年3月28日に主催された国務院常務会議において，超過仕入増値税の還付についての適用範囲を「設備製造等の先進製造業」「研究開発等の現代サービス業」「電力網企業」に広げることを決定したことからも，更なる適用業種等の拡大が期待されています。2019年に公布された「39号公告」では，一定の要件を満たす納税

義務者は2019年4月1日から，増値税の期末超過仕入増値税の一定の増加額に係る還付を行うことができる制度も試行されています。

　また，仕入増値税のうちQ79で後述する，控除不能額については売上増値税から控除できる仕入増値税から除外する必要があります。当該部分については企業のコストに振り替える必要があり実務上，この部分の金額は中国語で"转出額"，英語では通常"Transfer out"と呼ばれています。

3　源泉徴収義務者の税額計算

　中国国外の組織単位および個人が増値税の課税取引を行う場合において，中国国内に経営施設を設けていないものは，当該課税取引の購入者（支払者）が，その支払いの際に当該増値税について源泉徴収をする義務を負うこととなり，その税額計算方法は以下のとおりです。

> 源泉徴収による納付税額＝支払価額÷（1＋税率）×税率

　なお，当該源泉徴収による納付税額の納税義務者は本来中国国外の組織単位および個人ですが，支払者が一般納税者であれば，一定の要件をもとに，Q79で後述する控除可能な仕入増値税として支払者の売上増値税から控除が可能です。したがって，実務上は契約書上で，両者間の取決めで当該部分の負担者は支払側とするといったことも行われているため中国国外の組織単位および個人との契約時には留意が必要な項目の一つです。

4　輸入増値税の税額計算

　Q74で述べたとおり，中国国内に物品を輸入する組織単位および個人は増値税の納税義務者となり，通関申告時に輸入増値税を計算し申告納付する必要があります。その税額計算方法は以下のとおりです。

> $$\text{輸入増値税納付税額} = \left(\text{関税課税価格} + \text{実際納付した関税額} + \text{実際納付した消費税額} \right) \times \text{増値税税率}$$

算式をみてわかるとおり，実際に納付した関税額や消費税額（ここでいう消費税額は，日本の消費税とは異なり，中国で一定の特定物品にのみ課される日本の従来の物品税に相当する税目です）が，輸入増値税の納付額に影響するため，たとえば関税等について税関より調査があり追加で納付が必要となった場合には輸入増値税についても追加で納付が必要になるため留意が必要です。

　なお，当該輸入増値税についても，Q79で後述する，控除可能な仕入増値税額として売上増値税から控除することが可能です。

Q79　仕入増値税

　一般納税者となる場合に，売上増値税から仕入増値税を控除して納付額を計算するということですが，仕入増値税の控除の方法について何か留意点はありますか。

Answer

　仕入増値税については，インボイス方式により，増値税専用発票等の証憑に記載のある増値税を売上増値税から控除することができますが，増値税専用発票については取得したあとに，「認証」という税務局システム内部の発票情報との真実性についての照合作業が成功して初めて，控除が可能となります。認証手続きは発票の発効日から従来は180日以内にしなければなりませんでしたが，国家税務総局公告2017年第11号の公布を受けて2017年7月1日より認証期間は180日から360日に緩和されています。また，取引内容に応じて，そもそも控除ができないものもあり，当該控除不可能項目については，企業のコストに振替えをする必要があるため，仕入増値税を発生させた取引内容を確認し，控除可能かどうかについても判断が必要となります。更に，2019年に公布された「39号公告」では，一部の仕入増値税控除の拡大および特定業種に係る控除可能な仕入税額の10％の追加控除策などが規定されました。

1 控除可能な仕入増値税額の範囲

　一般納税者が課税対象取引を購入等することにより，支払ったまたは負担した増値税額は仕入増値税額とし，売上増値税額から控除することができます。仕入増値税額として売上増値税額から控除するためには，以下の増置税税額控除証憑により仕入増値税額を明らかにし，定められた額の範囲で控除することが必要となります。

＜仕入増値税税額控除のための証憑＞

①　販売者より取得する増値税専用発票（機動車販売統一発票も含む，下記同様）に明記された増値税額
②　税関から取得する税関輸入増値税専用納付書上に明記された増値税額
③　農産物購入領収書または販売受領書に明記されている農産物の購入価格から9％の控除率により計算された仕入税額（購入価格×控除率9％（2019年3月31日までは10％））
④　国外の組織単位または個人から労務，サービス，無形資産または国内不動産を購入する時に，提供者に支払を行った際に税務当局または源泉徴収義務者から入手した源泉徴収納税証明書に記載された増値税額

　なお，納税者が課税対象取引を購入する際に取得した増値税税額控除用証憑が法律，行政法規または国務院主管部門の関連規定に合致していない場合には，その仕入増値税額は売上増値税額より控除してはいけないことが規定されています。

2 控除不能な仕入増値税額の範囲

　次のような項目に係る仕入増値税額はたとえ増値税専用発票などを取得したとしても売上増値税から控除をすることができないため，増値税の申告書上で控除の対象としないように注意が必要です。これは増値税のそもそもの概念が，付加価値税であり，対応の原則として売上増値税に対応する仕入増値税のみを控除の対象にしようということから，売上と対応関係のない仕入増値税については控除を認めないというものです。また当該部分は企業のコストへ振り替える必要があり，企業の損益に影響する点も注意が必要です。

<中な控除不能な仕入増値税額の項目>

①	簡易課税方式適用項目・増値税免税項目，集団福利もしくは個人消費（納税人の交際費を含む）に用いるために購入した物品，労務，サービス，無形資産と不動産
②	非正常損失 (注) となった購入物品および関連する労務および交通運輸業サービス
	(注) 非正常損失とは管理の不備による物品の盗難，紛失，腐敗，変質および法律法規に違反したことにより法に基づき没収，廃棄，解体された物品または不動産による損失をいいます（以下同じ）。
③	非正常損失 (注) となった仕掛品，完成品用に消耗される購入物品（固定資産を含まない），労務および交通運輸業サービス
④	非正常損失 (注) となった不動産およびそれに消耗された購入物品，設計サービスおよび建設サービス
⑤	非正常損失 (注) となった不動産の建設工事中にそれに消耗された購入物品，設計サービスおよび建設サービス
⑥	購入された旅客運輸サービス，貸付サービス（貸付者に支払う当該貸付と直接関連する投資顧問手数料，手数料，コンサルティング等の費用を含む），飲食サービス，日常サービス，娯楽サービス
⑦	財政部および国家税務総局が規定するその他の状況

　2019年に公布された「39号公告」により，上述の⑥の旅客運輸サービスのうち，"国内旅客運送サービス"については2019年4月1日以降，納税者が相応の証憑を入手できれば，当該サービスに係る仕入増値税額を控除できるようになりました。従来は，たとえビジネス目的で発生した交通費であっても，その仕入増値税額を控除することはできなかったため，長らく，増値税の仕入税額控除政策の緩和を求める声がありましたが，ようやく39号公告でその緩和が図られたことになります。ただし，当該サービスについては通常増値税専用発票の発行がされていないため，仕入増値税額については，「39号公告」の中で入手すべき証憑に応じて次の表のように規定されております。

入手すべき証憑	仕入増値税額	備考
増値税専用発票	専用発票に記載された税額	
増値税電子普通発票	発票に記載された税額	
航空運輸電子チケット	（運賃＋燃料付加費）÷（１＋９％）×９％	旅客の識別情報の記載が必要である
鉄道チケット	額面金額÷（１＋９％）×９％	
道路，水路等のその他の交通チケット	額面金額÷（１＋３％）×３％	

3　特定業種に係る控除可能な仕入増値税額の10％の追加控除策

　2019年に公布された「39号公告」の中で，2019年４月１日から2021年12月31日まで，納税者が以下の４つの増値適格サービスを提供する場合，控除可能な仕入増値税額に加えて，その10％の仕入増値税額を追加控除できる措置が規定されました。これは，2019年４月１日より増値税税率が更に引き下げられたこと（詳細はＱ75を参照）に伴い，いわゆるサービスを提供する会社は，物の購入をする際の仕入増値税額が減少する一方で，売上増値税の税率に変更がない（サービス業については６％の据え置きとなっている）ことによる実質増税となってしまうという潜在的な影響を予想し，そのような影響を減じるための措置と考えられます。

＜適格サービス （注）＞

郵政サービス	電信サービス
現代サービス	生活サービス

（注）　４つのサービスの具体的な範囲は「サービス，無形資産，不動産の販売に係る注釈」（財税［2016］36号）に基づき判定することとなります。

　「39号公告」では，追加控除政策の適用を受ける納税者が満たすべき条件として，次のことを規定しています。

　▶　納税者は，その年度に初めて追加控除政策の適用を確認する際，電子税務局（或いは税務局のサービスホール）で「追加控除政策の適用に係る声明」を提出する

▶ 納税者が上記の４つのサービスの提供によって取得する売上高は全売上高の50％を超える

▶ 10％の追加控除額は，当期の控除可能な仕入増値税額に基づいて計算する。追加控除の対象となるのは控除可能な仕入増値税額であり，全ての仕入増値税額ではない

▶ 貨物・労務の輸出，クロスボーダー課税行為（サービスの輸出）には追加控除政策は適用されない

▶ 納税者が４つの適格サービスの提供と貨物・労務の輸出，クロスボーダー課税行為を兼営し，追加控除の対象とならない仕入増値税額を区分できない場合，売上高の割合で按分する

▶ 控除しきれない追加控除額は，追加控除政策の適用期間の満了時（即ち，2021年12月31日）まで，翌期に繰り越して引き続き控除することができる

Q80 輸出取引と増値税の計算

輸出の際の増値税の実務について教えてください。また"ゼロ税率"と"免税制度"の違いについても教えてください。

Answer

1 ゼロ税率と免税制度

営改増改革により，中国国内から中国国外へのサービスの販売，無形資産の販売等（"サービス等の輸出"）にも，増値税ゼロ税率もしくは増値税免税政策が適用されることとなったため，中国からの輸出取引については，現在，その性質として従来の増値税対象である"物品・労務の輸出"および旧営業税の課税対象であった"サービス等の輸出"の二つに大別できます。なお，当該輸出については，"物品・労務の輸出"および"サービス等の輸出"のいずれも，それぞれ"増値税率がゼロ税率"となるものと"増値税が免税"となる項目に大

きく分かれます。当該"ゼロ税率"と"免税"はいずれも売上高に対して増値税は課されない点では同じですが，増値税の納付額を計算する際に，その輸出に紐づく仕入にかかる仕入増値税を控除もしくは還付に使用できる"ゼロ税率"に対して，"免税"が適用される輸出については当該仕入増値税については控除・還付に使用できず，Q79で述べた控除不可能な仕入増値税額として企業のコストに振り替えなくてはならない点が異なります。また"ゼロ税率"の適用できる輸出取引は，仕入増値税額について，一定の還付が認められておりますが，当該還付の計算方法についても生産企業および貿易企業に分別された上で，「免税・控除・還付」および「免税・還付」という方法により計算がされ，増値税の計算の中でも非常に複雑となります。

なお，当該部分の取扱いをまとめると以下のようになります。

＜輸出取引の取扱いまとめ＞

税率	適用納税人区分	還付		当該輸出に係る仕入増値税の取扱い	手続
		企業分類	輸出還付の計算方法		
ゼロ税率（"物品・労務の輸出"および"サービス等の輸出"）	一般納税者のみ	生産型企業	「免税・控除・還付」	① まず他の売上増値税から控除 ② 控除できない分を還付	① 輸出通関日の翌月から各月申告（必要情報の入力） ② 輸出＋会計上売上を認識した年の翌年4月30日までの増値税申告期限）までに正式申告
		貿易企業（生産能力のない輸出企業）	「免税・還付」	還付（他の売上増値税からは控除できない）	
免税（"物品・労務の輸出"および"サービス等の輸出"）	一般納税者および小規	売上が免税となるのみで還付はされない		控除不能な仕入増値税としてコストに振替が必要	物品の輸出等：届出不要（上述のゼロ税率の適用手続が期限内に完了しなかった場合や，一定の届出によりゼロ税率を放棄した場合も免税となる（ただし放棄については適用後36ヶ月間は再度ゼ

	模納税者			ロ税率を適用できないという制限あり） サービス等の輸出：クロスボーダー課税取引にかかる免税届出表等の提出が必要（期限は地域により異なる）

　上述の輸出還付の適用方法や計算方法などは，物品の輸出等（ゼロ税率および免税を含む）を定めた「輸出物品労務にかかる増値税および消費税政策に関する通知」（財税［2012］39号），サービス輸出等については，主に，「全面的な増値税改革試行の推進に関する通知」（財税〔2016〕36号文）の付属文書4（クロスボーダーの課税行為に対する増値税ゼロ税率および免税政策の適用に関する規定）および「営業税に代わる増値税の徴収におけるクロスボーダーの課税行為に係る増値税免税管理弁法（試行）」（国家税務総局公告［2016］29号）に基づいて適用対象かどうかを判断することとなりますが，届出などが要件となっていない日本の消費税の輸出免税と異なり，中国では，上記の表のように，基本的に届出や申告を正しくしない限りは，当該取引がたとえ"ゼロ税率"または"免税"の適用を受けられるものであったとしても課税取引となってしまう点について留意が必要です。なお，一方で，納税者の選択として，本来，ゼロ税率または免税の適用を受けられる取引であっても，その適用を放棄し，免税または通常の課税取引として処理することもできます。その場合には一定の手続きが必要となり，また，36ヶ月間当該放棄をキャンセルすることができないため，仕入増値税額控除の金額などをシミュレーションして，企業にとって有利な選択をすることが必要となります。

2　ゼロ税率取引の場合の還付

　輸出取引のうち上述の"ゼロ税率"については還付の対象となり，当該輸出に係る仕入増値税は輸出還付率に基づいて還付されます。ただし，輸出還付率に基づき還付がされる制度となっているため，通常は，全額が還付されるので

はなく，還付不能の部分は企業のコストとなる点も特徴的です。

　ここでいう輸出還付率とは，財政部または国家税務総局が毎年，物品の種類によって決定されるもので，現行上は，0％・6％・9％・10％（2019年4月1日以降は9％）・13％・15％・16％（2019年4月1日以降は13％）となっており，通常は，実際に納付した税率よりも低いため，還付不能の部分については企業のコストとなります。例えば，輸出還付率が13％，実際徴税率が16％であれば，差引の3％部分は少なくともコストになります。このような制度設計は日本と大きく異なっており，違和感を感じる方も多いところです。日本においては輸出を行う場合に，輸出品に関して国内ですでに課税された消費税については基本的に全額還付を申請することができます。

　なお，輸出還付税率はマクロ情勢等に鑑みて過去調整されてきました。直近の動向では輸出促進政策により引き上げられる傾向にあり，還付不能分としての企業のコストは減少する方向にあります。

　また，以下にて，貿易企業と生産型企業の場合に分けて，還付の計算方法を簡単に紹介します。

(1) 貿易企業の場合

　貿易企業の場合は，「免税，還付」方式により輸出税額還付が計算されます。貿易企業においては，輸出向けと国内向けの商品を分けて管理することが可能なため，商品仕入税額に対して還付税額が計算されます。

輸出売上に関する売上増値税	免税
輸出売上に関する仕入増値税 ・　輸出売上に関する商品等の仕入にかかる仕入増値税額 ・　輸出売上に関する商品等の仕入にかかる還付税額	商品等仕入価額×適用税率 商品等仕入価額×還付率

　したがって，商品仕入価額×（適用税率−還付税率）の部分については企業のコスト負担になります。なお，物品の輸出の場合，一般的には徴税率16％（2019年4月1日以降は13％），還付税率11％ですので，差の5％についてはコストとなります。

⑵　生産型企業の場合

　生産型企業の場合は，貿易企業の場合よりも考え方が少々複雑になります。生産型企業の輸出増値税の仕組みについては，「免税，控除，還付」方式が適用されます。すなわち，輸出売上に関する売上増値税は免税され，仕入増値税は国内販売の売上税額から控除され，さらに控除しきれない部分については還付されます。

輸出売上に関する売上増値税	免税
輸出売上に関する仕入増値税 ・　　国内原材料等仕入にかかる仕入税額 ・　　免税原材料等仕入にかかる仕入税額 ・　　輸出売上に関する商品等の仕入税額還付額	 原材料等仕入価額×適用税率 免税 （輸出売上高―免税仕入原材料等） ×還付率

　生産型企業の場合には，輸出売上にかかる原材料だけを把握することが困難であるため，貿易企業のように直接仕入価格から還付金額を算出する方法がとられていません。還付金額は，輸出売上に関連する原材料仕入額から計算せずに，輸出売上高，すなわち輸出FOB価格を代入する形で計算されます。なお，免税で仕入れた原材料等はそもそも仕入税額を負担していませんので，輸出売上高から控除され，（輸出売上高－免税仕入原材料等）×還付率として求められます。

　したがって，還付される部分以外の部分である，（輸出売上高－免税仕入原材料等）×（適用税率－還付税率）で計算される部分については，免除控除不能税額となり，企業のコスト負担となります。

　国内売上もある場合において，納付税額の式は以下のとおりとなります。

> 当期納税額＝当期国内販売売上税額－（当期仕入税額－免除控除不能税額(注)）
> （注）　免除控除不能税額＝（輸出売上高－免税仕入原材料価額）×（徴税率－還付率）

Q81　発　票

発票とは何ですか？

Answer

　発票は，中国での会計・税務実務において，取引の事実を示す重要な証憑です。

　発票は，商品の売買，役務の授受等の営業活動において，代金等の授受がされたことを示すための書類による証明であり，財務収支の法定根拠となり，会計の原始証憑，監査機関・税務機関の検査のための重要な根拠となるものです。税務上は発票をもって税収徴収管理がなされており，実務上，原則として発票がなければ税務上の費用として損金算入・増値税における仕入控除が認められないため，税務局が増値税・企業所得税等を漏れなく徴収するための意義が大きくなっています。

　なお，発票は，インボイスと訳されたり領収書と訳されたりしますが，取引の慣習により，どちらか一方の請求書・領収書のどちらかの性格を有していたり，あるいは，その双方の性格を有する場合もあります。一般的には，発票は金銭の受領の際に発行されますが，請求の時点で発行される場合もあります。なお，発票の他に，請求だけ求める通知書として，「帳単」あるいは「請款単」と呼ばれるものがあります。また，金銭の領収を示す役割の書類としては「収据」というものがあります。これらはいずれも発票とは異なるものです。例えば，取引先に代金を支払った際に，領収を示す証拠として「収据」を入手する場合がありますが，「収据」をもって増値税の仕入増値税額の控除等に使用することはできません。

　発票には，大きく分けて増値税専用発票と普通発票の２種類（以下，図参照）があります。タイトル以外の見た目は，ほぼ同じですが，証憑としての意味合いが大きく異なります。

それぞれの特徴をまとめると以下のとおりとなります。

<発票区分による取扱いまとめ>

発票区分	発行主体	主な発行 禁止項目	企業所得税 損金算入	増値税仕入 税額控除
専用発票	一般納税者（小規模納税者は，一部業種の自主発行を除き，税務局で代理発行可能）	・ 個人消費者に対する課税取引 ・ 免税取引・輸出還付取引 ・ 金融商品の譲渡	○ （証憑として使用可能）	○ （控除可能）
普通発票	一般納税者・小規模納税者の両方	特になし	○ （証憑として使用可能）	× （控除不可）

　また，発票のデータは税務局のシステムとつながっており，厳重に管理されています。このシステムは金税システムと呼ばれ，1994年に流通税に関して大きな税制改革を行った際に，徴税面の実務上の仕組みを担保するために設けられました。企業は，発票を発行するに当たり，金税システム（ソフトウェア，USBメモリ装置，発票印刷用のプリンタ）を備えると共に，企業の会計担当資格を有する担当者に，税務当局の主催するトレーニングを受講させる必要があります。また，税務局側では偽の発票を検出する手段として，ホームページ上で発票番号等を入力の上検索することが可能なシステムも備えています（参考ホームページ　http://etax.szgs.gov.cn/nsywgl/gxhfw/fpzwcx/fpzw_one.jsp）。

<増値税専用発票の例>

<増値税普通発票の例>

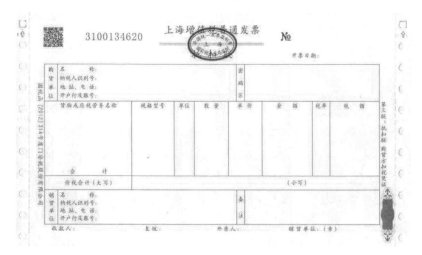

Q82 付 加 税

　増値税に関連して付加税というものがあると聞きました。当該付加税の概要について教えてください。

Answer

　中国では，増値税・消費税・旧営業税（2016年5月1日より廃止）の納付額を課税標準として課される税金として付加税と呼ばれるものがあります。当該付加税は大きく，都市維持建設税，教育費付加税および地方教育付加税の三つに大別され，税率は企業の所在地により異なりますが，通常は増値税等の納付額に対して，全体で6％～12％で課税がされます。

1　付 加 税

　都市維持建設税は，都市建設に特定して使用される目的税です。また，教育費付加税および地方教育付加税は教育事業の発展に特定して使用される目的税です。

　以前は，外資企業は都市維持建設税および教育付加税の課税対象とはなっておりませんでしたが，2010年12月1日以後からは内資企業との統一が図られ，課税されるようになりました。また，地方教育付加税はその徴収が各地方政府の裁量に任されていましたが，2011年1月からは全ての組織において順次徴収の統一が図られました。これにより，外資企業，内資企業に区別なく，統一的に都市維持建設税，教育費付加税および地方教育付加税が課税されるようになりました。

　なお，各税額は以下のとおり計算されます。

> 付加税納付額＝納付した増値税，旧営業税，消費税の合計額×税率

　各徴収率は，次のとおりです。

税目	税額計算の対象	税率
都市維持建設税	納付した増値税，営業税，消費税の合計額	都市：7％ 県，鎮（町）：5％ その他：1％
教育付加税		3％
地方教育付加税		2％（地域による特例あり）

　したがって，都市部に所在する企業の場合，都市維持建設税7％＋教育付加税3％＋地方教育付加税2％の合計12％が課されることとなります。もし，売上高が100万元で，旧営業税が5％課されている場合，100万元×5％×12％＝0.6万元の付加税等が課されることとなります。増値税の場合は仕入増値税を控除した後の実際納付額に対して計算されますので，たとえば売上増値税額20万元，仕入増値税額控除15万元の場合では納付額の5万元（20万元－15万元）×12％＝0.6万元の付加税等が課されることとなります。当該付加税は，企業のコストとなり損益に影響を与えるため企業の運営上，予算計上を見落としがちな税金ですので，留意が必要です。

第**9**章

関税に関する
Q&A

─● point ●─

　第9章では，中国の関税について，概要および主要論点について解説
をします。昨今，中国では，税関の体制や関税に関する改正も頻繁に行
われており，2017年7月1日より全国展開された通関一体化改革や，
各地の中国税関による頻繁なロイヤリティ査察（ロイヤリティを関税価格
に含めるといったチャレンジ）などは，中国に進出する多くの日系企業の
悩みの種となっております。また，関税については，一つの税目という
位置づけのみならず企業の中国でのオペレーション（通関スピードなど）
にも直接影響をもたらすことからも中国でのビジネス展開をする会社に
とって，非常に重要なビジネスの構成要素の一つとなっています。

Q83 関税の概要

関税の概要，計算方法等について教えてください。

Answer

関税とは，輸出および輸入する物品等に課税される税です。

関税の制度の流れとして，1980年代の改革開放の進展に伴い，1985年に輸出入関税条例が施行されました。その後の経済情勢の変動を受け，2003年には輸出入関税条例の改訂，2005年からは輸出入貨物徴税管理弁法が施行されています。

1　貨物の物流に基づく分類

関税には，輸入関税と輸出関税があります。輸入関税は，海外から貨物又は物品を輸入する際に課される関税で，輸出関税は，国外に貨物又は物品を輸出する際に課される関税です。

2　関税の計算方法に基づく分類

課税の方法には，主に従価税，従量税，複合税等があります。従価税では輸出入の貨物の価格を課税標準として課され，関税価格×関税率として計算されます。また，従量税では輸出入の貨物の数量を課税標準として課され，貨物計量数量（トン，箱，個数等）×単位ごとの関税額として計算されます。さらに，複合税では関税価格および数量の両方を課税標準として計算されます。

3　関 税 価 格

輸入の場合の関税価格には，取引価格に，着岸するまでの輸送費，その他の費用，保険料を加えて計算されます（CIF価格）。また，輸出の場合の関税価格は，FOB価格を基準として計算されます。

4　ロイヤリティの関税価格への算入要否

　中国国内の子会社が販売・製造活動を行うに当たっては，商標使用許諾料，技術使用許諾料といったロイヤリティを日本の親会社等に支払うケースがよくあります。このような場合において，関税価格に貨物に関連するロイヤリティ金額を含めるか否かについて論点となります。

　中国の関税法上，ロイヤリティは原則として輸入貨物の関税評価額に加算すべきであり，下記のいずれかに該当した場合にのみ加算が免がれます。

　①　ロイヤリティが当該貨物と関係しない場合
　②　ロイヤリティの支払いが，当該貨物の中華人民共和国向け販売の条件を
　　　構成していない

　中国税関は実務上，原則として上記①または②に該当することの立証責任は納税者（輸入者）にあるとしています。そのため，納税者自らがロイヤリティの対外送金について，輸入貨物に関係しないこと又は販売条件となっていないことを説得力のある資料で説明できない限り，中国税関はロイヤリティの全部又は一部を加算すべきと要求する可能性があります。上記の除外規定が適用されるべきロイヤリティであることを立証するに当たっては，契約書の文言やロイヤリティの計算式等の形式面だけの説明では不十分とされることが多く，取引の実態についての説明を求められるケースが増えています。

5　関　税　率

　輸入関税は，最恵国税率，協定税率，特恵税率，普通税率，暫定税率に分類され，日本との間では最恵国税率が適用されます。なお，協定税率，特恵税率はFTA締結国・地域との間で適用される特別措置で，中国・ASEAN自由貿易協定のメンバー国や，CEPA（経済貿易関係緊密化協定）締結国の香港・マカオ，その他の主に発展途上国・地域との一部の税目に適用されています。

　関税率は，税目によって異なり，HSコード（Harmonized Commodity Description and Coding System）と呼ばれる国際貿易商品の名称および分類を世界的に統一する目的のために作られた，コード番号に基づいて分類されています。中

国では世界共通のHSコードの6桁に4桁を加えた，10桁のコードで分類されており，「中華人民共和国税関輸出入税則」を更新する形で毎年調整されます。

2017年12月1日より，一部の中国国民の生活と密接に関連する日用消費財（たとえば，一部の冷凍水産品，一部のソーセージやチーズなどの加工食品，一部の医薬品，一部の化粧品及び生活用品など）に係る輸入関税率が引き下げられました。

また，2018年5月22日および2018年5月30日には，中国国務院関税税則委員会による税委会公告［2018］3号および税委会公告「2018」4号が公布され，当該公告の公布により2018年7月1日から，一部の自動車および一部の自動車部品だけではなく，一部の日用消費財，家電製品，水産品およびミネラルウォーター，化粧品の輸入関税率の引下げが発表されました。衣類・靴類・帽子類などの日用消費財の輸入関税を平均で従来の15.9％から7.1％まで引き下げるほか，洗濯機などの家電製品は従来の20.5％から8％まで，水産品およびミネラルウォーターなどは従来の15.2％から6.9％まで，化粧品などは従来の8.4％から2.9％まで，それぞれ引き下げられることになりました。

上述した直近の輸入関税率の引下げの大きな目的は，中国国民の消費の選択に影響を与え，昨今中国国民の消費が海外へ流出しているという傾向を抑制し，国内還流を目指すことと考えられます。

Q84　保 税 制 度

保税制度について教えてください。

Answer

保税制度とは，税関の許可を得て輸入貨物について暫定的に課税を留保する制度のことをいいます。保税の手段としては保税区域による保税と，保税場所による保税があります。

1　保税区域

　保税区域は，税関が指定した管理監督区域であり，中国国内にありながら，関税上は中国国外と同様に扱われ，為替管理，租税，税関手続等の処理が簡便化されています。保税区域としては，主に保税区，輸出加工区，保税物流園区等があり，それぞれ機能が異なります。

	保　税　区	輸出加工区	物流園区
機能	加工拠点・物流センター双方の機能を併せ持つ	加工拠点としての機能に特化	物流機能
保税製造・組立	Yes	Yes	No
保税物流サービス	Yes	2007年からYes	Yes
国内貨物が物理的に区内に搬入されたときの輸出増値税の還付の取扱い	No	Yes	Yes
区内で製造・組立てられた物品にかかる関税の課税	輸入原材料製品	製品	N／A

　通常，海外から中国国内に貨物を輸入した際には，輸入増値税および関税が課されます。しかし，海外から保税区に貨物を搬入した場合であれば，「保税」という単語のとおり，関税上は中国国外のままの取扱いとされ，その時点では「輸入」とはされず，輸入増値税および関税が課されません。例えば，日本の会社が中国の顧客に対して機器を販売しているような場合を考えますと，そのメンテナンスのために修理用部品をどのように保管するか，すなわち日本国内に置いておくか中国国内に置いておくか，ということが問題になります。ここで，保税区に保管するのであれば日本から保税区に搬入した時点では輸入増値税および関税はまだ課税されず，実際にメンテナンスのために保税区から保税区外に搬出した際に「輸入」とされ課税されることになります。このため，不要になったメンテナンス部品を日本に送り返したり，他の国に転売するというオペレーションに便利です。また，日本から中国が部品を仕入れた場合，通常はその時点で輸入増値税および関税がかかりますが，輸出加工区等を利用し

て加工することで，海外から輸出加工区に原材料が入った時点，および加工を行う際も原材料に関する輸入増値税および関税の課税を受けることのないまま，海外に再輸出することが可能となります。

2　保税場所

保税区域以外の中国国内の一般区域においても，税関の認可を受けて保税場所を設けることが可能です。保税場所の種類には保税倉庫，輸出倉庫，保税工場等があります。なお，原材料，部品等の保管については保税のものと国内向けのものとを明確に分ける必要があり，加工貿易登録手冊により保税扱いで輸入された原材料，部品等の数量等が厳しく監督されます。

Q85　加工貿易

加工貿易について教えてください。

Answer

加工貿易とは，原材料や部品等を海外から輸入し，加工・組立等を行った後，海外に再輸出する貿易の形態です。中国は改革開放後，人件費面での優位性等により，世界の工場と呼ばれるほどまでにこの形態による貿易を増加させました。現在では逆に，加工貿易，特に来料加工による低付加価値の加工から脱却しようという政府の意図が特に珠江デルタ地域を中心にみられるようになってきています。

中国における加工貿易は，主に来料加工，進料加工に分かれます。来料加工とは，中国国内の企業が外国企業から原材料・部品等について無償により提供を受け，加工・組立を行って加工賃を受け取る加工貿易の形態です。また，進料加工とは，中国国内の企業が外国企業から原材料・部品等について有償により買い取り，加工・組立を行って再度販売する加工貿易の形態です。したがっ

て，来料加工が加工賃のみの決済になるのに対し，進料加工はBuy-Sellの取引になります。

加工貿易登記手冊は，税関に登録することで発給される手帳（帳簿）のことで，企業は手冊に記録された輸入原材料・部品・製品リストの品目・数量の範囲内において，輸入増値税及び関税を免税にて輸出入することができます。なお，以前は紙での管理でしたが，現在はオンラインでの管理による電子手冊方式も広がってきています。

加工貿易登記手冊では免税で輸入された原材料等の動きが記録され，管理されます。

① 原材料・部品の輸入や転廠による受入れにより，手冊残高が増加します。
② 完成品の輸出，転廠により，完成品が減少した分から，登録に基づいた完成品1個当たりの標準原材料・部品使用量を乗じて，原材料・部品の手冊残高を減少させます。

理論上は完成品を全て輸出申告した時点で手冊残高がゼロとなるはずですが，使用料分の減少は標準（予定量）により計算されるため，実際残高と差異が生じてきます。また，完成品や部品の国内販売がある場合にも差異が生じてきます。このため，不一致については追加で輸入増値税，関税を支払う等の手続きにより適切に消込照合調整（核銷）を行い，手冊の残高は実際残高と照合できるようにする必要があります。

Q86 中国税関企業信用管理制度

中国税関信用管理制度について教えてください。

Answer

過去においては，中国税関は企業に係るリスク評価及びコンプライアンスの状況に対する記録に基づき，税関登録企業をAA，A，B，C，Dとランク付

けしていました。2014年12月１日付で『中国税関企業信用管理暫行方法』（税関総署令第225号）およびそれに伴う税関総署2014年82号公告が公布され，その施行により，企業に対する分類方法が改正されました。従来の税関企業信用ランクであるAA類，A類，B類，C類，D類が，税関システムの中でそれぞれ自動的に高級認証企業，一般認証企業，一般信用企業へと移行され，C類，D類企業は信用喪失企業へと移行されました。なお，税関総署令第225号の施行により，税関企業信用管理に係る基準は従来と比べて，大幅に変更され，高級認証企業（従来のAA類企業）及び一般認証企業（従来のA類企業）に係る合格基準は従来の基準と比べ，非常に厳しくなりました。

　さらに，中国税関通関一体化改革（詳細はＱ87を参照）および税関・検査検疫業務の融合（以下，「関検融合」）などの背景により，2018年５月１日より，『中国税関企業信用管理暫行方法』（税関総署令第225号）の更なる更新規定である「中華人民共和国税関による企業信用管理弁法」（税関総署令237号，以下「新「弁法」」）が施行されました。さらに中国税関企業信用管理に係る具体的な新認証基準ならびに新「弁法」の内容の補足および改善として，2018年177号（「税関認証企業基準」の公布に関する公告，以下「新基準」または「177号公告」），178公告（「中華人民共和国税関による企業信用管理弁法」，以下「178号公告」）の実施に関する公告が公布され，2019年１月１日より施行されました。

　新「弁法」，177号公告，178号公告の施行により，税関総署令第225号及び税関総署2014年82号公告が廃止されました。

　中国税関による企業信用管理に係る経験および管理ノウハウなどの蓄積により，高級認証企業（従来のAA類企業）および一般認証企業（従来のA類企業）に係る合格基準がより厳格になってきている傾向があります。従来の基準に基づいて高級認証企業（従来のAA類企業）および一般認証企業（従来のA類企業）になった企業に対する再認証監査も中国税関によって，全国範囲の中で実施されています。

1　高級認証企業および一般認証企業への認証制度

　税関総署令第225号および税関総署2014年82号公告が廃止されたものの，当該規定は現行の中国税関企業信用管理制度の基盤であるため，税関総署令第225号および税関総署2014年82号公告に基づいた基準と，現行の新「弁法」，177号令に基づいた新たな中国税関企業信用管理に係る基準についてそれぞれ以下のとおり解説します。

　税関総署令第225号および税関総署2014年82号公告に基づいた中国税関企業信用管理制度によると，高級認証企業および一般認証企業は中国の「税関の承認を取得した事業者（Authorized Economic Operator，以下「AEO」）として認められるため，高級認証企業および一般認証企業資格を維持するためには，高級認証企業および一般認証企業に係る基準を満たす必要があります。関連規定により，高級認証企業は「内部統制」，「財務状況」，「コンプライアンス状況」，「貿易安全」，加点項目を含めた「その他」という"5類"，"18条"，"32項目"の基準を満たす必要がありました。一般認証企業は「内部統制」，「財務状況」，「コンプライアンス状況」，「貿易安全」，加点項目を含めた「その他」"5類"（一般認証企業に係る基準の"5類"は高級認証基準と同様），"18条"，"29項目"（高級認証企業は"32項目"）の基準を満たす必要がありました。税関による高級認証企業および一般認証企業への認証方式は減点方式で採点され，基準の充足状況により，①「満たしていない」，②「一部しか満たしていない」，③「満たしている」の3つの選択肢があり，それらに相応する得点は－2，－1，0となり，合計で95点以上，かつ上述の①「満たしていない」による－2の項目が一つもない状況を確保できない場合，当該企業の税関信用ランクは従来の企業信用ランクから降格されることになると規定されていました。

　現行の新「弁法」，177号令に基づく新たな中国税関企業信用管理制度の考え方は，基本的に上述の税関総署令第225号および税関総署2014年82号公告の内容と類似しています。ただし，中国税関は実務の中で異なる種類の企業が存在していることに鑑み，「1＋N」の認証基準という新たな認証モデルを提案し，従来の「単一基準」の認証方式を変更しました。「新基準」には，輸出入の荷

受人・荷送人，通関企業，国際貿易総合サービス企業に対する3つの単独認証基準があり，それぞれの企業の種類に合わせた認証基準及び運用規範を規定しています。

また，「国務院機構改革方案」により，これまで国家質量監督検査検疫総局に属していた輸出入検査検疫管理の職責及び関連人員は税関総署に組み入れられ（「関検融合」），2018年4月20日から正式に税関の名義での業務を開始しました。「関検融合」の後，新たな輸出入貨物，物品の監督管理体制に適応するために，税関は多くの規定を修正しました。このような背景の中で，今回の弁法に対する補足は，「輸出入検査検疫企業管理弁法」及び関連基準を，税関の現行の税関信用管理体系と整合させ，税関による企業信用管理と輸出入検査検疫との融合を実現するものです。したがって，新基準には，企業の検査検疫に関する管理要求が追加されることになりました。例として，以下のような項目があります。

- 検査検疫に係る内部統制制度の設置，検査検疫の関連書類及び記録のレビュー及び保管
- 検査検疫の対象製品に関する品質管理認証基準
- 検査検疫に係る法律法規及び管理規定を遵守すること

現行の弁法，177号令に基づいた新基準によると，高級認証企業および一般認証企業に係る合格条件としては下記の3つの条件を同時に満たす必要があります。

- 基準を満たしていない項目（−2点）が1つもない
- 内部統制，貿易安全という2つの基準の中の各項目（1，2，3で表示）のうち，「一部しか満たしていない」項目（−1点）が3つを超えない
- 認証基準の総得点が95点以上である

2 高い税関信用ランクを維持する目的

現行の中国税関企業信用管理制度によると，税関企業信用管理レベルが高いほど，より多くの優遇が享受できます。高級認証企業および一般認証企業は中

国の「税関による承認を取得した事業者（AEO）」として認められ，通関手続きの簡素化，輸出入貨物に対するより低い検査率の享受，優先通関などの優遇措置を享受できます。

　また，中国国家信用体系の構築の推進により，中国税関は税関AEO国際相互承認の新成果を着実に実行し，企業の自律遵守，規範化経営を促す目標を持っています。それを踏まえて，税関総署は税関総署第237号令により，改正後の「中華人民共和国税関による企業信用管理弁法」（以下「新「弁法」」）を公布しました。当該弁法は2018年5月1日から施行されました。2014年に税関総署第225号令により公布された「中華人民共和国税関企業信用管理暫定弁法」（以下「旧「弁法」」）は同時に廃止されました。新「弁法」は，高級認証企業および一般認証企業へのメリットを条文上でさらに明確にしています。法律上で明文化されたことで，税関にとっても法的拘束力をもつこととなるため，今後明らかに高級認証企業・一般認証企業への優遇策を強化していこうという背景が読み取れます。新「弁法」の公布は，税関信用管理制度を改善し，信用管理措置の差別化を強調し，「誠実で法を守るものには便宜を図り，信用を喪失し法に反するものは懲戒する」という方向性を一層体現するもので，企業信用を核心とする税関の新しい管理体制を構築する上で重要な意味を持っています。

　上述した現在の中国税関による税関企業信用管理制度の動向から，税関企業信用管理レベルが高いほど，今後更により多くの優遇が享受できることになり，当該優遇は企業の日常オペレーションに影響を与えることになるため，より高い信用ランクを維持することが企業のビジネス戦略の一つとしても非常に重要になっています。

Q87　全国の税関における通関一体化改革の全面的な実施

　全国の税関における通関一体化改革の全面的な実施について教えてください。

Answer

1　背　　景

　中央政府の進める改革の一環として，また，貿易の利便性の向上を求める企業の声に応えるために，税関総署は2017年 6 月28日付で「全国の税関における通関一体化改革の推進に関する公告」（税関総署公告2017年第25号）（以下，「第25号公告」）を公布しました。当該公告によれば，全国で通関一体化改革を推進するために，2017年 7 月 1 日から，全国税関リスク予防コントロールセンター及び租税徴収管理センターが稼働開始しました。今回の改革は，全国の港を通じていずれかの輸送方式で輸入される，「中華人民共和国輸出入税則」（「税則」）にある全ての商品を適用範囲とし，各地域の通関一体化書類審査センターは関連業務を行わなくなりました。

2　主な変更点

　今回の改革の主な内容は，「 2 つのセンター， 3 つの制度」となります。

　「 2 つのセンター」とは，"リスク予防コントロールセンター"と"租税徴収管理センター"を指し，各センターの担当業務をまとめると次の表のとおりです。当該センターの開設により，中国全国のどの地域で輸入されたかに係わらず，輸入手段やHSコードの区分によって，専門のセンターに情報が集約され管理されることになりました。

2つのセンター		担当業務
リスク予防コントロールセンター	税関総署リスク予防コントロールセンター（上海）	▶ 全国の空運貨物の輸出入に係るリスクの予防及びコントロール ▶ 空運に関わるサプライチェーン企業のリスク評価 ▶ 税関申告書の情報に基づき，検査すべき貨物を判断するためのリスクパラメータの設置及びレビュー
	税関総署リスク予防コントロールセンター（青島）	▶ 全国の水運貨物（小型船舶による水運貨物を除く）の輸出入に係るリスクの予防及びコントロール ▶ 水運に関わるサプライチェーン企業のリスク評価
	税関総署リスク予防コントロールセンター（黄埔）	▶ 全国の陸運貨物及び小型船舶による水運貨物の輸出入に係るリスクの予防及びコントロール ▶ 陸運に関わるサプライチェーン企業のリスク評価
租税徴収管理センター	税関総署租税徴収管理センター（上海）	機電設備類（機電設備，計測機器，輸送車両等）の商品を担当する。税則の第84－87章，89－92章，2286コードの商品を含む
	税関総署租税徴収管理センター（広州）	化学工業類（化学工業原料，高分子，エネルギー，鋼産物，金属等）の商品を担当する。税則の第25－29章，31－40章，68－83章，2800コードの商品を含む
	税関総署租税徴収管理センター（京津（北京・天津を指す））	雑類（農林，食品，薬品，軽工業，雑品，紡績類及び航空器等）の商品を担当する。税則の第1－24章，30章，41－67章，88章，93－97章，3461コードの商品を含む

「3つの制度」とは，次のものを指します。

① 「一括で申告し，段階的に処理する」という税関申告書の審査管理制度

② 企業が自ら申告，納税を行い，自ら納税書を印刷するとともに，税関は全プロセスにおいてサンプルベースで審査を行うという租税徴収管理制度

③ 全国の税関の管理監督資源を統合するという共同管理監督制度

「2つのセンター，3つの制度」の実施は，税関の通関モデルを大きく変えるものとなります。「3つの制度」は具体的には次のとおりとなります。

税関通関管理ステップ	従来の通関モデル	新しい通関モデル
税関申告書の審査管理制度	審査制（企業が申告した後，通関前に税関が審査する）	受理制（税関は企業の申告を受理し，通関する。申告の時点では詳細な審査を行わなくなり段階的に審査を実施する）
租税徴収管理制度	企業が申告を行い，税関が関税，輸入増値税を計算して納税書を交付し，企業が納税する	企業が関税，輸入増値税を計算して自ら申告，納税を行い，自ら納税書を印刷する
共同管理監督制度（事後的なレビュー）	直属税関がその管轄内での通関データをレビューする	租税徴収管理センターが担当する商品の全国における通関データを事後的にレビューする

3 企業に対する影響

今回の改革は，税関の従来からの管理監督体系を大きく変革するものとなります。主な変更点は次のとおりです。

① 企業の申告が審査制から受理制に変わり，人手の介入が少なくなります。

② 関税，輸入増値税の計算，申告，納税に関する企業の責任がより大きくなります。

③ 「2つのセンター」が企業の通関データを審査することにより，税関法規の適用に関して各地で不一致が生じるという問題が解決されることが期待されます。一方で各地の地域での情報が2つのセンターにて一括で管理されるため，たとえば，他拠点でのコンプライアンス違反などの情報がその他の拠点・グループ会社などにも影響を与える可能性があります。

今回の改革により，税関は通関に関わる管理監督能力を高め，一方で，企業はコンプライアンスの水準を高めることが求められることになります。

Q88 中国税関事前裁定

中国税関事前裁定管理について教えてください。

Answer

　貿易の安全性と利便性の向上を図り，ビジネス環境を整備し，企業の輸出入貿易活動に係る予見可能性を高めるために，中国税関総署は2017年12月26日付で「中華人民共和国税関事前裁定管理暫定弁法」（税関総署令第236号）（以下「事前裁定暫定弁法」という）を公布しました。事前裁定を通じて，分類，原産地，価格等の難しい問題について，事前に税関と合意することができます。

　税関総署令第236号による事前裁定についての詳細な規定は次のとおりとなります。

事項	政策規定
事前裁定の範囲	• （一）　輸出入貨物の商品分類 • （二）　輸出入貨物の原産地或いは原産資格 • （三）　輸入貨物の課税価格に関わる要素（ロイヤルティ，コミッション，運送保険費，特殊関係，及びその他の課税価格の査定に関わる要素を含む），見積方法 • （四）　税関総署が規定するその他の税関事務
事前裁定の申請人	実際の輸出入活動と関連し，税関で登録した対外貿易経営者
資料に関する要求	• 「中華人民共和国税関事前裁定申請書」及び税関の要求するその他の資料 • 一通の「事前裁定申請書」には一種類の税関事務のみを含む
期限に関する規定	• 申請人は貨物を輸出入する3か月前までに申請を提出しなければならない（特殊な状況下で，正当な事由があれば，貨物を輸出入する前3か月以内に提出することもできる） • 税関は「事前裁定申請書」とその他の関連資料を受領してから10日以内に，受理するか否かを決定する • 税関は受理した日から60日以内に「事前裁定決定書」を交付する

効力	申請人が事前裁定の有効期間内に，事前裁定の決定が下されたのと同じ貨物を輸出入する場合，事前裁定の決定に従って申告しなければならず，税関はこれを認めるものとする。
時効	事前裁定の有効期間は３年間である。有効期間内において，同じ事項に対して再度，事前裁定を申請することはできない。

　事前裁定制度は，企業がコンプライアンスリスクの低減を図る上で有効な手段となるものと考えられます。企業があらかじめ自社に存在する問題を整理し，分類，原産地，価格等に係る判断の難しい問題があれば，事前裁定の申請を行う可能性について検討することができるようになります。ただし，事前裁定の有効期間は３年間であり，有効期間内において，企業は同じ事項に係る事前裁定を再度申請することはできません。また，企業の提出資料が正確でないか，不完全である場合，税関は事前裁定の決定を取り消すことができます。したがって，企業が事前裁定の申請を行う前に，関連の事項について十分な分析と整理を行うこと，可能性のある事前裁定の結果を評価すること，かつ資料の準備が不十分であることによって，事前裁定の結果が企業にとって不利なものとなることを防ぐために，税関の法律規則に従って，企業の実情に合った証拠資料を十分に収集することが必要になります。

第 10 章

組織再編税制に関する Q&A

● point ●

　本章では，中国における企業の組織再編に関する税制を解説します。

　組織再編税制に関する基本的な通達に列挙されている再編の形式には，①企業の法律形式の変更，②債務再編，③持分買収，④資産買収，⑤合併，⑥分割があります。再編取引に係る税務処理のうち，課税の繰延べを認めない処理を「一般税務処理」，課税の繰延べを認める処理を「特殊税務処理」といいます。ある一定の要件を満たした場合に，納税者の選択により「特殊税務処理」を適用することができます。

Q89 組織再編税制の概要

中国における組織再編税制の概要について教えてください。どのような再編取引を行う場合でも，公正価値（時価）での取引が原則となるのでしょうか。

Answer

2008年に施行された新しい「企業所得税法」の下での組織再編に関わる税務処理を規定するものとして，中国の財政部と国家税務総局は2009年に「企業の再編業務に係る企業所得税の処理に関する若干の問題についての通知」（財税［2009］59号，以下「59号通達」）を公布しました。その後，これまでに「企業の再編業務に係る企業所得税管理弁法」（国家税務総局公告［2010］4号，以下「4号公告」），（一部の条項はすでに廃止），「企業の再編業務に係る企業所得税の徴収管理に関する若干の問題についての公告」（国家税務総局公告［2015］48号，以下「48号公告」）等を含む，組織再編に関する複数の税務通達が国家税務総局から公布されていますが，現行の組織再編税制の基本的な規定と位置づけられるのは59号通達です。

59号通達では，再編の形式として，①企業の法律形式の変更，②債務再編，③持分買収（譲渡），④資産買収（譲渡），⑤合併，⑥分割を挙げています。これらのうち，②～⑥については「一般税務処理」と「特殊税務処理」という概念が導入されました。

再編取引は税務上，公正価値（時価）によることが原則ですが，特殊税務処理を適用する場合は簿価での取引となります。すなわち，再編の時点では譲渡損益を認識しないため，譲渡益の場合であれば，結果的に課税が繰り延べられることになります。この特殊税務処理は，再編取引が規定の適用要件をすべて満たす場合にのみ，納税者の選択により適用することができます。同一の再編取引における各当事者は，一律に一般税務処理又は特殊税務処理のいずれかを

適用することになります。

そのほか，合併及び分割において一般税務処理を適用する場合，合併前又は分割前の企業の欠損金を引き継ぐことはできませんが，特殊税務処理を適用する場合には引き継ぐことができます。ただし，合併については引継ぎ可能限度額が定められています。

Q90　特殊税務処理の適用要件

再編取引について特殊税務処理の適用を受けるためには，どのような要件を満たす必要がありますか。

Answer

再編取引に係る課税の繰延べが認められる特殊税務処理は，再編取引が規定の要件をすべて満たす場合に，納税者の選択により適用することができます。この要件には，基本的な要件のほか，中国国外の企業又は出資者が関与するクロスボーダーの再編取引に適用される追加的な要件があります。そのうち，以下では基本的な要件について説明し，クロスボーダーの再編取引に係る追加的な要件についてはQ91で説明します。

59号通達（Q89を参照）では，再編取引に特殊税務処理を適用するための基本的な要件として，次の要件を挙げています。再編取引の当事者が特殊税務処理を適用するためには，これら5つの要件をすべて満たす必要があります。

(1)　合理的な事業目的を有すること
(2)　再編対象資産・持分の割合が規定の割合（50％以上）を満たすこと
(3)　再編後の12ヶ月間，実質的な経営活動が変更されないこと
(4)　持分による対価支払の割合が規定の割合（85％以上）を満たすこと
(5)　元の主要出資者が再編時に対価として取得した持分を，再編後の12ヶ月間，譲渡しないこと

それぞれについて，以下で簡単に説明します。

(1) 合理的な事業目的

組織再編税制に係る通達の中に，「合理的な事業目的」の解釈に関する具体的な規定はありませんが，企業所得税法によれば，「合理的な事業目的」を有しないとは，税金の減少，免除又は納付の延期を主な目的とすることを指します。すなわち，当該要件は，租税回避を主な目的とする再編取引には特殊税務処理の適用を認めないことを意味します。実務上，税務当局は当該要件の充足の判断に関し，裁量権を有するといえます。

(2) 再編対象資産・持分の割合

再編取引のうち，持分や資産の買収（譲渡）については，買収側の企業が買収される側の企業の全持分又は全資産の50％以上を買収することが要件となります。59号通達では，この割合を75％と規定していましたが，企業再編の促進を目的とする財税［2014］109号の通達により，50％に緩和されました。

この要件に照らした場合，たとえば，出資先企業に対する出資割合が50％に満たないケースでは，たとえ保有する持分をすべて他社に譲渡したとしても，特殊税務処理は適用できないことになります。

(3) 実質的な経営活動の継続

これは，再編後の連続する12ヶ月間において，再編の対象となった資産に関わる従来からの実質的な経営活動が変更されないという要件です。ただし，どのような場合に当該要件を満たさないことになるのかということに関する具体的なガイダンスはありません。

(4) 持分による対価支払の割合

持分買収，資産買収，合併及び分割等の再編取引においては，原則として当該取引の対価のうち，持分による支払額が取引総額の85％以上でなければ，特殊税務処理の適用を受けることはできません。「持分による支払」とは，再編取引における資産の購入（取得）側の企業が，本企業又はその支配する企業の持分，株式をもって対価を支払うことを指します。この要件を言い換えれば，再編取引の対価のうち，現金等による支払の割合は取引総額の15％未満でなけ

ればならないということになります。

　なお，合併については，同一支配下にある企業間の合併で，対価を支払う必要がない場合も，当該要件を満たすことになります。

(5)　再編持分の継続的保有

　再編時に持分による支払を受けた元の主要出資者（持分，資産を買収される側の企業の20％以上の持分を保有していた出資者）が，再編後の連続する12ヶ月間にその取得した持分を譲渡しないという要件です。

Q91　クロスボーダーの再編取引と税務処理

　中国国外の企業が関わるクロスボーダーの再編取引に特殊税務処理を適用するためには，どのような要件を満たす必要がありますか。

Answer

　中国国内と中国国外の企業又は出資者が関わるクロスボーダーの再編取引については，Q90で説明した基本的な要件に加えて，次に挙げる取引のいずれかに該当することが，特殊税務処理を適用するための要件となります。

(1)　国外企業間の取引：非居住者企業（国外企業1）が100％の持分を直接保有する他の非居住者企業（国外企業2）に，保有する居住者企業（国内企業）の持分を譲渡する取引

(2)　国外企業と国内企業の取引：非居住者企業が100％の持分の直接保有関係を有する居住者企業に，保有する他の居住者企業の持分を譲渡する取引

(3)　国内企業による国外投資：居住者企業が保有する資産又は持分をもって行う，100％の持分を直接保有する非居住者企業への投資

(4)　財政部，国家税務総局が認めるその他の状況

　上記(1)に該当するのは，たとえば，日本の親会社が日本国内の全額出資子会

社又は香港の持株会社等に中国子会社の持分を譲渡する取引です。また、(2)に該当する典型的な取引の一つは、日本の親会社が全額出資子会社である中国の持株会社（外商投資性公司）に中国子会社の持分を譲渡する取引です。

これらのうち、上記(1)の取引に特殊税務処理を適用するためには、次の要件も満たす必要があります。

① 当該持分の譲渡所得の源泉税負担に変化がないこと。すなわち、取引後の国外企業2と取引前の国外企業1に適用される譲渡所得の源泉税率が同じであること

② 国外企業1が再編後3年間、国外企業2の持分を譲渡しないことを、所轄税務機関に書面で承諾すること

日本の親会社が中国子会社の持分を譲渡し、譲渡益が生じる場合、日中租税条約に基づき、中国において10％の源泉税が課されます。しかし、中国が他国と締結している租税条約のうちには、中国子会社の持分譲渡益に対する中国での課税を免除するものもあります。上記①の要件は、中国子会社の新しい出資者が将来的に当該子会社の持分を譲渡する場合にも、その譲渡益に対し、再編前と同じ源泉税率が中国において適用されることを意味します。たとえば、日本の親会社が香港の持株会社に中国子会社の持分を譲渡する場合であれば、中国内地と香港の租税協定に基づき、香港の持株会社が将来的に当該子会社の持分（25％以上）を譲渡する際、日中間と同様に、譲渡益に対し10％の源泉税が中国で課されますので、①の要件を満たすことになります。

上記(1)の国外企業間の持分譲渡取引については、「非居住者企業の持分譲渡に係る特殊税務処理の適用に関する問題の公告」（国家税務総局公告［2013］72号、以下「72号公告」）における次の規定にも留意する必要があります。

一つは、中国国内の企業で再編前に生じた未処分利益を再編後に配当する場合の取扱いです。中国と再編後の出資者の所在国の間の租税条約（又は協定）で規定される配当に係る限度税率が、再編前の出資者の所在国との間の租税条約と比べて軽減されている場合でも、国外企業間の持分譲渡取引に特殊税務処理を適用する場合は、再編前に生じた未処分利益を原資とする配当に対して当

該軽減税率を適用することはできません。たとえば，日本の親会社から香港の持株会社に中国子会社の持分を譲渡する取引に特殊税務処理を適用する場合，中国子会社で再編前に生じた未処分利益を香港の持株会社に配当する際には，中国内地と香港との租税協定に基づく5％の軽減税率ではなく，10％の源泉税率が適用されます。

　もう一つは，中国国外企業の分割，合併によって中国居住者企業の持分の移転が生じる場合も，特殊税務処理の要件として列挙されている国外企業間の持分譲渡取引の状況に含まれるということです。すなわち，中国国外で再編取引が行われる場合でも，中国での課税の問題が生じる可能性があるということです。ただし，実務上，当該規定に対する税務当局の解釈及び具体的な税務処理は必ずしも一律ではないようです。

　なお，持分譲渡取引の対価が現金で支払われる場合，Q90で説明した特殊税務処理の適用に係る基本的な要件のうち，「持分による対価支払の割合」の要件を満たさないことになります。したがって，上記(1)，(2)のいずれの取引についても，特殊税務処理の適用要件を満たすのは通常，中国子会社の持分をもって現物出資（譲受側の持分を対価とする持分の譲渡）を行うような場合に限られます。

Q92　特殊税務処理の適用に係る手続き

　再編取引の当事者が特殊税務処理の適用を受けようとする場合，何か手続きが必要となりますか。

Answer

　前述のとおり，再編取引に係る特殊税務処理は，再編取引が規定の要件をすべて満たす場合に，納税者の選択により適用することができます。その点は，要件を満たす場合に必ず適格再編の処理を行うこととなる日本の税制とは異な

ります。納税者が特殊税務処理を選択適用する場合には，申告又は届出の手続きを行う必要があります。

1　特殊税務処理の適用に係る申告

　59号通達（Q89を参照）では，納税者が特殊税務処理を選択適用する場合，取引完了年度の企業所得税の年度申告時に届出資料を提出し，特殊税務処理の適用要件を満たすことを証明しなければならないと規定しています。従来，届出を行わない場合は特殊税務処理の適用を認められませんでした。

　2015年度以降は，「企業の再編業務に係る企業所得税の徴収管理に関する若干の問題についての公告」（国家税務総局公告［2015］48号，以下「48号公告」）の規定に基づき，特殊税務処理を適用する再編取引の各当事者は，当該取引の完了年度の企業所得税の年度申告時に，「企業再編の所得税に係る特殊税務処理の報告表及び附表」と48号公告に添付されたリストにある申告資料を提出することになりました。

　具体的な申告資料は再編類型ごとに異なりますが，主な資料には，たとえば次のものが含まれます。

- ・　再編取引の全体的な状況に関する説明（再編案，基本状況のほか，再編取引の事業目的に関する説明を含む）
- ・　関連の契約書及び関連部門の認可書類
- ・　持分又は資産の資産評価報告書あるいはその他の公正価値の証明
- ・　合併前又は分割前の企業の純資産と各個別資産及び負債の帳簿価額と課税基礎等に関する資料
- ・　12ヶ月以内に資産に関わる従来の実質的経営活動を変更しないこと，元の主要な出資者が取得した持分を譲渡しないことの承諾書
- ・　工商管理部門等で登記した，関連の企業の持分変更事項の証明材料
- ・　再編の当事者が一致して特殊税務処理を選択したことの証明資料
- ・　非貨幣性資産の評価報告書あるいはその他の公正価値の証明（非貨幣性資産の支払に関わる場合）

- 資産（持分）の税務上の簿価と会計上の簿価の一時差異に関する個別の説明（会計基準の規定に基づき当期に資産（持分）の譲渡損益を認識すべき場合）

2 非居住者企業の持分譲渡に係る届出

非居住者企業（中国国外企業）が中国国内企業の持分を譲渡する場合，原則としてその譲渡益に対しては中国で10％の源泉税が課されます。しかし，当該取引に特殊税務処理を適用する場合，当該課税を繰り延べることができます。

非居住者企業による持分の譲渡について規定した72号公告（Q91を参照）によれば，非居住者企業の持分譲渡に特殊税務処理を選択適用する場合には，持分譲渡契約書が発効し，工商変更登記手続きが完了した後30日以内に届出を行わなければなりません。非居住者企業から他の非居住者企業に中国国内企業の持分を譲渡する場合は，譲渡側の企業が中国国内企業の所在地の所轄税務機関で届出を行い，非居住者企業から居住者企業に譲渡する場合は，譲受する側の企業がその所在地の所轄税務機関で届出を行います。

72号公告では届出時の提出資料として，「非居住者企業の持分譲渡の特殊税務処理の適用に関する届出表」のほか，持分譲渡取引の全体の状況に関する説明（事業目的，特殊税務処理の適用要件を満たすことの証明，取引前後の持分構成図等を含む），持分譲渡契約書，持分の変更に関する工商等の関連部門の認可書類，譲渡される企業の持分譲渡時までの複数年の未処分利益に関する資料等を列挙しています。

以前は，上記の届出を行わない限り，特殊税務処理は適用できないとされていました。現在は，届出を行わないことのみをもって特殊税務処理の適用を認めないということはありませんが，非居住者企業が届出を行わない場合，税務機関は届出を行うよう告知します（国家税務総局公告［2015］22号）。税務機関が届出時の提出資料に基づいて調査した結果，取引が特殊税務処理の適用要件を満たしていなければ，一般税務処理を適用することになります。すなわち，事後的に課税が生じる可能性もあります。

Q93　債務再編の税務処理

債務再編とはどのような取引ですか。また，債務再編の税務処理について教えてください。

Answer

債務再編とは，債務者に財務的な困難が生じた場合に，債権者が債務者と交わした協議書又は裁判所の裁定書に従って，債務者の債務について譲歩することを指します。59号通達（Q89を参照）では，(1)債務者が非貨幣性資産によって債務を弁済する取引及び(2)債権者の債権を債務者の持分（資本）に転換する取引（デット・エクィティ・スワップ）の処理について規定しています。

1　一般税務処理

債務再編に一般税務処理を適用する場合，(1)の非貨幣性資産による債務の弁済取引は，非貨幣性資産の譲渡と非貨幣性資産の公正価値による債務弁済，(2)の債権の持分への転換は，債務の弁済と持分投資という2つの取引にそれぞれ分けられます。

債務者は支払ったとされる債務弁済額が債務の課税基礎（税務上の簿価）を下回る差額を債務再編所得として認識し，債権者は受領したとされる債務弁済額が債権の課税基礎を下回る差額を債務再編損失として認識します。

2　特殊税務処理

債務再編に特殊税務処理を適用する場合，企業が債務再編により認識する課税所得額が当該企業の当年度の課税所得額の50％以上を占めるときは，その課税所得額を5納税年度にわたり均等計上することができます。当該処理を行う場合，48号公告（Q92を参照）によれば，認識すべき債務再編所得を正確に記録し，かつ企業所得税の年度申告時に当年度の認識額及び年ごとの繰越額の状

況を説明することが必要となります。

　債務の持分への転換については，特殊税務処理による場合，債務弁済に関わる損益を認識せず，債権の元の課税基礎（税務上の簿価）をもって持分投資の課税基礎を確定することになります。

Q94　持分買収及び資産買収の税務処理

持分買収及び資産買収の税務処理について教えてください。

Answer

1　持分買収

　59号通達（Q89を参照）によれば，持分買収とは，企業が他の企業の持分を買収することにより，他の企業に対する支配を実現する取引をいいます。企業の持分を譲渡する出資者の側から見れば，これはすなわち，持分譲渡の取引のことです。

　当該取引はQ90で説明した要件（クロスボーダーの取引の場合はQ91で説明した追加的な要件を含む）をすべて満たす場合に特殊税務処理を適用することができます。これには，譲渡の対象となる持分が，持分を譲渡される企業の全持分の50％以上を占めること，対価の85％以上を持分で支払うことという要件を含みます。特殊税務処理の適用要件を満たさない場合は，必ず一般税務処理によることになります。

　持分買収に係る一般税務処理と特殊税務処理はそれぞれ次のとおりです。

(1)　一般税務処理

　一般税務処理を適用する場合，持分の譲渡者は公正価値（時価）をもって持分を譲渡したものとして，譲渡の時点で譲渡損益を認識し，一方，持分を買収する企業は公正価値をもって当該持分の課税基礎（税務上の取得原価）を確定します。

中国国内の企業が持分の譲渡者であれば，認識した譲渡損益を課税所得の計算に反映することになります。また，非居住者企業（中国国外企業）が持分の譲渡者の場合，中国と当該譲渡者の居住する国の間の租税条約で中国に課税権を認めていれば，譲渡益に対して中国で源泉税を課されることになります。日中租税条約では，中国に課税権を認めているため，日本の企業が中国国内企業の持分譲渡によって得た所得に対しては，中国で10％の源泉税を課されることになります。

(2)　**特殊税務処理**

　特殊税務処理を適用する場合，簿価で持分の譲渡が行われたものとされるため，持分の譲渡者は譲渡の時点で譲渡損益を認識しません。また，持分を買収する企業も当該持分の簿価を引き継ぐことになります。

2　資産買収

　59号通達によれば，資産買収とは，企業が他の企業の実質的な経営性資産を購入する取引をいいます。これも，資産を譲渡する側から見れば，資産の譲渡取引であり，いわゆる事業譲渡に近い概念といえます。

　当該取引も要件をすべて満たす場合，特殊税務処理を適用することができます。しかし，当該要件には持分による対価支払の要件を含むため，第三者に事業を譲渡するような取引の場合，通常は一般税務処理を適用することになるものと考えられます。

　持分買収の取引と同様に，資産買収に一般税務処理を適用する場合，資産を譲渡する企業は，譲渡の時点で譲渡損益を認識し，資産を買収する企業は公正価値（時価）をもって当該資産を受け入れることになります。

　また，特殊税務処理を適用する場合は簿価で資産の譲渡が行われたものとされるため，資産の譲渡者は譲渡の時点で譲渡損益を認識せず，資産を買収する企業は当該資産の簿価を引き継ぐことになります。

Q95 合併の税務処理

中国国内の企業間で合併を行う場合の税務処理について教えてください。

Answer

合併とは，1社あるいは複数の企業（以下「被合併企業」）がそのすべての資産及び負債を他の企業（以下「合併企業」）に譲渡することにより，2社以上の企業の法による合併を実現することを指します。資産及び負債を現存企業に譲渡する吸収合併と新設企業に譲渡する新設合併があります。

同一の支配下にある企業間で行われる，対価を支払う必要のない合併は，持分による対価支払の要件を満たすものとみなされ，その他の要件もすべて満たす場合，特殊税務処理を適用することができます。ここでいう「同一の支配」とは，合併に関与する企業が合併の前後において，いずれも同一の者あるいは同じ複数の者に最終的に支配され，かつその支配が一時的なものではないこと，具体的には，合併の前後において，いずれも12ヶ月以上，同一の最終的な支配者による支配を受けていることを指します。

合併に係る一般税務処理と特殊税務処理は，それぞれ次のとおりです。

1　一般税務処理

合併に一般税務処理を適用する場合，被合併企業は公正価値（時価）をもってその資産及び負債を合併企業に譲渡したものとして処理を行います。すなわち，被合併企業は合併時に譲渡損益を認識し，合併企業は被合併企業の資産と負債を，公正価値をもって受け入れることになります。

一般税務処理では，合併企業が被合併企業の欠損金を引き継ぐことは認められません。

また，被合併企業とその出資者は清算するものとして税務処理を行います。

その具体的な処理は財税［2009］60号の規定に従うことになりますが，その内容はQ99で説明します。

2　特殊税務処理

合併に特殊税務処理を適用する場合，被合併企業はその資産及び負債を，簿価をもって合併企業に譲渡したものとして処理を行います。すなわち，合併企業は被合併企業の資産と負債を受け入れる際，被合併企業に簿価を引き継ぐことになります。

特殊税務処理では，被合併企業の欠損金を合併企業で引き継ぐことが認められます。ただし，当該欠損金の繰越期限内における各年度に引継ぎ可能な金額は，以下の算式によって算出される限度額までとされています。

$$\begin{matrix}\text{引継ぎ可能な} \\ \text{欠損金の限度額}\end{matrix} = \begin{matrix}\text{被合併企業の} \\ \text{純資産の公正価値}\end{matrix} \times \begin{matrix}\text{合併取引が生じた当年度末時点の} \\ \text{国家が発行する最長期間の国債利率}\end{matrix}$$

これは，高収益企業が多額の欠損金を有する企業を合併し，当該欠損金と利益の相殺を図ることを防止するために設けられた規定と考えられます。多額の欠損金を有する被合併企業の純資産価値は低いと考えられるため，実際に引き継げる欠損金の金額はかなり制限される可能性があります。

そのほか，合併時に被合併企業の出資者が取得する合併企業の持分の課税基礎（税務上の簿価）は，当該出資者が従来保有していた被合併企業の持分の課税基礎によって確定することになります。

Q96　分割の税務処理

中国国内の企業が分割を行う場合の税務処理について教えてください。

Answer

　分割とは，企業（以下「被分割企業」）が一部又はすべての資産を分離し，現存企業又は新設企業（以下「分割企業」）に譲渡し，企業の法による分割を実現することをいいます。ここでいう資産は事業と言い換えることもできるでしょう。

　日本の組織再編税制では，分割の対象となる企業を「分割企業」といい，事業を受け入れる新設企業を「分割継承企業」と呼びますが，ここでは中国の税法に従った用語を用いることとします。

　分割の場合は，被分割企業のすべての出資者が元の持分割合に基づいて分割企業の持分を取得することが，特殊税務処理を適用するための要件の一つとなります。

　分割に係る一般税務処理と特殊税務処理は以下のとおりです。

1　一般税務処理

　分割に一般税務処理を適用する場合，被分割企業は公正価値（時価）をもってその資産を分割企業に譲渡したものとして，分割時点で資産の譲渡損益を認識することになります。一方，分割企業は公正価値をもって被分割企業の資産を受け入れることになります。

　また，被分割企業が存続する場合，その出資者が取得する対価は被分割企業による分配とみなして処理をするものとされていますが，その具体的な税務処理のガイダンスは示されていません。これに対し，被分割企業が存続しない場合，当該企業及びその出資者は清算するものとして所得税の処理を行います。合併に一般税務処理を適用する場合と同様に，その具体的な処理は財税[2009] 60号の規定に従うことになります（Q 99を参照）。

　一般税務処理では，被分割企業の欠損金を分割企業が引き継ぐことも，分割企業の欠損金を被分割企業が引き継ぐことも認められません。

2　特殊税務処理

　分割に特殊税務処理を適用する場合，被分割企業は簿価で資産を分割企業に譲渡したものとされるため，分割時点で譲渡損益は認識されません。一方，分割企業は被分割企業の資産と負債を，被分割企業における簿価をもって引き継ぐことになります。

　また，分割企業は繰越期限内にある被分割企業の欠損金のうち，分割資産が全資産に占める割合に相当する部分を引き継ぐことができます。

　被分割企業の出資者が取得する分割企業の持分（以下「新株」）の課税基礎の確定方法は，当該新株を取得するために，従来保有していた被分割企業の持分（以下「旧株」）の一部又は全部を放棄する必要があるか否かによって異なります。放棄する必要がある場合は，旧株の課税基礎によってこれを確定します。一方，放棄する必要がない場合は，(1)新株の課税基礎をゼロとするか，あるいは(2)被分割企業の分割資産価額が全資産価額に占める割合によって旧株の課税基礎を減額し，減額後の課税基礎を新株に均等配賦します。

Q97　持分の間接譲渡

　中国企業の持分の間接譲渡とはどのような取引ですか。当該取引はどのような場合に中国で課税の対象となるのでしょうか。

Answer

　中国国外の企業が直接保有する中国子会社の持分を譲渡する場合，その譲渡益は原則として中国で10％の源泉税の課税対象となります。しかし，ケイマンやブリティッシュ・バージン諸島といったタックスヘイブン国の中間持株会社を通じて中国子会社の持分を間接的に保有し，かつ当該中間持株会社の持分を譲渡する形で，中国子会社の持分を間接的に譲渡する場合，中国での課税を回避することが可能となります。持分の間接譲渡とは，このように中国国外にあ

る中間持株会社を通じて中国企業の持分を間接的に保有する場合に，中間持株会社の持分を譲渡することによって当該中国企業の持分を間接的に譲渡する取引をいいます。

持分の間接譲渡取引に合理的な事業目的がなく，租税回避を目的にしていると認定された場合には，中国企業の持分を直接譲渡したものとみなされ，中国において譲渡益課税が生じることになります。その課税の根拠は，企業所得税法第47条に規定される一般租税回避防止規則です。この規則は，「企業が合理的な事業目的のない取引（税金の減少，免除又は納付の延期を主な目的とする取引）を実施し，その課税収入あるいは所得額を減少させた場合，税務機関は合理的な方法で調整する権限を有する」というものです。

2009年に公布された「非居住者企業の持分譲渡所得に係る企業所得税管理の強化に関する通知」（国税函［2009］698号，以下「698号通達」）では持分の間接譲渡による中国での課税回避行為に対応するための条項が設けられました。その後，2015年に「非居住者企業による財産の間接譲渡に係る企業所得税の若干の問題に関する公告」（国家税務総局公告［2015］7号，以下「7号公告」）が公布されたことに伴い，これらの条項は廃止され，現時点では，持分の間接譲渡取引に対し，7号公告の規定が適用されます。

698号通達では，中国企業の持分の間接譲渡取引が一定の要件に該当する場合，国外の投資者は中国の税務機関に取引に関する報告をしなければならないと規定していました。これに対して，7号公告ではそのような報告義務を課す代わりに，取引の当事者等は任意で取引の報告ができるとしています。また，持分の間接譲渡取引が中国で課税の対象となるのは，合理的な事業目的がないと判断される場合ですが，7号公告では，一定の要件を充足する場合に合理的な事業目的を有するものとみなすセーフハーバールールも導入されました。そのほか，間接譲渡の対象資産を，中国企業の持分のほか，中国国内の機構，場所（PE）の財産，中国国内の不動産等を含む「中国課税資産」として定義しています。

なお，7号公告によれば，中国課税財産の間接譲渡取引に関連する全体のス

キームが次のいずれかの状況に該当する場合は，中国で課税の対象とはなりません。

・　非居住者企業が公開市場で同一の中国国外の上場企業の持分を売買することにより，中国課税財産の間接譲渡による所得を得る場合

・　非居住者企業が中国課税財産を直接保有し，かつ譲渡する場合，適用される租税条約又は協定の規定に基づき，当該財産の譲渡所得が中国において企業所得税を免除される場合

　以下では，7号公告に基づき，間接譲渡取引に係る資料の提出（取引の報告）及び当該取引が中国で課税対象となる場合の申告・納付について説明します。間接譲渡取引が中国で課税対象となるか否かに関わる合理的な事業目的の判断に関しては，Q98で説明します。

1　資料の提出

(1)　取引の自主的な報告

　7号公告によれば，取引の当事者双方（譲渡者，譲受者）及び持分が譲渡される中国企業は，いずれも任意で中国の税務機関に間接譲渡取引について報告をすることができます。その際の提出資料には，持分譲渡契約書，持分譲渡前後の資本関係図，中国課税財産を直接，間接に保有する中国国外の中間持株会社（以下「中国国外企業」）及び直接，間接に中国課税資産を保有する傘下企業の直近2年間の財務諸表，中国課税資産の間接譲渡取引が中国で課税されない理由が含まれます。

(2)　税務機関による資料の提出要求

　税務機関は取引の当事者双方，中国企業のほか，取引のプランニングを行った者（すなわち，税務アドバイザー）に対しても間接譲渡取引に関する資料の提出を要求する可能性があります。税務機関の要求に応じて提出する資料には，上述の取引の報告時に提出する資料のほか，全体の取引に関する意思決定又は実行過程の情報，中国国外企業及び傘下企業の生産経営，人員，財務，財産等に関する情報及び内部・外部の監査状況，持分譲渡価格の決定根拠（資産評価

報告書等），中国国外における所得税の納付状況等があります。

2　申告・納付

7号公告では，持分の間接譲渡取引に係る所得について中国で納税すべき場合においては，持分の譲渡者に対して対価の支払義務を負う者（通常は譲受者）が源泉徴収義務者となる旨を定めています。源泉徴収義務者が源泉徴収をしないか，源泉徴収税額に不足がある場合は，持分の譲渡者が自ら中国企業の所在地の税務機関で申告・納付を行う必要があります。

源泉徴収義務者が税額を源泉徴収せず，持分の譲渡者も納税しない場合，源泉徴収義務者は義務不履行に関する責任を追及されます。ただし，源泉徴収義務者となる持分の譲受者が自ら上記1(1)で述べた取引の報告を行っている場合には，当該責任を減免される可能性があります。

なお，中国課税財産の間接譲渡取引が中国で課税される場合，その課税対象となるのは，中国国外企業の持分の譲渡によって得られる譲渡所得のうち中国課税財産に帰属する金額です。当該金額の算定に関する具体的な規定はありませんが，実務上，その算定は煩雑なものとなる可能性があります。

Q98　持分の間接譲渡と合理的な事業目的

中国企業の持分を間接譲渡する場合，当該取引に合理的な事業目的がなければ，中国で課税の対象になるということですが，その合理的な事業目的の判断について教えてください。

Answer

中国課税財産の間接譲渡取引が中国で課税されるのは，当該取引スキームに合理的な事業目的がなく，租税回避を目的にしていると認められる場合です。7号公告では，この合理的な事業目的の有無を判断する際に考慮すべき要素の

ほか，直接に合理的な事業目的がないと認定される取引及び合理的な事業目的があるものとみなされるセーフハーバールールについて規定しています。

1　考慮すべき要素

　中国課税財産の間接譲渡取引に合理的な事業目的があるか否かを判断する際には，下記２，３に該当する場合を除き，当該取引と関連するすべてのスキームを全体として考慮し，実際の状況も踏まえ，以下の要素を総合的に分析する必要があります。取引の当事者はその分析，判断の結果に基づき，取引の報告を行うか否か，あるいは自ら納税するか否かを判断することが必要となります。

① 中国国外企業の持分の主な価値は中国課税財産から生じたものであるか

② 中国国外企業の資産は主に中国国内での投資から構成されているか，あるいはその取得する収入は主に中国国内を源泉としているか

③ 中国国外企業及び中国課税財産を保有する傘下企業の担う機能とリスクが，企業の組織構成に経済実態のあることを裏付けられるか

④ 中国国外企業の株主，ビジネスモデル及び関連の組織構成の存続期間

⑤ 中国課税財産の間接譲渡取引に係る中国国外での所得税の納付状況

⑥ 持分の譲渡者が中国課税財産を間接譲渡する取引と直接譲渡する取引の代替可能性

⑦ 中国課税財産の間接譲渡に係る所得に対して中国で適用される租税条約の状況等

2　合理的な事業目的がないとされる取引

　中国課税財産の間接譲渡に関する全体のスキームが以下の４つの要件を同時に満たす場合には，下記３に該当する場合を除き，当該取引には合理的な事業目的がないものと直接認定されることになります。

① 中国国外企業の持分の75％以上の価値が中国課税財産から生じたものであること

② 中国課税財産の間接譲渡取引が発生する前１年間のいずれの時点におい

ても，中国国外企業の資産総額（現金を含まない）の90％以上が中国国内の投資により構成されているか，あるいは取引が発生する前1年間に中国国外企業が取得した収入の90％以上が中国国内を源泉としていること

③　中国国外企業及び中国課税財産を保有する傘下企業が，所在国家（地域）で登録され，法律の要求する組織形式は満たしているが，機能とリスクが限定的であり，経済実態のあることを裏付けるのに十分でないこと

④　中国課税財産の間接譲渡取引に係る中国国外での所得税の税負担が，中国課税財産を直接譲渡した場合に中国で課される可能性のある税負担より低いこと

3　セーフハーバールール

7号公告によれば，グループ内再編において中国課税財産の間接譲渡取引が行われる場合，当該取引が次の要件を満たすならば，合理的な事業目的があるものとみなされます。すなわち，中国において譲渡益課税は生じません。

①　持分の譲渡者と譲受者の間に80％以上の持分保有関係があること

②　今回の取引後に再度発生する可能性のある間接譲渡取引に係る中国での所得税負担が，今回の取引が発生しなかった場合と比べて減少しないこと

③　持分の譲受者が持分取引の対価をすべて，自社又はこれと支配関係を有する企業の持分（上場企業の持分を含まない）をもって支払うこと

中国国外企業の持分の50％以上の価値が中国国内の不動産から生じたものである場合，上記①は100％の持分保有関係が要件となります。

Q99　清算の税務処理

中国で企業を清算する場合の税務処理について教えてください。

企業が清算を行う場合，清算期間を一納税年度として清算所得を計算し，抹消登記手続きを行う前に，当該所得を税務機関に申告し，企業所得税を納付しなければなりません。

財政部と国家税務総局は，2009年に「企業の清算業務における企業所得税の処理の若干の問題に関する通知」（財税［2009］60号）（以下「60号通達」）を公布し，企業が清算する場合の税務処理について明らかにしました。その主な内容は以下のとおりです。

1　企業清算の所得税処理

企業清算の所得税処理とは，企業が経営を継続せず，自身の業務の終了，資産の処分，債務の返済及び出資者への残余財産の分配等の経済行為が発生する際の，清算所得，清算所得税，配当金の分配等の事項に関する処理をいいます。これには，以下の内容が含まれます。

① すべての資産について均しく，正味実現可能価額あるいは取引価格に基づき，資産譲渡所得又は損失を認識すること

② 債権整理，債務弁済による所得又は損失を認識すること

③ 継続経営を前提とした会計処理の原則を変更し，未払あるいは前払の性質を有する費用に対して処理を行うこと

④ 法により欠損を補てんし，清算所得を確定すること

⑤ 清算所得税を計算し，納付すること

⑥ 出資者に分配する残余財産，未払配当等を確定すること

2　対象となる企業

以下の企業は，企業清算の所得税処理を行うことが必要になります。

① 「会社法」，「企業破産法」等の規定により，清算を行う必要がある企業

② 企業再編において，清算処理が必要とされる企業

企業再編の税務処理に関する59号通達（Q89を参照）によれば，合併に一般税務処理を適用する場合，及び分割に一般税務処理を適用する場合で分割前の企業が存続しない場合には，合併前の企業又は分割前の企業及びその出資者は清算するものとして所得税の処理を行うことになります。

3　清算所得の計算

企業のすべての資産の正味実現可能価額あるいは取引価格から，資産の課税基礎（税務上の帳簿価額），清算費用，関連税金を控除し，これに債務弁済損益等を加算した残額を，清算所得とします。

4　出資者側の税務処理

企業のすべての資産の正味実現可能価額あるいは取引価格から，清算費用，従業員給与，社会保険料及び法定の補償金を控除し，清算所得税と過年度の未納付税額を精算し，企業債務を返済した後に，規定に基づき出資者に分配可能な残余財産を計算します。

清算企業の出資者が分配により取得した残余財産の金額のうち，清算企業の未処分利益及び利益剰余金の累計額のうちの持分比率に対応する部分は，配当所得として認識します。残余財産から配当所得を控除した残額が，出資者の投資原価を超える部分あるいは下回る部分は，出資者の投資譲渡所得あるいは損失として認識します。

清算企業の出資者が清算企業から分配された資産は，正味実現可能価額あるいは実際の取引価格に基づいて課税基礎を確定します。

第11章

移転価格税制に関する
Q&A

● Point ●

　本章では，移転価格税制への対応において企業がとくに留意すべき事項を中心に解説を行います。移転価格税制に基づく課税は，金額が大きくなるだけではなく，いわゆる二重課税（同じ所得に2回課税される状態）を引き起こすこととなりますので，中国における当該税制および執行の状況に関する十分な理解が重要となります。

Q100 移転価格税制の対象取引

中国ではどのような取引が移転価格税制の対象となりますか。

Answer

　企業が関連者との取引価格を独立企業との取引価格と異なる金額に設定すれば，一方の利益を他方に移転することが可能となります。移転価格税制は，関連者間取引を通じた所得の移転による課税所得の減少を防止するため，関連者間取引が独立企業間価格で行われたものとみなして所得を計算しなおし，課税する制度です。

　中国でも，企業所得税法第41条において，「企業とその関連者との取引が独立企業間原則に合致せず，企業またはその関連者の課税収入または所得額を減少させた場合，税務機関は合理的な方法に従って調整することができる」とされています。

　中国の移転価格税制の対象範囲は，日本の移転価格税制と主に次の2点が異なります。

　①　出資持分比率が直接又は間接的に25％以上となる場合，関連者となること

　②　国内関連者についても移転価格税制の対象となること

　日本の移転価格税制上は，国外関連者との取引のみを対象としており，出資持分比率は50％以上とされています（租税特別措置法第66条4項）。

　そのため，日本の移転価格税制上は対象とはならない取引についても，中国においては移転価格税制の対象となることがあるため，留意を要します。

　特に，中国移転価格税制は，国内関連者との取引についても対象となります。そのため，たとえば，移転価格同時文書の義務の有無の判定に用いる関連者間取引の金額にも，国内関連者との取引金額もカウントしなければなりません。また，企業所得税の年度の確定申告の附表である『関連者間取引往来表』にお

いても，国外関連者との取引のみならず，国内関連者との取引についても開示が必要です。

　ただし，国内関連者との取引については，「実際の税負担が同様の国内関連者との取引については，当該取引が直接或いは間接的に国家全体の税収の減少を招かない限り，原則，特別納税調整を行わない」とされています（≪特別納税調査調整及び相互協議プロセス管理弁法≫（国家税務総局公告2017年第6号）（以下，「6号公告」）第38条）。

　そのため，中国国内の関連者との間での適用税率，繰越欠損金の保有状況，また，目標とする利益水準などの違いに留意を要します。たとえば，繰越欠損金のない中国現地法人が，繰越欠損金を持つ中国国内の関連者に対して，通常よりも安い値段で製品を販売すれば，税務局からは，中国全体の税収減少を招いた疑いを持たれることがあります。また，一方の中国現地法人がハイテク企業の優遇を享受しており適用税率が低い場合にも税負担に違いが生じるため，慎重に価格を設定する必要があります。

　なお，省，地区を跨ぐか否かにかかわらず，上記の規定が適用されます。同一の省，地区内の関連者間取引であっても，税収減少を招いたと疑われる場合には，移転価格税制の観点から調査に入られることがあります。

　移転価格税制の対象となる関連者間取引の種類には，有形資産取引の使用権或いは所有権の譲渡，金融資産取引の譲渡，無形資産取引の使用権或いは所有権の譲渡，資金融通，サービス取引が含まれます（≪関連申告と同時文書の管理の完備に関する事項についての公告≫（国家税務総局公告2016年第42号）（以下，「42号公告」）第4条）。

　また，税務局は，既存取引の価格設定のみならず，契約や資金のやりとりがない場合にも，実質的なサービス提供の有無の確認や，本来，関連者が負担すべき費用を負担していることがないかを確認することがあります。

Q101 中国の執行状況の特徴

移転価格税制の執行状況を教えてください。

Answer

　移転価格税制を含む租税回避防止業務には，国家税務総局が2010年度から打ち立てた「調査」，「管理」，「サービス」の三位一体の方式が運用されています（≪2010年度における租税回避防止業務の状況報告≫（国税函［2011］167号））。

　国家税務総局の非公式文書（≪中国税務報≫）によると，2016年度における３つの方式による追徴税額の全国合計は603億人民元でした。

　３つの方式のうち，「調査」は移転価格調査です。2016年度の移転価格調査による追徴税額の全国合計は，94億人民元で，３つの方式による追徴税額の合計の約16％でした。2016年度における立案事案は326件，終結事案は254件で，事案ごとの平均追徴税額は3,702万人民元でした。また，追徴税額が１億人民元を超える事案は18件あり，１千万人民元を超える事案は91件でした。

　調査による事案当たりの追徴税額は高額になっています。移転価格調査においては，税務局の担当官が行わなければならない税務機関内部の手続きや報告がより煩雑です。そのため，一般的に，税務局としても，調査対応コストに見合うよう，追徴税額の目標が高めに設定される傾向があります。

　ただし，2016年９月から，移転価格調査にかかわる税務機関内部のプロセスが簡素化されています。従来，移転価格調査の立案と終結には，税務機関内部のプロセス上，国家税務総局による審査が必要とされていましたが，2016年９月に国家税務総局が発布した≪特別納税調整内部業務規程≫（（国税務函［2016］137号）以下，「137号規程」）により，移転価格調査事案の立案と終結に，省レベルの税務局がより多くの権限を持つこととなりました。主管となる地域の税務局は，立案のための調査対象候補や，終結のための初歩調整案を省レベルの税務局に報告し，省レベルの税務局がこれを審査します。省レベルの税務局がこ

れに同意すれば，主管となる地域の税務局は，移転価格調査事案を立案することも，終結に際しての≪特別納税調査初歩調整通知書≫を企業へ交付することもできます。国家税務総局に対しては，税務機関内部のシステムを通じて届出のみがなされ，サンプルベースで事案が検査されることとなりました。ただし，引き続き，国家税務総局による審査が必要な事案もあります。立案については，全国合同調査事案や一般租税回避防止管理（スキームを使った租税回避など）にかかわる事案，終結については，これらの事案と移転価格調査事案の中でも追徴税額が1,000万人民元以上となる事案，コストシェアリング協議，タックスヘイブン対策税制，過少資本税制に係わる事案には，今後も国家税務総局による審査が必要です。

これまで，地域の税務局が企業に対する調査実務を完了させて，上級税務機関への報告に事案を回していても，国家税務総局を始めとする上級税務機関の承認待ちで『特別納税調査初歩調整通知書』や『特別納税調査調整通知書』の交付がなされず，正式な事案の終結が即座になされないことが多々ありました。なお，従来，移転価格調査の税務機関内部プロセスにおいて，国家税務総局の承認手続きを必要としていた背景には，移転価格税制が中国に導入されようとしていた時期に，各地域の税務局が移転価格税制と称して，合理的な根拠を示すことなく独断で企業に追徴税額を課していたことがあり，これに対して，国家税務総局が，移転価格税制については国家が統一的に管理する仕組みを導入したものと考えられます。

現在，税務機関内部の情報システムや人員体制が整備され，国家税務総局が各地の税務局の動向をより管理しやすい環境になっています。また，今日に至っては，１つの事案で多額の追徴税額が生じるような企業に対しては，すでに移転価格調査が実施済みか，企業が事前確認申請をしていることが多くなっています。

このような状況から，国家税務総局は，自身が移転価格調査事案のボトルネックとなることを避け，より円滑に調査プロセスを完了させながらも，国家税務総局でなければ行うことができない，相互協議（二国間事前確認や調査課税

に係る租税条約締約相手国との協議）や，全国合同調査事案などの業務にマンパワーを集約させることがより重要になってきたと言えます。

　ただし，３つの方式のうち，「調査」ではなく，圧倒的に多くの追徴税額が「管理」により徴収されています。2016年度における「管理」による全国の追徴税額は422億人民元で，３つの方式による追徴税額の合計の約70％を占めます。

　「管理」とは，「企業が独立企業原則を遵守しているか否かにつき，企業，自らに自覚させ，自主的に利益水準を引き上げるよう督促する」ことです（≪2010年度における租税回避防止業務の状況報告≫（国税函［2011］167号））。つまり，正式な移転価格調査事案の立案なしで，税務局から過去年度の申告所得額の増額修正を要求されて，企業がこれに応じ，過去年度につき，移転価格税制に係わる修正申告を行うことです。なお，６号公告第３条においても，「税務機関は，関連者間取引の申告に対する審査，同時文書の管理と利益水準の監督管理などの手法を通じて，企業に特別納税調整の監督管理を実施し，企業に特別納税調整リスクが発見された場合，『税務事項通知書』を交付し，その租税リスクを提示することができる。特別納税調整リスクの提示を受けたか，あるいは，自ら特別納税調整リスクがあると認識した企業は，自主的に調整をして，税額を追納することができる」とされています。

　修正申告といっても，計算間違えや申告漏れと異なり，移転価格税制は価格設定の合理性によることから，税務局からなんら指摘がない中で企業自ら過去年度の修正申告に踏み切ることは，実務上，ほとんどありません。税務局から過去年度の関連者間取引につき合理性に疑義があるとの指摘を受けて，企業が税務局からの修正申告の要請に応じるか否かを判断します。もしも，修正申告に応じる場合には，どの取引に対するどのような調整であれば修正申告を行うかを企業から税務局へ提示し，その所得調整案の合理性について税務局に説明して，税務局と協議する形で進められます。

　税務局は，企業による修正申告の方が，正式な移転価格調査よりも税務機関内部の対応コストが低いと考えており，調査事案のモデルケースとして評価さ

れうる場合を除いて，多くの企業に，より多額の修正申告をさせることで，効率的に移転価格税制を執行しようとする動きがあります。ただし，企業はこの税務局の要求に慎重に対応する必要があります。

　まずは，移転価格税制にかかる修正申告にあたっては，自社のみならず，今後，取引相手側へどのような影響が及ぶかも踏まえて対応しなければなりません。たとえば，企業グループの移転価格ポリシーとの整合性を考慮せずに，中国の1社だけで修正申告の要請に応じてしまうと，過去年度の二重課税のみならず，将来年度においても，取引相手との間で一貫性のある取扱いを運用できなくなるリスクが生じます。企業グループの移転価格ポリシーが構築されており，これに沿って取引をしていたにもかかわらず修正申告の要請を受けた場合には，税務局に対して，再度，自社の移転価格ポリシーを説明し，理解してもらう必要があります。

　次に，過去年度に移転価格ポリシーに至らない点があったか，または，その運用に問題があったことを企業としても認めることができる場合，移転価格調査として立案されるリスクの程度，そして，移転価格調査と修正申告の違いを踏まえて検討する必要があります。移転価格税制にかかわる修正申告は，調査と比較して，企業にとって主に次の特徴があります。

① 相互協議の対象とならない

　　日中間の取引にかかる移転価格調査による課税は，相互協議の申立ての対象となりますが，修正申告は，原則，相互協議の対象となりません。二重課税が排除される可能性が絶たれ，取引相手国との間で，税務上の取扱いに一貫性を保つことができるかが不確実となります。

② 短期間で解決する傾向がある

　　移転価格調査は立案から終結まで1年以上の時間を要する場合もあります。一方，修正申告は，調査と比べると，短期間で終結する傾向があります。

③ 追徴税額が低くなる余地がある

　　137号規程により，移転価格調査にかかる税務機関内部プロセスは簡素化されたものの，修正申告と比べれば，税務局側の1事案にかかる対応コスト

は比較的重く，移転価格調査1事案当たりの追徴税額の目標も多額となる傾向があります。一方，修正申告については，同じ事案で税務調査として立案された場合よりは，一般的に，税務局の追徴税額の目標は高くならないことが想定されます。

④　翌年度以降の調査リスクが払拭されない

修正申告により，所得の増額調整を行った年度についても，その後，改めて，移転価格調査として立案されるリスクが完全には払拭されるわけではありません。修正申告に応じた企業に対しても税務局が移転価格調査権を留保し続けることは，6号公告第3条にも規定されています。税務局は，修正申告により所得の増額調整がなされた後も，10年間の時効まで，その他の年度と併せて，1回の移転価格調査でどれぐらいの追徴税額を徴収できるかを吟味する傾向があります。

以上のように，移転価格税制にかかる修正申告の要請に対峙する際には，企業グループの移転価格ポリシーとの整合性，調査に入られるリスクの程度，調査に入られた場合の相互協議による二重課税回避の可能性，調査に入られた場合に考えられる追徴税額の多寡，対応に要する事務負担などを総合的に勘案します。

なお，移転価格税制は大規模拠点に限った問題との認識が一般的にありますが，中国における修正申告に至っては，取引規模が小額であっても，税務局から要請を受ける可能性が十分あります。中国においては，対応コストとのバランスを踏まえながらも，より網羅的に移転価格ポリシーを策定，運用されるようお勧めします。

3つの方式の最後となる「サービス」とは，中国税務機関による納税者に対するサービスです。これには，二国間事前確認や調査課税に係わり，国家税務総局が租税条約締約相手国との間で行う相互協議が含まれます。≪2009年租税回避防止業務の状況報告≫（国税函［2010］84号）によると，国家税務総局は，「相互協議において，ロケーションセービング，マーケットプレミアム，マーケティング上の無形資産などの発展途上国に有利な理念と数量化分析法を研究

し，運用することで，中国の税収を守る」としています。2016年度における「サービス」による全国の追徴税額は，87億人民元で，３つの方式による追徴税額の合計の約14％となっています。

Q102　調査対象企業

どのような会社が移転価格調査の対象とされますか。

Answer

　現在，中国の税務機関は，企業の実績値や取引金額をシステムで管理し，これを使って企業の移転価格リスクの評価を行っています。システムには，確定申告や予定納税，国外送金手続きなどの際に企業から入力されたデータが反映されます。なお，中国には，確定申告の附表に，関連者間取引にかかわる『関連者間取引往来表』があります。確定申告書や国外送金手続きの多くは電子化されているため，ハードコピーで提出される監査報告書や同時文書と比較して，より容易に税務機関のシステムに反映されます。そして，省レベルの税務局は，移転価格リスクの傾向を示す複数のポイントに自動的にアラームが鳴るようシステムを設定しています。省レベルの税務局は，システムにより自動的にリストアップされた移転価格リスクのポイントが高い企業のリストを管轄する市，区や鎮などの地域の税務局の移転価格担当官へ提示して，これらの企業の詳細な状況を確認して報告するよう指示します。指示を受けた地域の税務局の移転価格担当官は，企業に対して，データの背景や理由を確認し，関連資料の提出を要請します。その過程で，地域の税務局の移転価格担当官は，移転価格調査の立案候補として省レベルの税務局へ報告するか否かを検討します。場合によっては，状況確認の過程において，企業に修正申告を迫り，修正申告に応じた企業については，省レベルの税務局に対して，その修正申告の内容を報告すると共に解決済みと捉えてよいか打診します。一方，企業が修正申告に応じ

ない場合には，未解決として，又は，移転価格調査の立案候補として検討するか否かを省レベルの税務局に相談します。

　このようなシステムによる移転価格管理は，6号公告においても，「税務機関は，リスク管理を目的として，関連者間取引の利益水準に係る監督管理指標システムを構築，改善し，企業の利益水準に対する監督管理を強化」（6号公告第2条）し，そして，「税務機関は，関連者間取引にかかわる申告の審査，同時文書の管理と利益水準の監督管理などの手法を通じて，企業に特別納税調整の監督管理を実施」（6号公告第3条）することが示されています。

　上記以外にも，たとえば，省レベルの税務局からの指示ではなく，地域の税務局から移転価格の問題が提起されることや，一般の税務調査において移転価格の問題が発見され，移転価格の担当官へ報告されることもあり，また，企業の退職者などが税務局に企業の移転価格の問題を密告し，税務局がこれに応えようとすることも移転価格調査につながります。

　ただし，いずれの場合であっても，1つの税務機関や1担当官が，独断で，移転価格調査の立案を決定したり，または，逆に見送ることは，税務機関内部の手続き上，難しくなっています。まず，地域の税務局は，省レベルの税務局からリストアップされたか，税務機関内の他部門から連絡を受けた企業の状況について，確認をして，その具体的な状況をこれらの情報源に報告しなければなりません。個人的に関係が良好であるからといって，合理的な理由なく，問題無しとして省レベルの税務局や他部門へ報告することはできません。また，移転価格調査の立案には，省レベルの税務局の承認が必要です。地域の税務局は，立案しようとする場合にも，独断で決定することはできません。一方，省レベルの税務局も，移転価格リスクの高い企業は，システムにより，基本的に，自動的にリストアップされるか，そうでない場合にも，すでに複数の部門や担当官が認識していることになります。そのため，個人的な関係を理由に，事案を処理することは容易でなくなっています。

　それでは，どのような企業が移転価格のリスクが高い企業としてリストアップされるのでしょうか。6号公告第4条によると，税務機関は，移転価格調査

において，次の企業に注目するとしています。

① 関連者間取引の金額が大きいか，あるいは取引類型が多い企業

② 長期的に欠損に至っているか，僅かな利益しかないか，あるいは損失計
上と利益計上を繰り返している企業

③ 業界の利益水準より低い企業

④ 利益水準がその負担する機能及びリスクに見合わないか，あるいは享受
する収益が分担するコストに対応していない企業

⑤ 低税負担国（地区）にある関連者との関連者間取引がある企業

⑥ 規定に従って関連申告を行わないか，あるいは同時文書を準備していな
い企業

⑦ 関連者から受け入れた債権性投資と権益性投資の比率が規定された基準
を上回る企業

⑧ 居住者企業か，あるいは居住者企業と中国居住者によりコントロールさ
れており，実際の税負担が12.5％を下回る国家（地区）に設立された企業
であり，かつ，合理的なビジネスニーズによらず，利益を配分しないか，
または利益の配分を減少させている企業

⑨ 合理的な商業上の目的がないタックスプランニングを行う企業

上述したとおり，企業の実績値を管理するシステムには，移転価格リスクの
傾向を示す複数のポイントに自動的にアラームがなるように設定されています。
上記の6号公告第4条がリスクポイントとして設定されている以外にも，売上
高が上昇したにもかかわらず利益率が落ちた場合，ハイテク企業の税務優遇を
享受しながら，多額のロイヤリティの支払いがある場合にも，リスクポイント
が加算されることが想定されます。また，税務局は，対外非貿易支出と言われ
る，製品や部材の売買取引以外の取引による国外への送金手続き時の情報をシ
ステムに取り込もうとしています。なお，確定申告の附表である『関連者間取
引往来表』の中の『国外支払状況表』にも，企業は，原則，国外関連者への支
払にかかわる情報を項目ごとに記入しなければなりません。多くの省において，
確定申告時のデータは，企業の実績値を管理するシステムに反映されています。

そのため，国外関連者への非貿易支出が多額である場合やその種類が多い場合，また，売上高に対するこれらの支出金額が上昇している場合にもリスクポイントとなることがあります。

　なお，税務機関は，多くのリスクポイントを設定しており，基本的に，そのポイントの高い企業がリストアップされる仕組みです。そのため，1つのリスクポイントに該当しただけでは，税務局からすぐに注目されるとは限りません。ただし，外資系企業の子会社が少ない地域では，同じリスクポイントであっても，リストの上位に上がりやすくなることが予測されます。

　さらに，移転価格リスクの高い企業としてリストアップされたからといって，必ずしも，移転価格調査の立案対象となるわけではなく，その後の税務局への追加説明により，立案を免れることもあります。そのため，税務局からの問い合わせに対して，適時に，適切な説明を提出できる体制づくりが重要です。

　上記の6号公告第4条に掲げられた状況のうち，特に，長期的な損失計上については，税務局からその理由や関連者間取引により受けた影響を聞かれる可能性が高いと言えます。中国現地法人が長期的に損失を計上し，その事業の資金繰りが増資で支えられている場合，長期的なビジネスプランが税務局に伝わっていないと，事業継続の理由をグループ全体で見れば儲かる事業であるためと誤解され，それにもかかわらず，中国現地法人の損失計上が続いている理由は，所得を移転させているのではないかと疑われることがあります。

　また，6号公告第28条によると，「国外関連者のための来料加工或いは進料加工などの単一生産業務，或いは卸売り，受託研究開発業務に従事している」場合，「原則，合理的な利益水準を確保しなければならない」とされており，「戦略決定の誤り，稼動率の不足，製品の販売不振，研究の失敗などに起因する，関連者が負担すべきリスクと損失を負担する場合，税務機関は特別納税調整を実施できる」とされています。なお，年間の関連者間取引が一定の規模に達しない場合にも，これらの企業は，損失年度について，同時文書のローカルファイルの準備義務が生じます（Q107　同時文書を作成しなければならない企業を参照）。

しかしながら，グループ全体で当該事業が損失となっている場合にも，中国現地法人に一定の利益水準を確保させると，いわゆるインカムクリエーションの状況が生じるおそれがあります。このような場合，中国現地法人と取引を行う関連者側が一方的により多くの損失を計上することとなります。

ここで留意しなければならないのは，中国の移転価格税制においても，中国現地法人が自社で負担する機能とリスクの範囲において生じた損失についてまでも否認する規定とはなっていない点です。そのため，まずは，中国現地法人が自社で遂行した機能に起因して損失が計上されていないかを確認する必要があります。また，セグメントごとに中国現地法人の負担する機能とリスクが異なる場合も考えられます。たとえば，中国現地法人の財務諸表を関連者間取引と第三者との取引に区分すると，負担する機能とリスクが限定的である関連者間取引では利益が確保されており，損失は，中国現地法人がより高い機能とリスクを負担する第三者との取引において計上されていることもあります。

また，昨今，中国の税務機関は全国合同調査にも力を入れています。なお，従来，移転価格調査の立案には，税務機関内部のプロセス上，国家税務総局による審査が必要とされていましたが，2016年9月に国家税務総局が発布した137号規程により，全国合同調査事案や一般租税回避防止管理（スキームを使った租税回避など）にかかわる事案以外の一般の移転価格調査事案については不要となりました。この目的の1つは，国家税務総局が，全国合同調査など，国家税務総局にしかできない業務に，より専念できるようにするためと言われています。

全国合同調査には，主に，同じ産業に属する法人をまとめて調査対象とする産業合同調査と同じ企業グループに属する法人を一斉に調査対象とする企業グループ合同調査があります。合同調査によると，税務機関は，産業のビジネス上の特徴や企業グループの移転価格ポリシーに関する分析を共有することができ，効率的に調査を進められるメリットがあります。特に，企業グループに対する合同調査については，バリューチェーン全体での所得配分を分析，検討しやすいと考えられています。

その一方，複数の省を跨ぐ場合，省の間での所得の取り合いに陥りかねないことから，国家税務総局が事案をリードする仕組みの整備が進められています。企業にとっては，グループ全体で一貫性のある移転価格ポリシーの構築がますます重要となっています。

Q103 移転価格調査プロセス

移転価格調査はどのように進められますか。

Answer

　移転価格調査の主な流れは，調査対象の選定と立案，調査の実施，初歩調整案の提示，企業の異議，調整通知書の交付，企業による追徴税額と利息の納付となります。追徴税額の納付後の救済手段には，国内法による行政再審査や行政訴訟の申請と，租税条約に基づく相互協議による二重課税の排除があります。

　調査の実施にあたっては，税務局による企業への資料提出の要請，企業への訪問や工場見学，企業へのインタビューや面談などを通じて，事実確認が行われます。税務局は，企業へ資料の提出を要請する際，『税務検査通知書』を交付して，提出が必要な資料と期日を記載します。また，インタビューや面談にあたっては，議事録が作成され，インタビューや会議の後，企業側もこれに対して署名が求められます。

　そして，確認された事実に基づき，移転価格分析が実施されます。独立企業の間で取引が行われた場合の価格や利益水準が算定されて，所得調整額と追徴税額が算出されます。ただし，多くの事案において，所得調整案のやりとりは複数回に渡ります。たとえば，税務局から始めに提示された所得調整案に対して，企業がその分析の基礎となる事実認識に誤解があるとして反論し，さらに，企業側から別の調整案を提示することもあります。そして，税務局と企業との間で，複数回に渡り，所得調整案が取り交わされる事案も散見されます。この

ような所得調整案のやりとりは，場合によっては，『特別納税調査初歩調整通知書』の形式を採らず，むしろ，『特別納税調査初歩調整通知書』の交付前に，その内容をどのようにするかを議論するために行われます。

『特別納税調査初歩調整通知書』として，より正式に所得調整案を企業へ提示するために，地域の税務局の移転価格担当官は，まずは所属する地域の税務局内で所得調整案について協議をし，同意を得なければなりません。そして，さらに，上級税務機関の審査を受ける必要があります。追徴税額が1,000万人民元未満の移転価格調査事案については，省レベルの税務局の審査を受けることとされています。初歩調整案における1件当たりの追徴税額が1,000万人民元以上となる移転価格調査事案については，省レベルの税務局の審査の後，さらに，国家税務総局の審査も必要です。

なお，全国合同調査事案については，地域の税務局から国家税務総局へ報告がなされ，省レベルの税務局による審査は不要とされています。そして，国家税務総局が募ったその事案に係る省レベルの複数の専門担当官により構成された事案審査チームの話し合いにより統一された調整案が確定します。省レベルの税務局が個別に審査をしてしまうと，省どうしの所得の取り合いになってしまうことを懸念してのプロセスと考えられます。

上記のとおり，移転価格調査において，地域の税務局の移転価格担当官は，調査における分析内容を上級税務機関へ提出しなければなりません。実務上，地域の税務局の移転価格担当官は，その地域の税務局内での説明のみならず，上級税務機関による審査に通りそうか否かも視野に入れて，企業との間で所得調整案を議論します。そのため，企業は，企業として受け入れられる調整案につき，地域の税務局の移転価格担当官が，上級税務機関に対して上手く説明できるよう，理論武装や説明を準備することが重要です。

そのようにして，税務局から企業へ『特別納税調査初歩調整通知書』が交付された後，企業は，これに異議がある場合，通知書を受領した日から7日以内に書面で提出しなければならないとされています。企業が書面で異議を提出した場合，税務機関は，再度，これを協議し，審査することとされていますが，

審査を通じて，企業の異議を採り入れないことが決定されれば，『特別納税調査初歩調整通知書』の内容によって，『特別納税調査調整通知書』が交付されます。

　中国においても，国内救済手段が設けられています。企業は『特別納税調査調整通知書』を受領したが，異議がある場合，『特別納税調査調整通知書』に基づき追徴税額と延滞利息を納付した後，行政再審査を申請できるとされています。ただし，行政再審査は，原則，1級上の税務機関に対して申請します。『特別納税調査調整通知書』が交付されるまでの税務機関内部のプロセスを踏まえると，行政再審査に多くを期待することは難しくなっています。なお，行政再審査の審査結果に不服である場合，人民法院に行政訴訟を提起することもできるとされています。

　国内救済手段に期待することが難しい事案が多いことから，日中間の取引については，相互協議の申請がより検討されています。相互協議は，国内法で定められる救済手段とは別途に，租税条約に基づき行われるものです。日中間では租税条約が締結されていることから，中国現地法人の日本の関連者との取引については，二重課税を排除するために，納税者は国家税務総局と国税庁との間での協議を申請することができます。ただし，日中相互協議は，原則，『特別納税調査調整通知書』から3年以内に申請しなければなりません。また，「他方の締約国の権限のある当局との合意によって当該事案を解決するよう努める」とされており，両国の合意は努力義務であり，必ずしも合意に至るわけではないことに留意を要します。なお，相互協議で解決されない場合にも，日中間においては，仲裁による解決手段は規定されていません。

　中国における移転価格にかかわる追徴税額には，延滞利息が生じます。延滞利息は，2008年1月1日以降の関連者間取引に対する移転価格調整に対して課され，適用利率は追徴税額の延滞期間と同期間の中国人民元銀行の人民元貸付基準利率です。ただし，移転価格同時文書の義務を怠った企業にはこれに5％が加算されます。なお，延滞利息と延滞金が同時に生じることはありません。延滞利息の計算期間は，追徴税額の帰属する納税年度の翌年6月1日から，追

徴税額に対して設定された納付期限までとなり，一方，納付期限を過ぎても追徴税額を納付しない場合にのみ，その期間に対しては延滞金が科されます。延滞金の利率は1日当たり0.05％であり，年率に換算すると18.25％と高額です。延滞利息とは利率も異なることに留意を要します。なお，延滞利息は，正式な立案調査による移転価格課税だけではなく，移転価格税制にかかわる企業の修正申告による追徴税額に対しても生じます。

　137号規程には，調査を担当する税務局が国外の税務機関を通じて国外のデータや資料を必要とする場合，国家税務総局の審査を経て，租税条約などの関連規定に基づき国外の税務機関と情報交換をすることも記載されています。

Q104　移転価格調査における中国固有の問題

移転価格調査の特徴を教えてください。

Answer

　中国の移転価格調査の特徴として，次が挙げられます。

1　レンジ内の年度についても中位値まで調整

　中国現地法人の利益水準の実績値に対して，独立企業間で取引を行っていたとすれば獲得されたであろう合理的な利益水準を当てはめて比較検証する方法が，移転価格調査における調整方法として採用された場合，中国税務機関は，多くの事案で，中国現地法人の1月から12月の単年度ごとの実績値を検証し，たとえその実績値が合理的な利益水準とされた四分位レンジに収まっていたとしても，中位値を下回っていれば，中位値まで所得を加算調整しています。

　6号公告第25条は，「税務機関が四分位法を用いて企業の利益水準を分析，評価する際，企業の実際の利益水準が比較対象企業の利益率レンジの中位値を下回る場合，原則，中位値を下回らないよう調整する」としています。

国際的な移転価格税制の取扱い指針であるOECD移転価格ガイドラインによると，「関連者間取引における関連条件（たとえば，価格や利益）が独立企業間価格の幅に入っている場合には，調整は行われるべきでない」とされています（≪OECD移転価格ガイドライン≫2017年版3.60）。

　なお，日本の移転価格税制上も，OECD移転価格ガイドラインと同様に，比較対象取引が複数存在し，独立企業間価格が一定の幅（レンジ）を形成している場合において，国外関連取引の対価の額が当該幅の中にあるときには，移転価格課税は行われないこととされています（措置法通達66の4(3)−4）。

　中国の現行の移転価格調査の実務は，独立企業間で取引を行った場合に獲得される合理的な利益水準のレンジに実績値が収まっている場合，所得調整の対象とすべきではないというOECD移転価格ガイドラインの取扱いと矛盾することになります。

　企業の実務的な対策として，中国における移転価格管理においては，独立企業間で取引を行っていた場合に獲得される利益水準について，そのレンジのみならず，中位値にも配慮せざるを得ないと言えます。

2　移転価格課税の時効が立案時にストップ

　調査時効については，企業所得税実施条例第123条により，「税務機関は当該取引の発生した納税年度から10年内，納税調整する権利がある」とされています。この10年について，明確に起算時点が示されているわけではありませんが，自然にとらえれば，調査として立案された時点ではなく，所得を調整する調査終結の時点と考えることができます。しかしながら，現行の中国移転価格調査の実務上，多くの事案において，移転価格調査の立案の通知時点から10年間まで遡って所得が調整されています。

　中国の移転価格調査の立案通知書には，通常，調査対象とする期間が記載されています。ただし，立案通知書の交付後，調査の終結までに複数年かかることがよくあります。移転価格調査が長期化する要因には，企業側の資料提供などが遅れた場合のみならず，税務機関の都合によることもよくあります。たと

えば，税務機関内部の業務スケジュールや人員配置，上級税務機関の承認待ちなどにより，調査の着手が遅れたり，長期化したり，さらに，実質的な調査は完了していても，調査終結時に交付されるべき『特別納税調査調整通知書』が適時に交付されないこともあります。それらの事情により，立案から複数年が経過した後にやっと調査が終結した多くの移転価格調査事案でも，調査の立案通知書に記載されていた調査対象期間に変更が加えられることなく，調査立案時点から10年間がそのまま移転価格調査による所得調整の対象年度とされています。

確かに，企業側の都合により調査が長期化することもゼロではないかもしれませんが，上記のような実務取扱いにより，税務機関は，調査立案の手続きさえ行っておけば時効を止めることができてしまいます。また，そのような実務取扱いが当然となっていることからも，税務機関は調査立案後，終結を急がなくなってしまい，調査が長期化するという構図も見えます。これは，延滞利息や調査対応のための事務負担を負わざるを得ない企業にとって不利な取扱いです。

Q105 中国移転価格税制におけるロイヤリティ取引の取扱い

ロイヤリティ取引について，中国移転価格税制上の留意点を教えてください。

Answer

中国には，ロイヤリティ取引の料率を制限する明文化された規定はありません。ただし，税務機関は，たとえば次の観点からその合理性を確認することがあります。

1 中国現地法人が無形資産の価値上昇に貢献していないか

中国税務機関は，昨今，中国現地法人による無形資産の価値上昇への貢献の有無に注目しています。中国現地法人による技術センターの立ち上げ，製品の改良，マーケティング活動と販売ルート構築，多額の広告宣伝費の負担などが，国外関連者へ支払うロイヤリティの対象となる無形資産の価値を上昇させていないか，上昇させていれば，中国現地法人から国外関連者へ支払うロイヤリティの金額を減額させるべきではないかという質疑が投げられる事案が増えています。

たとえば，中国現地法人が中国市場向けの改良活動を行う場合，ロイヤリティの対象となる無形資産に中国現地法人による改良の成果部分が含まれないことを明確にしておく必要があります。もしも，ロイヤリティの対象となる基礎技術や既存製品と，中国現地法人による改良技術や改良製品の区分を説明できない場合，中国現地法人により改良が施された製品と改良が施されていない製品にかかるロイヤリティ料率の整合性につき，税務局から追加説明を求められることがあります。

特に，ハイテク企業の税務優遇の享受には，主体的な研究開発機能が条件とされています。そのため，ハイテク企業として税務優遇を享受している場合，税務局は，中国現地法人が自社で研究開発機能を持ち，一定の無形資産を有しているにもかかわらず，なぜ関連者に対して多額のロイヤリティの支払が必要になるかを確認しようとします。たとえば，中国現地法人における研究開発活動がロイヤリティの対象となる技術や製品のための研究開発活動と重複していないかや，税務優遇申請時の説明とロイヤリティ取引が矛盾していないかにつき，税務局から説明を求められることがあります。企業としては，中国現地法人において行う研究開発の対象と関連者が有するロイヤリティの対象となる技術の違いや，たとえ自社で一部の開発活動を行っていたとしても，中国現地法人にとって，関連者の有する技術の使用が必要であることを説明しなければならないことがあります。

また，中国現地法人の利益が高いことから，ロイヤリティの引上げにより親

会社へ利益の一部を還元しようとする場合，税務局からは，当初より親会社が保有している既存の無形資産によって中国現地法人の利益が上昇したのではなく，中国現地法人による技術改良，ブランド認知度アップなどが利益上昇をもたらしたと疑われることがあります。そのため，中国現地法人の利益が高くなったという結果のみをロイヤリティ引上げの理由とすると合理性を問題視されることがあります。ロイヤリティ料率の合理性と併せて，利益上昇の理由についても分析を示せた方が望ましいと言えます。

6号公告第31条においても，ロイヤリティ契約を導入後，中国現地法人が無形資産の価値創出に貢献するようになった場合，当初のロイヤリティ料率の引下げを検討するよう示唆されており，「無形資産の使用の過程において，企業及びその関連者が実行する機能，負担するリスク，或いは使用する資産に変化が生じた場合」や「企業及びその関連者が，無形資産に対して，継続的開発，価値上昇，維持，保護，応用とプロモーションを行うが，合理的な報酬を受けていない場合」，ロイヤリティ取引を「適時に調整すべきであり，適時に調整しない場合，税務機関は特別納税調整を実施することができる」とされています。

2　無形資産の価値が時間の経過と共に低下していないか

中国税務機関は，時間の経過と共に技術の価値は低下すると考える傾向があります。そのため，長期に渡り同じ技術を対象とするロイヤリティ契約を締結している場合には，その価値が維持されているか否か，説明を求められることがあります。

企業としては，ロイヤリティ契約の有効期間を長く設定する場合，たとえ契約の枠組みに変更はなくても，契約の対象となる技術や製品は更新されていることや，または，同じ技術や製品が対象であっても，製品のライフサイクルが長く，価値の低下は見られないなどの説明を準備しておいた方がよいと言えます。

3 中国現地法人に利益をもたらすほどの価値はないのではないか

ロイヤリティを支出後，中国現地法人が損失又は低い利益に至る場合，実際の無形資産使用の価値はさほど高くなく，ロイヤリティの対象となる無形資産が中国現地法人に十分な経済利益をもたらしていないと，税務局から疑われることがあります。

6号公告第32条によると，「企業がその関連者との間で，無形資産の使用権を譲渡するか或いは譲り受けることにより，受領するか或いは支払う特許権使用料は，当該無形資産が企業或いはその関連者にもたらした経済利益に相応すべきである。経済利益に合致せずに，企業及びその関連者の課税収入或いは所得額を減少させる場合，税務機関は，特別納税調整を実施することができる。企業に経済利益をもたらさず，かつ，独立企業原則に合致しない場合，税務機関は，税前控除された金額の全額を対象として特別納税調整を実施することができる」とされています。

企業としては，ロイヤリティ料率の合理性と共に，ロイヤリティの対象となる製品にかかる中国現地法人のセグメント損益と中国現地法人の損失要因などを確認の上，税務局向けの説明を準備しておくことが望ましいです。

4 輸入貨物にかかる関税に対する影響

ロイヤリティ取引と同時に，製品や部材などの中国への輸入取引がある場合，ロイヤリティ取引による支出額を高く設定して，その分，輸入貨物の価格を低く設定すれば，関税額を低くできてしまいます。このような租税回避行為を防止するため，税関も，ロイヤリティ取引に注目しています。税関対策も講じておく必要があります（第9章関税を参照）。

Q106 中国移転価格税制におけるグループ内役務提供取引の取扱い

グループ内役務提供取引について，中国移転価格税制上の留意点を教えてください。

Answer

グループ内役務提供については，サービス取引として税務上も認識すべきか否かと，その対価の合理性の2点の検討が中心となります。特に，国外関連者が中国国外でサービスを提供するバックオフィスサービスや，顧客の中国国外の本社に行うマーケティング支援などについては，多くの場合，中国国内でサービスが提供されず，恒久的施設を構成しないため，中国税務機関は，企業所得税も，源泉税も課すことができないことから，一層厳しく内容が確認されます。以下においては，日本の親会社が財務，人事，法務などの本社サービスを中国現地法人へ提供する場合を想定して回答します。

1 サービス取引として認められるか

まず，留意しなければならないポイントは，管理サービスと称してしまうと，移転価格税制の適用を受ける前の段階で，中国現地法人での損金が否認されやすくなることです。中国企業所得税法実施条例第49条において，「企業間で支払った管理費は，（課税所得の計算上，）控除してはならない」とされており，「管理費」については企業所得税法上，損金不算入となります。たとえば，契約書に，「管理サービス費」や「マネージメントフィー」とだけ記載すると，税務局からは，取引実態のない「管理費」とみなされることがあります。契約書にも，より具体的なサービスの内容を記載し，かつ，サービス提供の履歴や実績の根拠資料も具備しておくことをお勧めします。さらに，中国現地法人の機能との重複を疑われないよう，人事や経理サポートとのみ記載するよりも，人事や経理の業務のうち，関連者間でどのような役割分担がなされているのか

を示せた方が効果があります。

　移転価格税制上のグループ内役務提供の基盤となる考え方については，6号公告においても，OECD移転価格ガイドラインが踏襲されています。ただし，個別の取引に対する判断にあたっては，実務上，中国税務機関はサービス取引として認める範囲を狭くとらえる傾向があります。

　6号公告第35条は，サービス取引としては認められず，その対価の損金算入を認めない株主活動として，①株主会または株式の発行などの活動，②投資者などへの経営報告または財務報告の作成と分析に関する活動，③役務の受領者の直接或いは間接的な投資者などの経営及び資本運営に関する融資活動とならんで，④グループの戦略策定，監督管理，コントロール，コンプライアンスのために実施される財務，税務，人事，法務などの活動を掲げています。

　特に，中国移転価格税制上は，たとえ中国現地法人が一定の便益を享受していたとしても，親会社が行う活動がグループの統一的な管理を主な目的としている場合，サービス取引としての対価性のない株主活動に該当するとして，中国現地法人での損金算入を否認することがあります。税務局は，中国現地法人のために行われた活動ではなく，親会社が自らの必要のために行った活動にすぎず，中国現地法人は付随的に恩恵を受けたにすぎないと捉えようとする傾向があります。

　また，中国現地法人の事業計画や戦略策定の起案を中国現地法人が自社で行い，これに対して親会社がアドバイスをする場合にも，税務局は，単なる株主としての承認手続きであり，サービスの提供には該当しないとみなすことがあります。

　さらに，6号公告第35条により，「役務の受領者が実行する機能と負担するリスクに関係しないか，或いは役務の受領者の経営需要に合わない役務」についても，受益性は認められないとされています。税務局は，たとえ親会社による様々なアドバイザリーや法務役務がある程度，中国現地法人に便益があったとしても，自社の事業規模とは不釣合いであるハイエンドなサービスである場合，中国現地法人の単体としては，その機能と，費用対効果の観点から必要と

は言えず，親会社が自身のために行ったと考えることがあります。

　そのため，中国現地法人へのグループ内役務提供取引の構築にあたっては，中国現地法人が一定の便益を享受したことのみならず，グループの統一的な管理やコンプライアンスが主たる目的とみなされないように留意を要します。中国現地法人の経営規模に合致し，中国現地法人がその利益を獲得するために役立つ活動であることを，より具体的なサービスの内容を以って示せるよう，契約書や説明資料を準備する必要があります。

2　対価が合理的か

　中国においても，間接配賦により算定されたサービスフィーの支出が，一様に，税務上，認められないわけではありません。現行の実務上，複数の法人に同時に提供されたサービスの対価を，すでに多くの中国現地法人が支払い，損金に算入しています。ただし，個別に提供され，直接に紐付きできる費用に基づき対価が算定された場合と比べて，受益性の有無と価格設定の合理性につき，より十分な説明が求められます。

　間接配賦により算定されたサービスフィーについて，6号公告第36条は，「関連者間の役務につき，各役務の受領者と役務プロジェクトを採算単位として，関連する役務コストと費用を集計することができない場合，合理的な基準と比率を採用して，各役務の受領者に配賦し，配賦されたコストと費用を基礎として，取引価格を確定する。配賦基準は，役務の性質に基づき合理的に確定する。実際の状況に基づき，営業収入，運営資産，人員数，人員給与，設備使用量，データ量，業務時間及びその他の合理的な指標を採用できる。配賦結果は，役務の受領者の受益の程度に匹敵しなければならない。受益性がない役務に係わるコストと費用の支出は配賦の基礎に含めてはならない」としています。

　なお，42号公告により，2016年度以降のローカルファイルにおいては，関連者とのサービス取引につき，次の事項を記載することとされています。

　①　関連者間サービスの概要。サービス提供者と受領者，サービスの具体的内容，特性，展開方式，価格設定の原則，支払形式，サービス発生後の各

当事者の受益状況などを含む。

② サービスコストと費用の集計方法，項目，金額，配賦基準，計算過程と結果など。

③ 企業及びその所属する企業グループが非関連者との間でも同様或いは類似するサービス取引がある場合，価格設定の原則と取引結果について，関連者とのサービスと非関連者との間での相違にかかる詳細な説明。

上記のうち，特に，「サービスコストと費用の集計方法，項目，金額，配賦基準，計算過程と結果など」は，サービス提供者が持つ情報であり，サービスの受領者となる中国現地法人のみで説明資料を準備することは難しいことがあります。サービス提供者となる親会社などの関連者も，中国の税務局へ提供可能な資料を選別し，グループの移転価格ポリシーとも整合性のとれた説明がなされるよう，積極的に対応をサポートしなければならない場合があります。

なお，『税源侵食と利益移転』（BEPS：Base Erosion and Profit Shifting）プロジェクト（以下，「BEPSプロジェクト」）における低付加価値グループ内役務提供にかかるマークアップ率のセーフハーバーについては，6号公告においても言及がなされていません。

Q107 同時文書を作成しなければならない企業

移転価格同時文書はどのような企業が準備しなければなりませんか。

Answer

2016年1月1日から施行されている42号公告により，中国でも，BEPSプロジェクトによる移転価格同時文書の3層構造が採り入れられています。つまり，中国においても，マスターファイル，ローカルファイル，国別報告書が法制化されています。

1 マスターファイル

(1) 義 務 要 件

　企業グループにマスターファイルの義務がある場合，中国現地法人は，自社の関連者間取引の規模にかかわらず，中国語版のマスターファイルの準備義務を負います。

　42号公告第11条によると，次のいずれかの条件に合致する企業は，マスターファイルを準備しなければならないとされています。

① 年度に国外関連者との間で取引を行っており，かつ当該企業が連結される財務諸表の最終持株会社の所属する企業グループがすでにマスターファイルを作成している

② 年度の関連者間取引の総額が10億人民元を超える

　日系企業の中国現地法人に国外関連者との取引が全くないことは，通常，想定されないため，上記の２つの条件のうち，実質的には，①により，企業グループがマスターファイルを作成していれば，中国現地法人は，自社の年間の関連者間取引の規模にかかわらず，たとえローカルファイルの義務がない場合であっても，中国においてマスターファイルの準備義務を負うことになります。

　さらに，上記の②により，年間のすべての関連者間取引の合計金額が10億人民元を超える場合には，企業グループとしてマスターファイルを準備していない場合であっても，中国においてマスターファイルの義務が生じます。つまり，中国現地法人のために，マスターファイルを作成する必要が生じます。

(2) 期 限

　中国におけるマスターファイルの準備期限は，多国籍企業の最終持株会社の会計年度終了から12ヶ月内とされています。たとえば，最終持株会社が３月末決算の場合，中国現地法人のＸ１年12月期に対応する最終持株会社の財務年度はＸ２年３月期となり，これに12ヶ月の準備期間が与えられることから，中国現地法人のＸ１年12月期にかかるマスターファイルの準備期限は，Ｘ３年３月末となります。中国においては，マスターファイルについても，まずは準備義務であり，税務機関から要請があった日から30日以内に提出することとされて

います。

(3) 言　　語

マスターファイルについても，中国においては，中国語が原本となります。BEPSプロジェクトにおいて奨励されている国際的に広く使用される言語による作成は認められていません。また，翻訳のために特別に期限を延長できる旨の規定もありません。

(4) マスターファイルの記載事項

マスターファイルの記載事項は，中国においても，基本的に，BEPSプロジェクトが踏襲されています。ただし，多国籍企業の無形資産に関しては，主要な研究開発拠点の所在地のみならず，それらの人員の状況も記載事項とされています。また，「多国籍企業の事前確認にかかるリストと簡易的な説明」については，国内事前確認のみならず，二国間事前確認の情報も必要となります。さらに，「グループにおいて国別報告書を準備，提出する者の名称と所在地」も記載事項とされています。

2　ローカルファイル

(1) ローカルファイルの義務要件

① 年間の関連者間取引金額

42号公告第13条によると，年度の関連者間取引の金額が次のいずれかの条件に合致する企業は，ローカルファイルを準備しなければならないとされています。

- 有形資産の所有権譲渡金額（来料加工業務については年度の輸出入通関価格により計算）が２億人民元を超える
- 金融資産の譲渡金額が１億人民元を超える
- 無形資産の所有権譲渡金額が１億人民元を超える
- その他の関連者間取引の金額合計が４千万人民元を超える

なお，すでに実施されている事前確認の対象取引はローカルファイルの対象から除外されます。また，国内関連者との間でしか関連者間取引がない企

業はローカルファイルの準備は不要となります。

② 負担する機能とリスクが限定的な企業の損失計上

　　年間の関連者間取引が上記の規模に達しない場合にも，「国外関連者のための来料加工或いは進料加工などの単一生産業務，或いは卸売り，受託研究開発業務に従事している」場合，「損失年度について，同期資料のローカルファイルを準備しなければならない」とされています。

　　なお，6号公告第28条は，上記の企業は，「原則，合理的な利益水準を確保しなければならない」としており，「戦略決定の誤り，稼動率の不足，製品の販売不振，研究の失敗などに起因する，関連者が負担すべきリスクと損失を負担する場合，税務機関は特別納税調整を実施できる」ことにも留意を要します（Q102　調査対象企業を参照）。

③ コストシェアリング協議又は過少資本税制の適用にかかわる特殊事項ファイル

　　中国においては，通常のローカルファイル以外にも，特殊事項ファイルという同時文書が設けられています。特殊事項ファイルは，コストシェアリング協議又は過少資本税制に特化した分析と説明を行うものです。企業がコストシェアリング協議を締結したか，履行する場合，または，過少資本税制の適用を受ける関連債務資本比率に至ったが対応する利息などを損金算入したい場合，それぞれの事項に特化した分析と説明を特殊事項ファイルとして準備することとされています。

(2) **期　　限**

ローカルファイルと特殊事項ファイルは，関連者間取引の発生した年度の翌年6月30日までに準備し，税務機関から要請があった日から30日以内に提出しなければならないとされています。

(3) **言　　語**

ローカルファイルと特殊事項ファイルについても，中国語で準備する必要があります。

⑷ 記載項目にかかる留意ポイント

　中国におけるローカルファイルの記載項目は，BEPSプロジェクトにおける要求を超えており，中国現地法人のみでは準備が難しいと思われる内容が含まれています。

　たとえば，ローカルファイルの記載項目として，次の事項からなるバリューチェーン分析の記載が要求されています。

①　グループ内の業務フロー，物流及び資金フロー。商品，役務及びその他の取引の設計，開発，製造，マーケティングと販売，納品，決済，消費，アフターサービス及び最終的なリサイクルなどの各段階とその関与者を含む。

②　上述の各段階の関与者の直近会計年度の財務諸表。

③　地域性特殊要因の企業の創造価値への貢献の定量化とその帰属。

④　グローバルなバリューチェーンにおけるグループの利益の配分原則及び配分結果。

　上記のバリューチェーン分析のうち，特に，②の関連者の財務諸表と④のグループの利益配分結果については，たとえ企業グループ内の情報であっても，中国現地法人としては，別法人の財務諸表や利益の配分結果までは把握していないことも想定されます。また，仮に，中国現地法人がこれらの情報を入手できる管理体制にあったとしても，中国現地法人が本来，保管する必要のない国外のデータをどこまで中国の税務機関へ開示すべきかといった問題もあります。さらに，中国国内に複数の拠点がある企業グループに至っては，中国現地法人間での開示レベルも揃えておく必要があります。

　バリューチェーン分析のうち，③の「地域性特殊要因」は，「コストセービング，マーケットプレミアムなどを含む」とされ，「労務コスト，環境コスト，市場規模，市場競争の程度，消費者の購買力，商品或いは役務の代替可能性，政府規制などの面から分析しなければならない」とされています。「関連者間取引の価格設定に影響を与える要素」の１つとしても，42号公告において，無形資産と並列の関係で掲げられています（Q109　国際会議における中国税務当局

の主張を参照）。

　なお，ローカルファイルの記載事項として，グループ内役務提供についても詳細な説明が求められます（Q106　中国移転価格税制におけるグループ内役務提供取引の取扱いを参照）。

3　国別報告書

　国別報告書については，原則，最終持株会社ではない中国現地法人に申告義務はありません。最終持株会社ではない中国現地法人に対して，例外的に，中国税務機関が国別報告書を要求する条件は，国家間の情報交換で中国税務機関が当該企業グループの国別報告書を入手できないと認められる場合に限られています。中国も2016年5月12日にOECDによる国別報告書の自動的情報交換に関する多国間協定に調印しています。

4　確定申告書の附表である『関連者間取引往来表』

　中国における企業所得税の年度の確定申告にあたっては，『関連者間取引往来表』により，当年度の関連者間取引につき申告する必要があります。『関連者間取引往来表』は，当年度における関連者間取引にかかわるデータを記入する所定の様式で，関連者との間での有形資産の売買取引，無形資産の売買取引，有形資産の使用権取引，無形資産の使用権取引，金融資産取引，資金融通取引，役務取引，投資の状況，コストシェアリング協議，国外への支払状況などについて，関連者の情報や取引金額などを記入します。国外関連者の情報としては，実効税率の記載も求められます。また，関連負債資本比率が自動的に計算され，過少資本税制に該当するか否かがある程度，税務局に把握されることになります。さらに，マスターファイルを含む同時文書の義務の有無についてもチェックマークを入れるボックスが設けられています。

　『関連者間取引往来表』は，同時文書の義務がない企業にも必要となる確定申告の附表です。そのため，より多くの中国現地法人が記入と申告の対象となります。

当該附表のうち，『年度関連取引財務状況分析表』については，特に留意を要します。当該表は，年度の損益計算書を国外関連取引，国外非関連取引，国内関連取引，国内非関連取引に分けたセグメント損益表です。たとえば，国外関連取引としたセグメントの利益水準が，国内非関連取引としたセグメントよりも大幅に低い場合，税務局からその理由につき問い合わせを受けることが考えられます。作成に用いた配賦基準についても，備考に記載することとされています。

なお，中国では国別報告書は『関連者間取引往来表』の申告表の１つとの位置づけです。ただし，上述したとおり，最終持株会社ではない中国現地法人は，原則，記入の必要がありません。

5 罰　　則

移転価格同時文書の義務があるにもかかわらず，提出を怠る場合，移転価格調査による追徴税額にかかる延滞利息（追徴税額の延滞期間と同期間の中国人民元銀行の人民元貸付基準利率）に５％が加算されます（6号公告第44条）。

さらに，資料提出の拒否として，《租税徴収管理法》及びその実施細則に基づき，みなし課税を受けたり罰金が科せられることもありえます。

Q108　事前確認（APA）の執行状況

中国における事前確認の執行状況を教えてください。

Answer

　事前確認とは，企業が次年度以降の関連者間取引の価格設定の原則と計算方法について，税務機関と事前に確認し，合意しておく制度です。中国においては，税務機関と企業との間での協議締結という形式が採られており，協議内容に基づき関連者間取引を実行している限り，移転価格調査による課税を受けることがありません。

　中国にも，中国税務機関と企業の間でのみ締結する国内事前確認（ユニラテラルの事前確認）と，関連者間取引の双方（複数）の所在地の税務機関による相互協議を通じた二国間（多国間）の合意に基づく二国間（多国間）事前確認（バイラテラル（マルチラテラル）の事前確認）があります。

　《中国事前確認アニュアルレポート（2016年）》によると，2005年1月1日から2016年12月31日までに，84件の国内事前確認（ユニラテラル），55件の二国間事前確認（バイラテラル）が締結されています。年度ごとの締結件数の推移は下記のとおりです。

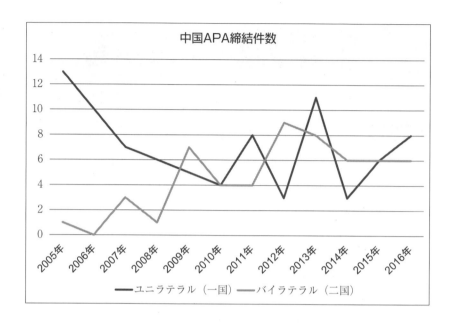

中国における事前確認の適用年度は，企業の締結意向を受け付けることを示
す『税務事項通知書』を主管税務機関が企業に送達した日が属する納税年度か
ら起算して3年度から5年度とされています。また，それ以前の年度の関連者
間取引が事前確認の適用年度と同じ或いは類似する場合，「企業の申請により，
税務機関は，事前確認により確定された価格設定方針と計算方法を以前の年度
における当該関連者間取引の評価と調整に遡及的に適用することができる」と
されています。なお，このような遡及適用の期間は，移転価格課税の時効と同
じ，最長10年間となります（64号公告第3条）。

なお，「事前確認は，通常，企業の締結意向を受け付けることを示す『税務
事項通知書』を主管税務機関が企業に送達した日が属する納税年度の前3年
間の毎年度の関連者間取引の金額が4,000万人民元以上である企業に適用され
る」とされています（64号第4条）。当該関連者間取引の金額が，必須の申請要
件という形式は採られていません。ただし，過去年度の取引実績の規模が小さ
い場合，将来予測の実現可能性や重要な前提条件につき，税務機関からより多

くの情報提供を要求されると考えられます。また，税務機関の事案受理プロセスを促すために，より一層，後述する申請の優先受理要件を満たすことが求められると想定されます。

　事前確認の手続きの大きな枠組みは，①予備会談，②締結意向，③分析評価，④正式申請，⑤協議締結，⑥実施管理とされています。日本などの他国との大きな違いとして，中国における事前確認のプロセスは，税務機関と意見が一致しない限り，正式申請が受理されないことが挙げられます。≪中国事前確認アニュアルレポート（2016年）≫によると，事前確認のプロセスは次のとおりです。

企業が主管税務機関に≪事前確認予備会談申請書≫を提出（二国間・多国間事前確認のは同時に国家税務総局に提出） → 税務機関（国内事前確認は主管税務機関，二国間・多国間事前確認は国家税務総局）が企業との予備会談を手配

調査中の事案があるか，同時文書，申告の怠り，又は意見 が不一致

実施中の事前確認の履行状況が予測を未達成であるか，または事実及び経営環境に実質的な変化が生じたか，あるいは，継続締結を申請する年度の予測状況が関連する要件を満たさないか，または事前確認の条項に変更がある場合（いずれかの状況にある場合）

企業は国家税務総局と主管税務機関に同時に≪事前確認正式申請書≫を提出し，事前確認正式申請報告書を添付する。さらに，租税条約の規定期間内に国家税務総局に≪特別納税調整相互協議プロセス開始申請表≫を提出

実施中の事前確認の履行状況が良好で，事実及び経営環境に実質的な変化が生じていおらず，かつ，継続締結を申請する年度の予測状況が関連する要件を満たし，事前確認の条項に変更がない場合，租税条約の規定期間内に国家税務総局に書面にて≪特別納税調整相互協議プロセス開始申請表≫を提出

双方或いは複数の主管税務機関の授権を受けた代表が，二国間或いは多国間事前確認協議に調印する。国家税務総局は事前確認を主管税務機関に転送する。主管税務機関は，企業に≪税務事項通知書≫，並びに事前確認を送付し，実施業務を遂行する。適用年度か遡及年度の追徴（還付）税金に係わる場合，税務機関は企業に≪事前確認追徴（還付）税金通知書 ≫を送達

国家税務総局は，相互協議プロセスの開始を決定した場合，省レベルの税務機関に書面で通知し，かつ，租税条約締結相手国の主管税務機関に通知する。主管税務機関は，書面による通知を受領後15営業日内に，企業に対して，相互協議プロセスの開始に関する≪税務事項通知書≫を送達

国家税務総局は，租税条約の締約相手の主管税務機関と，二国間或いは多国間で事前確認を協議する

協議が合意に達した場合，二国間或いは多国間事前確認の文書を作成

事前確認の実施期間中，事前確認に影響を与える何らかの実質的な変化が生じた場合，企業は変化が生じた後30日内に，税務機関に書面で報告し，当該変化が事前確認の実施に与える影響を詳細に説明するとともに，関連する資料を添付。非主観的な理由により，期日内に報告することができない場合，報告期限を延長することができるが，延長期間は30日を超えてはならない

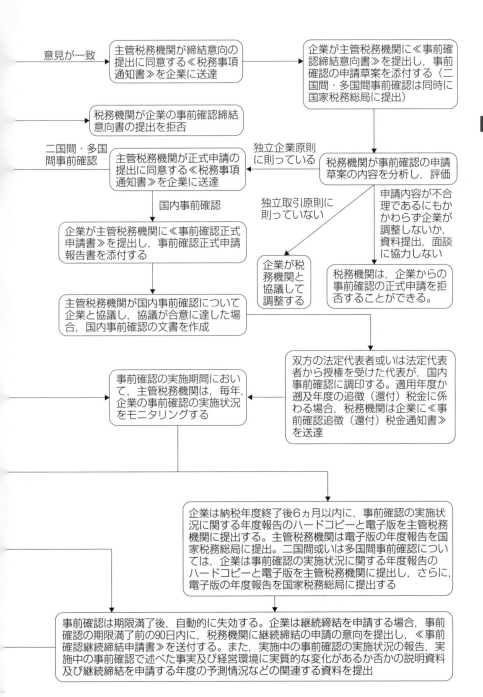

意見が一致

主管税務機関が締結意向の提出に同意する《税務事項通知書》を企業に送達

企業が主管税務機関に《事前確認締結意向書》を提出し，事前確認の申請草案を添付する（二国間・多国間事前確認は同時に国家税務総局に提出）

税務機関が企業の事前確認締結意向書の提出を拒否

二国間・多国間事前確認

主管税務機関が正式申請の提出に同意する《税務事項通知書》を企業に送達

独立企業原則に則っている

税務機関が事前確認の申請草案の内容を分析し，評価

国内事前確認

独立取引原則に則っていない

申請内容が不合理であるにもかかわらず企業が調整しないか，資料提出，面談に協力しない

企業が主管税務機関に《事前確認正式申請書》を提出し，事前確認正式申請報告書を添付する

企業が税務機関と協議して調整する

税務機関は，企業からの事前確認の正式申請を拒否することができる。

主管税務機関が国内事前確認について企業と協議し，協議が合意に達した場合，国内事前確認の文書を作成

双方の法定代表者或いは法定代表者から授権を受けた代表が，国内事前確認に調印する。適用年度か遡及年度の追徴（還付）税金に係わる場合，税務機関は企業に《事前確認追徴（還付）税金通知書》を送達

事前確認の実施期間において，主管税務機関は，毎年，企業の事前確認の実施状況をモニタリングする

企業は納税年度終了後6ヵ月以内に，事前確認の実施状況に関する年度報告のハードコピーと電子版を主管税務機関に提出する。主管税務機関は電子版の年度報告を国家税務総局に提出。二国間或いは多国間事前確認については，企業は事前確認の実施状況に関する年度報告のハードコピーと電子版を主管税務機関に提出し，さらに，電子版の年度報告を国家税務総局に提出する

事前確認は期限満了後，自動的に失効する。企業は継続締結を申請する場合，事前確認の期限満了前の90日内に，税務機関に継続締結の申請の意向を提出し，《事前確認継続締結申請書》を送付する。また，実施中の事前確認の実施状況の報告，実施中の事前確認で述べた事実及び経営環境に実質的な変化があるか否かの説明資料及び継続締結を申請する年度の予測状況などの関連する資料を提出

≪中国事前確認アニュアルレポート（2016年）≫によると，2005年度から2016年度までに締結された二国間事前確認55件のうち，正式申請から合意までにかかった時間が1年以内の事案が27件，1年超2年以内が9件，2年超3年以内が9件，3年以上が10件とされています。

　ただし，上述したとおり，中国における事前確認は，税務機関と意見が一致しない限り，正式申請が受理されないことから，多くの事案において，正式申請までに相当の時間を要しています。特に，事前確認申請の意向のある事案数に税務機関のマンパワーが追いつかず，多くの事前確認事案が正式申請前で滞留していると言われています。≪中国事前確認アニュアルレポート（2016年）≫によると，2005年度以降に手続きがなされた二国間事前確認のうち，2016年12月末時点において，101件もの事案が税務機関が企業の締結意向を受け付けたものの正式申請前の段階にあり，48件が税務機関が企業の正式申請を受理したが締結前の段階にあるとされています。

　多くの滞留事案がある状況下，国家税務総局は，64号公告第16条において，次のいずれかの条件に該当する場合，その事前確認申請を優先的に受理するとしています。

①　企業の関連申告及び同時文書が完備され，合理的であり，かつ十分な開示がなされている

②　企業の納税信用ランクがA級である

③　税務機関が企業に特別納税調査を実施して，すでに終結している

④　締結済みの事前確認の実施期間が満了し，企業が継続締結を申請し，かつ，事前確認に記載された事実と事業環境に実質的な変化が生じていない

⑤　企業が提出した申請資料が整っており，バリューチェーン或いはサプライチェーンに関わる分析が完全，明晰で，コストセービング，マーケットプレミアムなどの地域性特殊要因が充分に考慮され，採用する価格設定原則と計算方法が合理的である

⑥　企業が積極的に税務機関の事前確認の協議締結業務に協力する

⑦　二国間或いは多国間事前確認申請について，事案に関わる租税協定の締

約相手となる税務機関の締結への意欲が強く，事前確認を重視している

⑧　事前確認の協議締結に有利なその他の要素がある

さらに，≪中国事前確認アニュアルレポート（2016年）≫においては，上記の条件と企業の申請提出時期の順番に加えて，「業種と地域などの面で特殊性を有していること」も，優先的な受理の検討要素の1つとしています。

なお，中国の事前確認は，移転価格調査時の取扱い（Q104　移転価格調査における中国固有の問題を参照）と同様に，合理的な利益水準として，一定の幅ではなく，中位値のポイントが重視されることにも留意を要します。64号公告第12条によると，「事前確認に，四分位法を採用して価格または利益水準を確定する場合において，事前確認の実施期間中，企業の実際の経営結果が，事前確認で確定した四分位レンジに収まらない場合，税務機関は実際の経営結果を四分位レンジの中位値まで調整することができる。事前確認の実施期間の満了に際して，企業の各年度の実際の経営結果の加重平均値が，レンジの中位値を下回り，かつ，中位値まで調整していない場合，税務機関は，事前確認の継続締結申請を受理しない」とされています。

Q109　国際会議における中国税務当局の主張

中国税務当局が対外的に強調している論点とは何ですか。

Answer

国家税務総局は，基本的に，先進国と比較すると，中国には「地域性特殊要因」があると考えており，これによりもたらされたグループの利益は中国に課税権があると考えています。「地域性特殊要因」とは，42号公告第14条によると，「労働力コスト，環境コスト，市場規模，市場競争の程度，消費者の購買力，商品或いは役務の代替可能性，政府規制などの面から分析しなければならない」ものとなります。

なお，「地域性特殊要因」の分析は，中国において，同時文書のローカルファイルの記載事項にもなっています。関連者間取引の概要を記載する際に，「関連者間取引の価格設定に影響を与える要素」の1つとして分析することとされており，さらに，バリューチェーン分析においても，「地域性特殊要因の企業の創造価値への貢献の定量化とその帰属」の記載が要求されています。

　また，事前確認申請にあたっても，64号公告において，「コストセービング，マーケットプレミアムなどの地域性特殊要因が充分に考慮」されていることが優先受理の条件に掲げられているほか，予備会談においても企業は「コストセービング，マーケットプレミアムなど，地域性特殊優位性があるか」につき説明することとされており，さらに，申請草案にも，「コストセービング，マーケットプレミアムなど，地域性特殊優勢性に関する考慮」について記載することとされています。

　「地域性特殊要因」の例として，国家税務総局は，42号公告と64号公告のいずれにおいても，「コストセービング」と「マーケットプレミアム」を挙げています。

　コストセービングについて，中国税務機関は，多くの多国籍企業が中国の低廉な土地及び労働力などを活用するために中国への投資を決定したと考えており，このような中国の資源を用いることによりもたらされる追加的な利益は多国籍企業の本社所在地国などが享受するのではなく，中国現地法人に帰属させるべきとの立場を採ってきました。

　ただし，コストセービングによる追加的な利益は，通常，長期にわたり生じるものではありません。一時的に再配置によるコスト削減が生じても，顧客への製品価格やサービス価格がそれまでの水準を維持しない限り，多国籍企業グループ内に追加的な利益が生じないからです。多くの効率的な製造メーカーやサービス提供者が市場に参入し，完全競争市場に近づくにつれて，通常，製品価格やサービス価格は低下していきます。その場合，コストセービングによる恩恵は，多国籍企業グループ外の消費者が享受していくことになり，多国籍企業グループ内には追加的な利益は残らなくなります。仮に，同業他社の中でも

競争に勝ち，同様のコスト環境に存在する企業よりも高い収益を獲得できるとすれば，それは，他社には真似できない有利な特徴を兼ね備えている場合に限られます。たとえば，他社よりも高い品質の製品を製造することができたり，効率的にサービスを提供できるなど，個別の企業グループに特有の技術力やシステムなどにより利益がもたらされた可能性があります。つまり，同じ地域で事業を営む企業が同様に享受している状況が見受けられなければ，事業を行う地域により利益が押し上げられた要因があるとは考え難くなります。

　マーケットプレミアムは，個別の企業が負担する機能やリスク，資産の保有状況にかかわらず，外部的な要因である市場の購買力などを要因としてもたらされる追加的な利益を指します。

　たとえば，複数の国に製造販売子会社を有する多国籍企業グループがあり，本社はいずれの国外製造販売子会社との事業においても同様の機能とリスクを担い，同様の資産を用いており，また，各国外製造販売子会社の負担する機能とリスクや資産の保有状況も同様である場合を考えてみましょう。そのような場合に，ある国外製造販売子会社は高い利益を上げ，別の国外製造販売子会社は損失を計上していれば，その損益の差の要因の一つとして，市場の状況の違いが挙げられることも想定されます。

　中国税務機関は，強い購買力など，中国市場の特殊な状況によりもたらされる追加的な利益は多国籍企業の本社所在地国などが享受するのではなく，中国現地法人に帰属させるべきとの立場を採っています。

　ただし，マーケットプレミアムによる追加的な利益を算定するためには，マーケットプレミアム以外の要因も併せて配慮する必要があり，要因ごとに追加的な利益を区分して算定しなければなりません。たとえば，国外製造販売子会社の間で利益水準に差が生じたのは，本社が開発した製品の性能の市場における受入れ性や国外製造販売子会社が設立される前から本社がその市場で普及させたブランド力によるかもしれません。そのような場合，高いリスクを負って製品を研究開発し，ブランド価値を高める活動を行った本社に，その負担した機能やリスクに見合った利益を還元させる方法も検討する必要があるでしょ

う。

　なお，コストセービングとマーケットプレミアムのいずれの地域性特殊要因により追加的な利益がもたらされたとしても，最終的な移転価格分析は，独立第三者間で同様の取引を行った場合の価格やその結果の利益水準との比較分析となります。たとえば，移転価格方法に利益法が適用される場合，利益水準を比較する企業として，同様に中国市場において事業を行っている企業が選定されている場合，それらの比較対象企業の利益水準にもすでに地域性特殊要因の効果が反映されていることが想定されます。つまり，利益水準を比較する企業に，同様の経済環境で事業を営む企業が選定されていれば，それらの比較対象となる企業の利益水準にもすでに同様の地域性特殊要因の効果が反映されていると考えられ，その地域性特殊要因について別途に調整を加える必要はなくなります。そのため，移転価格分析において，比較分析のベースが揃うよう，同様の経済環境，市場における取引や企業を比較分析の相手として選定することが重要です。

　国家税務総局も，6号公告第27条で，「選定された比較対象企業と調査対象企業が異なる経済環境に所在する場合，コストセービング，マーケットプレミアムなどの地域性特殊要因を分析」するとしており，地域性特殊要因にかかる分析が経済環境の差異を解消するための調整であることを示唆しています。

　ただし，現行の実務運用においては，地域の税務局の担当官によっては，たとえ比較対象企業に中国国内の企業が選定されていても，「価格設定において広大な中国市場による恩恵が考慮されているか」や「なぜ同じ企業グループ内で中国事業のみが好調であったか」といった質問を受けることがあります。

　地域性特殊要因にかかる分析と説明は，企業グループ全体の利益の源泉についての考えや，グローバルな事業環境を踏まえた企業グループの戦略と製造販売体制などに基づき準備することになります。そのため，中国現地法人が中国税務機関から受ける質疑ではあるものの，企業グループとして対峙することが望ましいと言えます。

第 **12** 章

再編・撤退に関する Q&A

━━● Point ●━━━━━━━━━━━━━━━━━━━━

　本章では中国からの事業撤退・再編を取り上げています。

　事業撤退の手法には，出資持分譲渡，清算，破産等がありますが，よく用いられる出資持分譲渡と清算の2つを取り上げて解説しています。出資持分譲渡は事業が継続されますので，譲渡先との譲渡価格の交渉が重要なポイントになります。清算の場合には，事業を終了しますので，資産の処分，労働者への説得などが重要なポイントとなります。

　再編の手法として，本章では合併と分割を取り上げています。2009年に組織再編に関する税務通達が公布されましたが，これについては第10章で取り上げています。

Q110　事業撤退の方法

中国からの事業撤退の方法にはどのような方法がありますか。

Answer

　中国からの事業撤退には，事業の継続を前提とする出資持分譲渡と，事業の終了を前提とする解散・清算の2つに大別されます。また，その中間形態として，継続可能な事業のみ事業譲渡あるいは分割・合併等の手法により存続させ，残りの事業は解散・清算するという再編型の事業撤退もあります。

1　出資持分譲渡

　出資持分譲渡は，出資持分を第三者に譲渡する方法で，事業を継続する意思のある譲渡先が見つかり，適正な譲渡価格で出資持分を売却できれば，最も望ましい事業撤退の手法といえます。

　出資持分譲渡は，法定の諸要件を充足すれば行政当局からの認可が得られますので，一般的には難しい手続きは必要ありません。解散・清算と異なり事業は継続されますので，従業員の整理・削減といった悩ましい問題も生じません。

　中外合弁事業からの撤退において，中国側出資者が出資持分を買い取る場合には，譲渡価格さえ合意されれば，外国投資者にとっては最も簡単な撤退方法になります。

　中外合弁事業で合弁当事者以外の第三者に出資持分の譲渡を行う場合，中国側出資者等他の合弁当事者が優先買取権を有します。合弁当事者が第三者に出資持分を譲渡するためには，他の合弁当事者に譲渡するより有利であってはならないことになっています。したがって，中国側出資者との間で譲渡価格交渉が決裂した場合にも，中国側出資者の買取り希望価格以上の価格で買い取ってくれる相手先が見つかれば，出資持分譲渡による撤退が可能になります。

　独資企業の場合には，優先買取権の問題はありませんので，譲渡相手先との

買取り条件の交渉・合意が最大の課題となります。

2　解散・清算

　手続きの簡便さ等を考えると出資持分譲渡の方が望ましいといえますが，現実問題として譲渡先が見つからず撤退せざるを得ない場合は，解散・清算手続きあるいは破産清算の手続きを取ることになります。破産清算については，2006年に企業破産法が制定される等，法整備は進んでおりますが，外商投資企業の撤退においてはほとんど採用されていないようですので，本書では解散・清算のみを取り上げます。破産処理が採用されない理由として，「破産」のもつイメージの悪さ，日系企業の間で破産処理の実例が知られていないことがあると思われます。

　解散・清算の場合には，手続きが煩雑であること，労働者との間で経済補償金の交渉や再就職先のあっせん等の処理をしなければならないこと，会社が清算されるため税務当局や税関などにより過去の税務債務が履行されているかどうかの税務調査が行われる等，クリアすべきハードルがかなりあります。特に，大手の外資系企業に対しては，その労働者対応に関し，政府部門および社会から厳しい目が向けられることもあります。また，土地使用権，建物等の固定資産の処分がうまく進まないことが障害となることもしばしばあります。

　このような理由により，解散・清算を避ける傾向にありましたが，最近では珍しくはありません。手続きに長期間を要しますが，結果として残余財産の分配により投資の回収が見込める場合には，出資持分譲渡よりは望ましい方法になる可能性はあります。

　中外合弁事業においても，中国側出資者も解散・清算に合意している場合には，双方合意の上で手続きが進められています。また，解散・清算手続きを外国投資者側だけで行う場合は，いったん中国側の出資持分を買取り（独資化），その上で解散・清算手続きを進めている例もあります。独資化後の解散・清算を行う場合には，中国側からの買取り価格の妥当性，解散・清算のタイミング等について，日本の国税当局から問題視される可能性がありますので十分な留

意が必要です。

3　再編型の事業撤退

　出資持分譲渡と清算の中間形態として，継続可能な事業のみを継続させ，残りの事業は解散・清算するという再編型の事業撤退もあります。継続される事業については，会社分割後に事業譲渡あるいは合併等の手法が考えられます。一方，継続不能の事業について解散・清算せざるを得ない場合には，２「解散・清算」と同様の問題が生じます。

Q111　出資持分譲渡の手続き

出資持分譲渡に関する手続きを教えてください。

Answer

1　出資持分譲渡手続き

　出資持分譲渡を行う場合の手続きには，①譲渡先の選定から譲渡価格等の条件交渉など譲渡先との手続き，②譲渡対象となる外商投資企業における権力機構の決議，③持分譲渡に関する日本本社における取締役会決議などの手続き，④持分譲渡に関する中国の行政手続き，の４つに分けられます。このうち①〜③については，投資家サイドで進めることになります。

2　行政手続き

　持分譲渡手続きについては，会社法第３章有限責任会社の持分譲渡に，基本的条項が規定されています。行政手続きに関しましては，「外商投資企業投資家持分の変更についての若干の規定」（以下「持分変更規定」，1997年５月28日）が手続きを規定しています。また「外商投資企業の設立及び変更届出管理暫定弁法」（2016年10月８日）により，特別管理措置に該当しない企業については，

商務部門へは届出のみとされ，手続きの簡素化が図られています。

　特別管理措置に該当する場合は，今までどおり持分変更規定に従い商務部門に許可申請し，工商局での登記変更手続が必要になります。特別管理措置に該当する企業とは外商投資産業指導目録中の制限類と禁止類，及び奨励類の持分，高級管理職要件が付されている企業をいいます。持分譲渡に関する手続きをフローチャートにすると概ね次のとおりになります。

出資持分譲渡に関する手続き

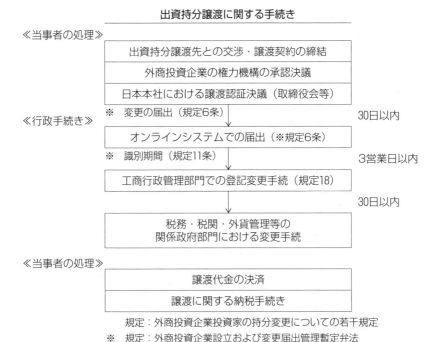

≪当事者の処理≫
- 出資持分譲渡先との交渉・譲渡契約の締結
- 外商投資企業の権力機構の承認決議
- 日本本社における譲渡認証決議（取締役会等）

≪行政手続き≫
- ※　変更の届出（規定6条）　　30日以内
- オンラインシステムでの届出（※規定6条）
- ※　識別期間（規定11条）　　3営業日以内
- 工商行政管理部門での登記変更手続（規定18）　　30日以内
- 税務・税関・外貨管理等の関係政府部門における変更手続

≪当事者の処理≫
- 譲渡代金の決済
- 譲渡に関する納税手続き

　　規定：外商投資企業投資家の持分変更についての若干規定
　※　規定：外商投資企業設立および変更届出管理暫定弁法

(1)　持分譲渡合意書の記載内容

　持分譲渡合意書は譲渡当事者間で締結される文書ですが，審査認可手続きにおいて必要とされています。記載すべき事項について，持分変更規定第10条で以下のとおり定められています。

　①　譲渡側と譲受側の名称，住所，法定代表者氏名，職務，国籍

　②　持分譲渡の割合およびその価格

③　持分譲渡の引渡期限および方式

④　譲受側が企業の契約，定款に基づいて享有する権利および承継する義務

⑤　違約責任

⑥　準拠法および争議の解決

⑦　合意書の発効と終結

⑧　合意書締結の日時，場所

(2)　**審査認可機関に提出する書類**

審査認可機関は，原則として，会社設立時に認可を与えた商務部門になります。審査認可機関に提出すべき書類は，持分変更規定第9条で以下のとおり規定されています。

≪必要書類≫

①　投資家の持分変更申請書

②　企業の元の契約，定款およびその修正合意書

③　企業の批准証書および営業許可証の写し

④　企業董事会の投資家の持分変更に関する決議

⑤　企業投資家が持分変更した後の董事会構成員名簿

⑥　譲渡する側と譲渡を受ける側が調印し，かつその他の投資家による署名またはその他の書面による同意を得た持分譲渡合意書

⑦　審査認可機関が要求するその他の文書

持分変更規定に定められている書類は上記のとおりですが，「審査認可機関が要求するその他の文書」として，出資者の資格証明（日本法人の場合登記簿謄本を公証役場で公証を受け，中国大使館で認証を得たもの）などが要求される場合がありますので，予め元の審査認可機関に確認しておくべきでしょう。

3　留意点

(1)　**譲渡代金の回収**

出資持分譲渡において，譲渡代金の回収が確実に行われる必要があります。譲渡契約の交渉・締結段階から入念に検討しておく必要があります。特に，譲

受人が中国企業の場合，譲渡代金の決済が外貨送金となりますので，留意が必要です。

　持分譲渡に際し，譲渡側が譲渡代金をより確実に回収する手段として，中国側，外国側，銀行の三社が資金管理について合意書を締結する「共同管理口座」を利用する実務が行われる場合がありますが，いわゆる「エスクロー口座」の代替として用いられています。

(2) 譲渡所得に関する納税

　譲渡所得に対しては企業所得税が課されます。譲渡者が非居住者の場合，譲渡所得に10%の源泉税が課税されます。なお，中国との間の租税条約により，これより低い税率，あるいは免除の定めがあるときには，一定要件を満たした場合，減免税の適用が可能になります。

Q112　出資持分の譲渡価格

出資持分の譲渡価格の決定はどのように行うのでしょうか。

Answer

1　民間企業間の譲渡

　中国に限らず出資持分の譲渡価格の決定は，譲渡当事者間において最大の問題といえます。外資，内資を問わず取引相手方が民間企業の場合には，理論上，当事者間の合意で譲渡価格を決定することができます。譲渡人の立場としては，できるだけ高い価格で譲渡できるよう交渉することになりますが，デューデリジェンス調査や資産評価を行った上で，譲渡人・譲受人双方合意できる水準で決定されることになります。

　一般的に，譲渡人が撤退を主眼とした持分譲渡の場合には，いわゆる足元を見られる状況になるため，低価格で譲渡せざるを得ないのが実情です。備忘価額として，1米ドルを譲渡価格として合意したケースもあります。譲渡人の観

点からすると，解散・清算手続きに費やす時間・コストを考えた場合，１米ド
ルで売却する方が望ましいという状況もありえますので，必ずしも不合理とは
いえません。

2　合弁当事者の優先買取権

　合弁企業において，一方の当事者がその持分の全部または一部を第三者に譲
渡する場合，他の合弁当事者に優先買取権があります。外資合弁（外国出資者
が２社以上の外資企業）の場合にも，会社法の規定により，他の株主に優先買取
権があります。第三者への譲渡価格の決定に当たっては，他の株主の同意が前
提となります。

　会社法の規定は，以下のとおりとなっています。

① 　株主間においては，互いにその全部または一部を譲渡することができる。

② 　株主が株主以外の第三者に譲渡する場合には，その他の株主の過半数の
　　同意を得なければならない。

③ 　株主は，その持分譲渡事項を書面によりその他の株主により通知し，そ
　　の同意を求めなければならない。その他の株主が書面通知の受領日から満
　　30日が経過しても回答を得ない場合は，譲渡に同意したものとみなす。

④ 　その他の株主の半数以上が譲渡に同意しなかった場合には，同意しな
　　かった株主はかかる譲渡持分を買い取らなければならない。買い取らない
　　場合は，譲渡に同意したものとみなす。

⑤ 　株主の同意を得た譲渡持分については，同等の条件において，その他の
　　株主が優先買取権を有する。２人以上の株主が優先買取権の行使を主張し
　　た場合は，協議によりそれぞれの買取比率を確定する。協議しても合意で
　　きない場合には，譲渡時の各自の出資比率に従い優先買取権を行使する。

⑥ 　会社定款に持分譲渡について別段の規定がある場合には，その規定に従
　　う。

　上記⑥のとおり，会社法の規定よりも定款の規定が優先されますので，会社
設立段階から，撤退時の方法を考慮し，条件を定めている会社もあります。

3 国有財産権譲渡に関する手続き

外商投資企業の外国側出資者が出資持分を譲渡し，譲受人が国有企業である場合，国有企業側の手続きとして，国有資産の評価を行い，その評価結果について国有資産管理監督部門の承認取得または届出手続きが必要になります。譲渡価格の決定に際しては，資産評価の結果を取引価格決定の参考根拠としなければならず，実際の取引価格が評価結果の90％を下回る場合は，国有資産監督管理部門の認可を得なければなりません（企業国有資産評価管理弁法22条）。

譲渡対象となる持分に国有財産が関係する場合，国有資産の流失を防止するため，公開の手続きが必要になる場合がありますので，留意が必要です。

4 税務上の留意点

国有資産とは関係のない民間企業間の譲渡の場合，原則として，譲渡当事者間同士の合意で譲渡価格が決定されます。しかしながら，譲渡価格の決定に関しては日本および中国の税務当局にとっても大きな関心事です。低廉譲渡とみなされないようにするためには，中国では鑑定資格を有する資産評価事務所等に資産評価を依頼し，譲渡価格の合理性を担保しておくことが必要です。

特に，最近では中国の税務当局が，譲渡価格の妥当性を問題視するケースが増えており，2010年の大連市の更正事案を皮切りに，中国各地で収益還元法を用いた譲渡価格の更正事案が報告されています。

Q113 解散事由

どのような場合に解散・清算が可能になりますか。

Answer

1 解散事由

会社が解散する場合には一定の理由が必要になります。経営期間の満了，行

政機関による営業許可取消し等の場合は，審査認可機関の事前承認を受けることなく，清算手続きに入ることになります。一方，経営期間の途中において，経営を継続することが困難な状況が生じた場合には，審査認可機関の事前認可を経て清算手続きに入ることになりますが，このような場合を「繰上解散」と呼んでいます。会社法180条が定めている解散事由は，以下のとおりです。

① 会社定款に定める営業期間が満了したときまたは会社定款に定めるその他の解散事由が発生したとき

② 株主会または株主総会が解散の決議を行ったとき

③ 会社の合併または分割により解散が必要なとき

④ 法により営業許可証が取り消され，閉鎖を命じられ，または取り消されたとき

⑤ 人民法院が会社法第182条の規定に基づき解散させたとき

ここで会社法182条の規定とは，「会社の経営管理に著しい困難が生じ，引き続き存続する株主の利益に重大な損失を被らせるおそれがあり，その他の方法によっても解決できない場合，会社の全株主の議決権の10％以上保有する株主は，人民法院に会社の解散を請求することができる。」としています。

合弁企業の場合，会社の解散は董事会の全会一致が条件となりますが，全会一致が得られない場合，10％以上出資している合弁当事者であれば，会社法183条の規定により，人民法院に解散請求することができます。

2 外商投資企業における解散事由

外商投資企業の解散および清算業務の法に基づく遂行に関する指導意見（以下「指導意見」）では，企業の権力機構（董事会，株主会または株主総会）による決議に基づく繰上解散申請と，一方的な解散申請の2つに分類しています。

(1) 繰上解散申請

以下の事由が生じた場合，董事会決議を経て繰上解散申請を行います。

① 企業に深刻な損失が生じ，経営を継続できない

② 自然災害，戦争等の不可抗力により深刻な損害を蒙り，経営を継続でき

ない

③　合弁企業がその経営目的を達成しておらず，同時に発展の見込みがない場合

④　合弁企業の契約，定款に規定するその他の解散事由が生じた場合

⑤　合作企業が法律または行政法規に違反し，法により閉鎖を命じられた場合

繰上解散の場合には，審査認可機関等の行政機関において必要な書類等を提出し処理が進められます（指導意見2条1項）。

(2) 一方的な解散申請

合弁当事者の一方が合弁企業の協議，契約，定款に規定する義務を履行せず，企業が経営を継続できなくなった場合には，審査認可機関に繰上解散申請書，を提出すると共に，管轄権を有する人民法院または仲裁機構の発行する有効な判決書または判断書を提出する等，司法機関も関与することになります（指導意見2条2項）。

Q114　清算手続きのプロセスと留意点

解散・清算の手続きのステップと留意点について教えてください。どのくらい時間がかかりますか？

Answer

各種の法令に基づいて，外商投資企業の解散・清算手続きの主要プロセスを図示すると下図のようになります。時間的順序については，概ね矢印で示した順序で推移しますが，地方政府が別途の規則を定めている場合もあり，実際には順序が前後することがありますのでご留意ください。

外商投資企業の解散・清算は少なくとも半年～1年を要し，ケースによっては2年を超えても終わらない場合もあります。

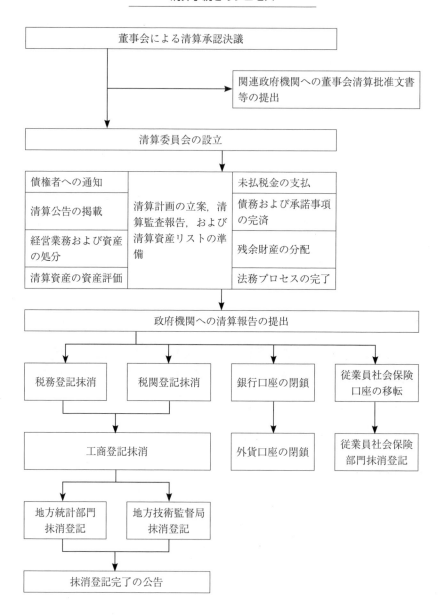

清算手続きのプロセス

董事会による清算承認決議

関連政府機関への董事会清算批准文書等の提出

清算委員会の設立

債権者への通知	清算計画の立案，清算監査報告，および清算資産リストの準備	未払税金の支払
清算公告の掲載		債務および承諾事項の完済
経営業務および資産の処分		残余財産の分配
清算資産の資産評価		法務プロセスの完了

政府機関への清算報告の提出

| 税務登記抹消 | 税関登記抹消 | 銀行口座の閉鎖 | 従業員社会保険口座の移転 |

工商登記抹消

外貨口座の閉鎖

従業員社会保険部門抹消登記

| 地方統計部門抹消登記 | 地方技術監督局抹消登記 |

抹消登記完了の公告

1　董事会における解散・清算の決定

　外商投資企業が，深刻な損失の発生あるいは自然災害等の不可抗力により，経営継続が不能と判断された場合，経営期間の終了前に解散を決定することになります。これを繰上解散と呼んでいます。

　繰上解散を行う企業は，企業の権力機構（董事会，株主会または株主総会）による決議が必要になります。

　合弁会社，合作企業の場合には，董事が3分の2以上出席する董事会において，全員一致の承認が必要になります。

2　審査認可機関への董事会承認文書の提出

　繰上解散を行う企業は，以下の書類を審査認可機関に提出しなければなりません（指導意見2条1項）。

　もしくは「外商投資企業の設立及び変更届出管理暫定弁法」（2010年10月8日）により，特例管理措置に該当しない企業については届出のみとされ，手続の簡素化が図られていますが，関連する法律法規に基づき公告する必要のあるものは変更届出の際に，公告の手続状況を説明しなければならないため，事前に手順を確認しておく必要があります。

① 　繰上解散申請書
② 　繰上解散に関する董事会決議
③ 　企業の批准証書
④ 　企業の営業許可証

　「指導意見」で規定されている書類は上記のみですが，実際には上記以外にも書類の提出が要請されます。例えば，上海市においては，「清算委員会の名簿」，「企業の従業員に関する労働関係の状況説明」等を提出しなければなりません。事実上，企業の労働者が解散・清算に合意していない限り，解散の認可を得ることは難しいといえます。

　審査認可機関の承認の後，関連政府機関に書類を提出します。

3　清算委員会の設立

審査認可機関は解散申請書等の書類を受け取ってから，10日以内に企業の解散認可について，認可文書を発行することになっています。企業は，解散が認可された日から15日以内に清算委員会を設立し，清算手続きを開始しなければなりません。清算委員会の構成員，責任者の名簿を工商行政管理部門に届け出なければなりません。

清算委員会は清算期間中，以下の権限を有しこれを実行することになります（会社法184条）。

① 会社財産を整理し，貸借対照表および財産明細表を作成すること
② 債権者に通知し，または公告を行うこと
③ 清算に関連する会社の残留業務を処理すること
④ 未納の税金および清算の過程において生じた税金を納付すること
⑤ 債権および債務を整理すること
⑥ 会社が債務を弁済した後の財産を処分すること
⑦ 会社を代表して民事訴訟活動に参加すること

4　債権者への通知・清算公告の掲載

清算委員会は，設立後10日以内に債権者に債権の申告を通知し，かつ，60日以内に新聞上で公告を行わなければなりません。

債権者は，通知書を受領した日から30日以内に，通知書を受領していない場合には公告の日から45日以内に，清算委員会に債権の届出をしなければなりません（会社法185条1項）。

5　会社財産の整理，貸借対照表・財産目録の作成

清算委員会は，会社の財産を整理し，貸借対照表および財産明細表を作成した後，清算案を定め，かつ董事会の承認を得なければなりません。

会社の財産から，清算費用，従業員の賃金，社会保険料および法定経済補償金を支払い，未納税金を納付しなければなりません。

会社の債務を完済した後に残余財産が残れば，有限責任会社については，株主の出資比率により分配されることになります（会社法186条２項）。

　しかしながら，会社の財産では債務の返済ができない状況が判明した場合には，人民法院に破産宣告を申し立てなければなりません（会社法187条１項）。

6　税務登記の抹消・税関登録の抹消

　税収徴収管理法実施細則15条は「納税者に解散，破産，営業取消，およびその他の情況により，法に従い納税義務が終了した場合には，工商行政管理機関もしくはその他の機関に抹消登記の手続きを行う前に，関係証明を当該登記を行った税務登記機関に提出し，税務登記の抹消手続をしなければならない。」と定めています。

　上記のとおり，工商登記抹消より前に税務登記および税関登記の抹消を完了しなければなりません。工商登記を抹消してしまうと，納税義務者である会社自体が消滅することになりますので，その前に納税義務を完済させる必要があります。未納税金の完済は，清算委員会の権限として確実にこれを行わなければなりません。

　税務登記の抹消，税関登記の抹消に当たっては，税務調査が行われるのが一般的です。所轄税務局および税関により，企業所得税，増値税・営業税，個人所得税および関税などの調査が行われます。調査の結果，申告漏れなどが発見された場合には，未納額を追加納付することになります。

　清算プロセスの中でも，税務登記および税関登記の抹消手続きは，最も時間のかかる手続きの１つといえます。

7　清算報告書の作成から工商登記の抹消

　会社法189条は，「会社の清算が終了した後，清算委員会は，清算報告書を作成し，株主会，株主総会または人民法院に確認を求め，かつ会社登記機関に提出し，会社登記抹消を申請し，会社終了の公告を行わなければならない。」と定めています。

指導意見第4条では，次のとおり，手続きが規定されています。

① 清算期間中に各種税金の納付

② 清算終了後，清算報告書を作成し，企業の権力機構の承認取得

③ 清算報告を審査認可機関に提出し，批准証書を返納

④ 審査認可機関は，清算報告，批准証書を受領後，全国外商投資企業審査認可管理システムにおいて企業終了の関連情報の入力および操作を完了

⑤ 上記④の手続きにより，システムにより自動的に証明が生成される。

⑥ 企業は証明に基づいて，税務，税関，外貨等の部門において抹消手続を行う

⑦ 企業は会社登記機関に抹消手続を申請

　上記のうち④，⑤は政府部門における事務手続きですが，これ以外は清算委員会が行うことになります。

8　銀行口座の閉鎖，残余資金を外貨に交換し日本へ送金

　会社の債務を完済した後の残余財産については，出資比率に応じて株主に分配されます。株主が海外にいる場合には，清算委員会が銀行で外貨送金の手続きを行った後，外貨登記を抹消，外貨口座を閉鎖することになります。

9　工商登記の抹消

　税務登記の抹消，税関登記の抹消など各種登記の抹消の後，会社登記機関において，会社の工商登記の抹消を申請します。このとき，営業許可証も返却します。工商登記抹消に当たり提出すべき文書は，以下のとおり定められています。

① 清算委員会責任者が署名した「外商投資会社の登記抹消申請書」

② 元の審査認可機関が抹消に同意した認可文書

③ 法により行った決議または決定

④ 会社権力機構または人民法院の確認を経た清算報告書

⑤ 清算委員会が清算公告を掲載した新聞紙面

⑥　分公司の抹消登記証明

⑦　営業許可証の正本，副本

⑧　その他の関係文書

10　その他の各種認可証書の登録抹消

　会社の工商登記抹消後，地方統計部門抹消登記，地方技術監督局抹消登記，従業員社会保険部門の抹消登記など，それぞれの所轄の政府部門において抹消登記を行わなければなりません。また，社印については公安部門において抹消手続きを行います。

11　抹消登記完了の公告

　会社法188条は，会社の終了を公告しなければならないと定めています。公告は新聞紙上に掲載されます。

Q115　清算委員会の構成員

清算委員会の構成員はどのように決定しますか。

Answer

　清算委員会は，解散・清算にかかるプロセスを実行する機関であるため，極めて重要な役割を担います。

　合弁企業については，「清算委員会の構成員は，通常，合弁企業の董事の中から選任するものとする。董事が清算委員会の構成員を務めることができないか，または務めるには適さない場合，合弁企業は，中国の公認会計士，弁護士を招聘して担当させることができる。」としています。また，審査認可機関が必要と判断した場合には，清算委員会に人員を派遣して監督することができるとされています（合弁企業法実施条例第92条）。独資企業の場合には，「清算委員

会は，独資企業の法定代表，債権者代表および関連主管部門の代表から構成され，かつ，中国の公認会計士，弁護士等を招聘して参加させるものとする。」としています（外資企業法実施細則第72条）。合作企業については特段の規定はありませんが，合弁企業，独資企業に準じて行われています。

外商投資企業の清算委員会の構成員として，一般的には，会社の董事を選任し，必要に応じて公認会計士，弁護士等の専門家を起用しています。

Q116 清算過程における債権回収，債務弁済の留意点

清算手続きにおける債権回収，債務弁済について留意点を教えてください。

Answer

会社清算における法的な手続きは，Q114で解説したとおりですが，清算のプロセスにおいてより重要なことは，会社の残余財産が最大化できるように，債権の回収，実物資産の資金化，債務の弁済といった，実体面の処理を効率よく進めることになります。

1 債務の弁済

会社の解散・清算手続きにおいて，債権者への通知と新聞紙上での公告が法で定められています（Q114参照）。

債権者は，法定期日内に債権を届け出なければなりませんが，その際債権に関する事項（債権者の名称，債権の金額，担保の有無等）を説明し，証明資料を提出しなければなりません。清算委員会は，債権者の債権届出が適時にできるように債権に関する事項，受付の締切日，連絡方法等を適切に通知する必要があります。

清算委員会は，債権届出の内容を登録しなければなりません。債権の届出期

間中において，清算委員会は債権の返済を行ってはなりません。

　債務弁済の優先順位について，会社法では，①清算費用，②従業員の賃金，社会保険料および法定補償金の支払，③未納税金の納付，④会社債務の返済，という順番になっています。

2　債権回収と資産売却

　清算企業の債権者に対する債務弁済のためにも，清算企業の債権を確実に回収することが重要になります。清算過程における債権回収について，特段の規制はありませんので，通常の債権回収と同様に，日常の債権管理が大切です。清算手続きを迅速に行うため，長期債権については期日前回収のための現金割引も考慮されるべきでしょう。

　債務弁済のためには，債権回収と共に棚卸資産，固定資産等の資産の売却が必要になります。資産売却に当たっては，通常の販売取引と同様に，増値税・関税などの税金がかかりますので，この点にも留意が必要です。特に，外商投資企業が優遇措置による免税・減税で輸入した生産設備等の固定資産を売却する場合に，税関の監督管理期間に到達していない場合には，関税および増値税を納付しなければならないことに注意する必要があります。また，原材料を免税で輸入している場合にも同様の留意が必要になります。

Q117　清算と雇用関係・経済補償金

　会社清算の際に従業員との雇用契約はどのようになりますか。経済補償金を支払わなければならないのでしょうか？

Answer

　2008年1月1日より施行された労働契約法では，使用者が繰上解散を決定した場合，労働契約は終了することとなり（労働契約法44条5項），この場合，使

用者は労働者に対して経済補償金を支払わなければならない（労働契約法46条6項）とされています。したがって，法令上は会社の解散と同時に労働契約が終了することになりますが，解散解雇を知らされた労働者との間でトラブルにならぬよう，十分な根回しが必要になります。

　外商投資企業の解散は，原則として，政府商務部門の認可が必要となります。従業員数が多く規模の大きい会社においては，解散における社会的な影響が考慮されるため，解散をするにいたった事情を十分に説明するとともに，従業員の取扱いについて経済補償を含む合理的な計画を説明しなければなりません。解散の決定によって，労働紛争になるような場合には，解散の認可自体が得られないと考えるべきでしょう。地方によっては「企業の従業員に関する労働関係の状況説明」を審査認可のための提出書類として定めている例もあります（Q114参照）。したがって，従業員に対する説明会を実施し，労働契約終了に係る同意書を入手する等，事前の準備が必要になります。

　経済補償金とは，労働契約の終了時点において，会社が従業員に対して支払うべき補償費用をいいます。経済補償金の金額について，労働契約法では，以下のとおり定めています（労働契約法47条）。

① 労働者の当該会社における勤務年数1年ごとにつき1ヶ月分の賃金

② 労働者の月賃金が，会社の所在する直轄市，区を設置するレベルの人民政府が公表する当該地区における前年度の従業員の平均賃金の3倍を超える場合はこれを上限とし，当該労働者に支払う経済補償の年数は最長で12年とする。

　解散解雇を円滑に進めるために，経済補償金の法定額に上乗せして支給することも行われますが，会社の残余財産を減少させることになりますので，十分に注意しなければなりません。また，清算所得の計算において損金算入される経済補償金は法定額が限度となります（Q99参照）。

　中国の合併にはどのような形式がありますか。合併の審査認可手続きについて教えてください。

Answer

1　吸収合併と新設合併

　中国の会社法では，吸収合併と新設合併の2つの形式があります。吸収合併は，一方の会社（存続会社）が他方の会社（解散会社）を吸収する形式です。新設合併は，2つ以上の会社が合併して1つの会社を新たに設立する形式で，合併の各当事者は解散する形式です。実務上は，吸収合併が多く用いられていますので，以下では吸収合併について説明いたします。

2　初歩認可までの手続き

　合併の手続きについては，会社法，各企業法の関連法規に規定がありますが，「外商投資企業の合併および分割に関する規定」（以下，合併分割規定）に手続きが規定されています。

　また「外商投資企業の設立及び変更届出管理暫定弁法」（2016年10月8日）により，特別管理措置に該当しない企業については，届出のみとされていますが，関連する法律法規に基づき公告する必要のあるものは変更届出の際に，公告の手続状況を説明しなければならないため，事前に手順を確認しておく必要があります。

　特別管理措置に該当する場合は，合併分割規定に従い商務部門に許可申請し，工商局での登記変更手続が必要になります。

　合併に関する審査認可手続きは，303ページの図のとおりです。

　合併により解散する会社は，合併申請の前に，解散会社の元の認可機関に対し解散の申請を提出しなければなりません。

審査認可機関は，合併会社が合併申請を提出してから45日以内に同意するか否かについて，書面で初歩認可を通知しなければなりません。ただし，当該合併が独占禁止法の規定に抵触する虞がある場合には，審査認可の期限は180日に延長されます（合併分割規定25条）。

3　必要書類

　合併の初歩認可に必要な書類は，以下のとおりです（合併分割規定19条）。

① 　各会社の法定代表人が署名した合併に関する申請書および会社合併合意書

② 　各会社の最高権力機構による会社合併に関する決議

③ 　各会社の契約，定款

④ 　各会社の批准証書および営業許可証の写し

⑤ 　各会社の貸借対照表および財産の明細

⑥ 　各会社の前年度の監査報告

⑦ 　各会社の債権者名簿

⑧ 　合併後の会社の契約，定款

⑨ 　合併後の会社の最高権力機構の構成員名簿

⑩ 　審査認可機関が提出を求めるその他の文書

このうち，合併合意書については，以下の内容を記載しなければなりません（合併分割規定20条）。

① 　合併合意の各当事者の名称，住所，法定代表人

② 　合併後の会社の名称，住所，法定代表人

③ 　合併後の会社の投資総額および登録資本金

④ 　合併の形式

⑤ 　合併合意の各当事者の債権，債務の承継計画

⑥ 　従業員の配置方法

⑦ 　違約責任

⑧ 　紛争の解決方法

⑨　締結日および場所

⑩　合併合意各当事者が規定する必要があると考えるその他の事項

合併に関する審査認可手続き

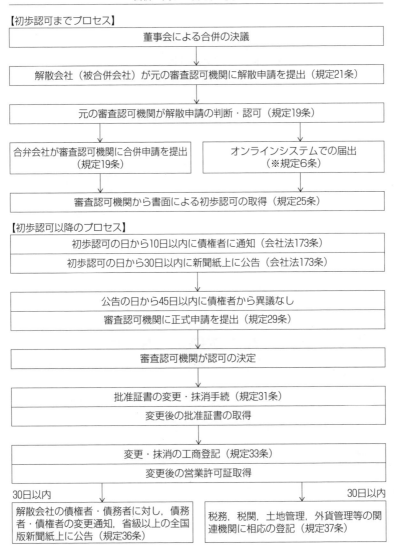

【初歩認可までプロセス】

董事会による合併の決議

解散会社（被合併会社）が元の審査認可機関に解散申請を提出（規定21条）

元の審査認可機関が解散申請の判断・認可（規定19条）

合弁会社が審査認可機関に合併申請を提出（規定19条）	オンラインシステムでの届出（※規定6条）

審査認可機関から書面による初歩認可の取得（規定25条）

【初歩認可以降のプロセス】

初歩認可の日から10日以内に債権者に通知（会社法173条）

初歩認可の日から30日以内に新聞紙上に公告（会社法173条）

公告の日から45日以内に債権者から異議なし

審査認可機関に正式申請を提出（規定29条）

審査認可機関が認可の決定

批准証書の変更・抹消手続（規定31条）

変更後の批准証書の取得

変更・抹消の工商登記（規定33条）

変更後の営業許可証取得

30日以内	30日以内
解散会社の債権者・債務者に対し，債務者・債権者の変更通知，省級以上の全国版新聞紙上に公告（規定36条）	税務，税関，土地管理，外貨管理等の関連機関に相応の登記（規定37条）

規定：外商投資企業の合併および分割に関する規定

※　規定：外商投資企業設立および変更届出管理暫定弁法

4　初歩認可以降の手続き－債権者への通知・公告

　会社法173条では，「会社は合併の決議を行った日から10日以内に債権者に通知し，かつ30日以内に新聞上で公告を行わなければならない。」と規定されています。公告の回数について，合併分割規定26条では３回行うものとされていますが，実務上は会社法の規定により，１回のみでよいと考えられています。また，債権者の異議申立期間について，合併分割規定28条では90日となっていますが，会社法では「債権者は，通知を受領した日から30日以内，通知を受領していない債権者は公告の日から45日以内」とされており，実務上会社法の規定が優先されています。

5　本認可以降の手続き

　債権者からの異議申立てがない場合，会社は審査認可機関に正式申請を提出することになります。その後は，審査認可機関の認可決定，批准証書の手続き，工商登記の手続きを経て，新聞紙上に公告し，合併の手続きは完了します。同時に，税務，税関，土地管理，外貨管理等の関連機関に相応の登記手続きを行います。

Q119　合併と独占禁止法

　会社合併において，独占禁止法に基づく申告が必要になるのはどのような場合ですか。

Answer

1　事業者集中申告

　独占禁止法では，事業者の集中を規制していますが，以下の３つの類型を定めています（独占禁止法第20条）。

① 事業者が合併すること

② 事業者が持分または資産を取得する方法により他の事業者に対する支配権を取得すること

③ 事業者が契約等の方式により他の事業者に対する支配権を取得すること，または他の事業者に対して決定的な影響を与えることができること

したがって，合併に限らず，出資持分譲渡，事業譲渡等の形式で再編を行う場合にも，当該規制の対象になります。

2 申告の基準

合併等において事業者集中の申告を行わなければならない基準には，以下の2つがあります（国務院の事業者集中申告標準に関する規定［国務院令第529号］）。

① 集中に参与する全ての事業者の前会計年度の全世界における売上高の合計が100億人民元を超え，かつ，そのうち少なくとも2つの事業者の前会計年度の中国国内における売上高がいずれも4億人民元を超えること

② 集中に参与する全ての事業者の前会計年度の中国国内における売上高の合計が20億人民元を超え，かつ，そのうち少なくとも2つの事業者の前会計年度の中国国内における売上高がいずれも4億人民元を超えること

3 売上高の計算

売上高の計算については，次の①～⑤の事業者の売上高の総和で計算しますが，①～⑤の事業者間の内部売上高は含まれません（事業者集中申告弁法5条）。

① 当該単独の事業者（以下「A社」と呼びます）

② A社が直接的または間接的に支配するその他の事業者（「A社の子会社」）

③ A社を直接的または間接的に支配するその他の事業者（「A社の株主」）

④ A社の株主が直接的または間接的に支配するその他の事業者（「A社の兄弟会社」）

⑤ 上記①から④の事業者のうち2つまたは2つ以上の事業者が共同で支配するその他の事業者

4 事前相談

正式な申告の前において，集中に参加する事業者は商務部に相談を申請することができます。事前相談の申請は，書面によって提出する必要があります。

Q120 会社分割と手続き

中国でも会社分割は可能ですか。分割の審査認可手続きについて教えてください。

Answer

1 会社分割の種類

会社法および三資企業法には，分割の定義規定はありませんが，合併分割規定では，存続分割と解散分割の2種類の形式を定義しています。

存続分割とは，1つの会社が分離して2つ以上の会社となることで，当該会社は存続し，かつ1つ以上の新たな会社が設立されます。

解散分割とは，1つの会社が分離して2つ以上の会社となることで，当該会社は解散し，かつ2つ以上の新たな会社が設立されます。

実務上は存続分割を採用するケースが大半ですので，存続分割について解説いたします。

2 分割前の債務の扱い

会社法176条では，「会社が分割する前の債務については，分割後の会社が連帯責任を負う。ただし，会社が分割前に債権者と債務の弁済について合意した書面に別途約定がある場合はこの限りではない。」と規定しています。この連帯責任の規定は，2006年会社法改正の際に改定された規定で，会社分割に関する債権者保護の充実を図る趣旨と考えられます。これにより，分割後の会社が分割前の債務について免責を得るためには，既存の全ての会社債権者と個別に

債権の帰属関係について合意をしなければなりません。

3　分割の審査認可手続き

　分割の審査認可手続きは，「合併分割規定」に定められています。合併と同様に初歩認可までの手続きと，初歩認可以降の手続きに分かれます。なお，初歩認可以降の手続きについては，分割の場合も合併と同じになりますので，Q118をご参照ください。

4　必 要 書 類

　分割する会社が，初歩認可に必要な書類は以下のとおりです（合併分割規定22条1項）。
① 　会社の法定代表人が署名した分割に関する申請書
② 　会社の最高権力機構による分割に関する決議
③ 　会社分割による存続および新設される会社（以下「分割合意の各当事者」という）が締結した会社分割合意書
④ 　会社の契約，定款
⑤ 　会社の批准証書および営業許可証の写し
⑥ 　会社の貸借対照表および財産の明細
⑦ 　会社の債権者名簿
⑧ 　分割後の各会社の契約，定款
⑨ 　分割後の各会社の最高権力機構の構成員名簿
⑩ 　審査認可機関が提出を求めるその他の文書
　このうち，会社分割合意書については，以下の内容を記載しなければなりません（合併分割規定23条）。
① 　分割合意の各当事者が予定する名称，住所，法定代表人
② 　分割後の会社の投資総額および登録資本金
③ 　分割の形式
④ 　分割合意の各当事者の分割される会社の財産の分割計画

⑤　分割合意の各当事者の分割される会社の債権および債務の承継計画

⑥　従業員の配置方法

⑦　違約責任

⑧　紛争の解決方法

⑨　締結日および場所

⑩　分割合意各当事者が規定する必要があると考えるその他の事項

　会社分割により，別の場所で会社を新設する場合，会社はさらに審査認可機関に対し，設立する会社の所在地の審査認可機関による分割に基づく会社の新設に対する署名意見を提出しなければなりません（合併分割規定22条2項）。

分割に関する審査認可手続き

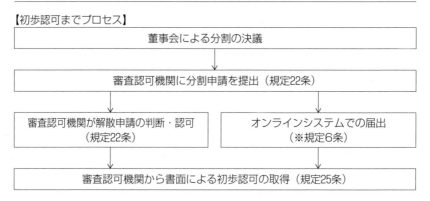

【初歩認可以降のプロセス】　合併の手続と同じ（Q118の図参照）。

5　初歩認可以降の手続き

　初歩認可以降の手続きについては，合併の場合と同様です。Q118をご参照ください。

［用語索引］

索
引

310

執筆者紹介

小野　玲路（おの　れいじ）（第1章，第3章担当）
大手国際会計事務所での勤務を経て，2004年に新日本監査法人（現，EY新日本有限責任監査法人）に入所。主として大手製造等の会計監査，IFRS導入，内部監査支援，内部統制構築支援業務に従事。2014年から2017年までアーンスト・アンド・ヤング上海事務所に駐在し，日系企業に対する会計監査，税務，アドバイザリー支援業務に従事。公認会計士。

阿部　信臣（あべ　のぶおみ）（第2章，第4章担当）
2003年に新日本監査法人（現，EY新日本有限責任監査法人）に入所。主として物流企業，物流商社，地方銀行等の会計監査業務に従事。2013年7月から2017年7月までアーンスト・アンド・ヤング北京事務所に駐在し，日系企業に対する会計監査，税務，アドバイザリー支援業務に従事。公認会計士。

大久保　恵美子（おおくぼ　えみこ）（第5章，第6章担当）
大手国際会計事務所において，中国・上海での勤務を含め，長年にわたり中国業務に従事し，中国現地の日系企業に対して移転価格税制を含む税務及び投資全般にかかわる幅広いアドバイスの提供を行ってきた実績を有する。2016年にEY税理士法人に入所。公認会計士，税理士。

小島　圭介（こじま　けいすけ）（第7章，第8章，第9章担当）
2009年にアーンスト・アンド・ヤング東京事務所（現，EY税理士法人）に入所後，主として日系及び外資系企業に対するコンプライアンスサービスを提供。その後，2015年より，アーンスト・アンド・ヤング上海事務所に入所し，日系中国子会社に対して多岐の税目にわたる中国税務サービスを展開。中国大型再編のプロジェクトマネージャーの日本人窓口として税務・法務・人事チームと連携し，本社を含めた再編に関する事前・事中・事後分析及び再編実行中の様々な税務・法務アドバイスなどを提供している。日本国税理士。

丸山　直也（まるやま　なおや）（第10章，第12章担当）
大手社会保険労務士事務所にて，労働法務全般，社会保険手続，助成金手続等の業務に従事した後，中国国内の人事労務コンサルタント会社勤務を経て，2017年にEYローファーム（瑛明法律事務所）に入所し，中国労働法を中心として日系企業に関わる法務アドバイザリー業務に従事。日本国社会保険労務士。

坂出　加奈（さかいで　かな）（第11章担当）
大手国際会計事務所での勤務を経て，2009年にアーンスト・アンド・ヤング上海事務所に入所。上海事務所において，中国全域に渡り，日系企業に対して移転価格に関するアドバイザリー業務に従事。

編集協力者

田中　勝也（たなか　かつや）
1999年に太田昭和監査法人（現，EY新日本有限責任監査法人）に入所。主として電機，化学等の大手製造等の会計監査，IFRS導入，内部監査支援，内部統制構築支援業務に従事。2013年7月から2016年7月までアーンスト・アンド・ヤング上海事務所に駐在し，日系企業に対する会計監査，税務，アドバイザリー支援業務に従事。公認会計士。

張　頎（Eliona Zhang）（第7章担当）
2005年にビッグ4会計師事務所で業務経験を開始し，2010年にアーンスト・アンド・ヤング上海事務所に入所。
多国籍企業の中国出向者に対する個人所得税申告及びコンサルティングに関する広範囲な業務経験を有する。主に日系企業が中国において直面する様々な中国個人所得税に関するアドバイスに従事する。給与報酬に係わる個人所得税のタックスプランニング，株式インセンティブプランに関するアドバイスに従事。米国税理士，英国国際会計士協会（AIA）会員。

顧　文潔（Jane Gu）（第9章担当）
2012年にアーンスト・アンド・ヤング上海事務所に入所。日系中国子会社が中国において直面する様々な中国関税および中国増値税に関するアドバイスを提供。
数多くの日系企業向けの関税及び増値税アドバイザリー・サポート業務に携わり，日系商社，メーカー，リテール，物流などの企業に係る税関AEO認証，関税評価及びロイヤルティに関するアドバイザリー，税関HSコード分類，加工貿易手冊管理，間接税コンプライアンス，サプライチェーン管理，税務プランニング等を提供している。

張　吉（Jimmy Zhang）（第11章担当）
大手国際会計事務所の税務部門を経て，2003年にアーンスト・アンド・ヤング大連事務所に入所。大連事務所において，中国全域に渡り，日系企業に対して移転価格に関するアドバイザリー業務に従事。

方　瑋（ほう　い）（第11章担当）

2010年にアーンスト・アンド・ヤング上海事務所に入所。日系企業の中国現地法人を中心に移転価格コンサルティング業務に携わる。化粧品，医療機器，電子部品，化学品，自動車産業などにおいて，移転価格アドバイス提供の豊富な実績を持つ。

周　文（しゅう　ぶん）（第11章担当）

大手監査法人税務部を経て，2013年にアーンスト・アンド・ヤング上海事務所に入所。日系，中国民営系に国際税務サービス及び移転価格サービス業務を提供。自動車，機械，電子部品，情報サービス及び医療機器等様々な業界を亘り，事前確認取得サポート，移転価格調査対応，コンプライアンスサービス等を提供している。中国公認会計士。

EY | Assurance | Tax | Transactions | Advisory

EYについて
EYは，アシュアランス，税務，トランザクションおよびアドバイザリーなどの分野における世界的なリーダーです。私たちの深い洞察と高品質なサービスは，世界中の資本市場や経済活動に信頼をもたらします。私たちはさまざまなステークホルダーの期待に応えるチームを率いるリーダーを生み出していきます。そうすることで，構成員，クライアント，そして地域社会のために，より良い社会の構築に貢献します。

EYとは，アーンスト・アンド・ヤング・グローバル・リミテッドのグローバルネットワークであり，単体，もしくは複数のメンバーファームを指し，各メンバーファームは法的に独立した組織です。アーンスト・アンド・ヤング・グローバル・リミテッドは，英国の保証有限責任会社であり，顧客サービスは提供していません。EYによる個人情報の取得・利用の方法や，データ保護に関する法令により個人情報の主体が有する権利については，ey.com/privacyをご確認ください。EYにについて詳しくは，ey.comをご覧ください。

EY新日本有限責任監査法人について
EY新日本有限責任監査法人は，EYの日本におけるメンバーファームであり，監査および保証業務を中心に，アドバイザリーサービスなどを提供しています。詳しくは，www.shinnihon.or.jpをご覧ください。

編者との契約により検印省略

平成26年8月30日　初版第1刷発行
令和2年2月20日　第2版第1刷発行

海外進出の実務シリーズ
中国の
会計・税務・法務Q&A
〔第2版〕

編　　者　EY新日本有限責任監査法人
発 行 者　大　坪　克　行
印 刷 所　税経印刷株式会社
製 本 所　牧製本印刷株式会社

発 行 所　〒161-0033 東京都新宿区
　　　　　下落合2丁目5番13号

株式
会社　税務経理協会

振　替 00190-2-187408
FAX　(03)3565-3391

電話　(03)3953-3301（編集部）
　　　(03)3953-3325（営業部）

URL　http://www.zeikei.co.jp/
乱丁・落丁の場合は，お取替えいたします。

ISBN978-4-419-06592-8　C3034